大学的和歌山ガイド
――こだわりの歩き方

和歌山大学観光学部 監修
神田孝治・大浦由美・加藤久美 編

昭和堂

和歌山電鐵貴志川線のいちご電車とたま電車
（デザイン：水戸岡 鋭治）

孟子不動谷　トンボ池

あらぎ島イルミテラス

（撮影：有田川町役場産業振興室）

イベントにて広川町津木地区の特産品をPRする和歌山大学観光学部生

「白浜湯崎名勝めぐり遊覧バス」案内地図
(附記：1930年に白浜温泉自動車株式会社の自動車部が分離独立し、明光バスが設立された。同社は1934年から2012年まで白浜温泉一帯をめぐる遊覧バスを運行していた)

「熊野名勝の絵葉書　成川ヨリ新宮市街ヲ望ム」(着色)
(附記：久保昌雄氏撮影、明治43年の消印があるので、明治末と思われる。中瀬古友夫氏所蔵)

紀州太地浦鯨大漁之図鯨全體之図　部分
（所蔵：太地町立くじらの博物館）

熊野の廃校
（旧　熊野川町立小口小学校）

まえがき

観光をたゞ物見遊覧と解釋してはいけない。観光は一面氣晴らしではあらうが、贅澤三昧な旅ではない。

ベルグソンではないが、物は流轉する。流轉の中に生命を見出さねば、この人生は實に酔生夢死に等しい。何事も一つ處に停つてゐては進歩の姿はない。自身は別に退歩するとは思はなくとも、停止してゐる間にあたりの物が凡て流動、移り變つてゆく結果、それだけの退歩となる。人間の心も欲求も新しきを追ふて止まない。観光の心がそこに生れてくる。

私達の心は、一つの新奇なるものに接しる度に、躍動する。知らぬ物に接しる時の心構えは、鋭い觸手を躍動せしめる。

我が和歌山市は観光施設尙ほ十分に出来てゐない憾みはあるが、観光の目的物になるものは豊富に貯蔵してある。恐らく、その寶庫を一つ〳〵開いていくならば、思はぬ獲物に打突かることだらう。私はこの小冊子に和歌山市なるもの、俤のアウトラインだけを記してみたに過ぎない。尙深く和歌山市を知らうとする人達が、若しこの書を通して幾分でも手がかりになることがあつたら、又觀光の心を養ふことが出來たら、著者の面目この上ないものである。

この文章は、一九三九年に和歌山市役所が刊行した観光案内書『わかやま』[1]の「はしがき」として、和歌山市に在住していた文化人の喜多村進が記したものである。彼は、フランスの思想家であるアンリ・ベルクソンの思想との関連も示唆しつつ、流動的な社会の中で、新しさを追い求める人間の心について指摘し、それを「観光の心」と重ね合わせている。そして、新しさを求め、それに刺激され躍動する「観光の心」を養うことを目論みつつ、『わかやま』という書籍を創り出したのだと述べている。

「大学的」と銘打った和歌山のガイドブックである本書は、まさにこの喜多村の目的の延長線上にあるものといえる。和歌山についてのガイドブック、とりわけ観光ガイドブックは、これまでにも数多く出版されてきた。しかしながら本書では、「大学的」な知的関心から、既存のガイドブックではあまり描かれてこなかった地域の姿を浮き彫りにし、そこから読者の地域への知的好奇心を喚起したいと考えている。すなわち、喜多村からさらに進んで、「大学的」な知的関心に基づく「観光の心」の涵養を、本書では目指しているのである。

本書は、和歌山県を三つのエリアにわけ、第一部を紀北、第二部を紀中、第三部を紀南とし、それぞれ五つの章で構成している。喜多村が書いた『わかやま』は、主として和歌

(1) 堀井正一編『わかやま』和歌山市役所、一九三九年。

山市に関する記述であったが（同書については第一章で詳述しているのであわせて参照されたい）、本書は和歌山県全域を対象としている。また、彼の書いた書籍は、和歌山市全域を一人で詳述するものであったが、本書は多くの執筆者によって、多様な観点から和歌山県内のいくつかの地域を取り上げて論じるものである。こうした点で、喜多村とは異なる範囲、アプローチとなっているが、本書は、「大学的」な多様な学術的な関心・視点から地域を描くことによって、和歌山県の各地を読者が新しい視点で歩き、新たなる発見をなし、そこから新たなる知的関心を醸成することにつながる書籍であることを企図している。「私達の心は、一つの新奇なるものに接しる度に、躍動する。知らぬ物に接しる時の心構えは、鋭い触手を躍動せしめる。」と喜多村が論じているが、こうした新しいものに相対して躍動する心を、本書に掲載された章およびコラムを読み、また実際に現地を歩くことを通じて、「大学的」な知的関心に基づき読者が経験されたら誠に幸甚である。

本書は和歌山大学観光学部の出版助成を受けたものである。そして、執筆者の多くは同学部の教員となっているが、和歌山について「大学的」に描き出すことを目指すなかで、和歌山大学、さらには他大学等の関係者による論考も含まれることになった。結果として、和歌山大学観光学部を中心としながら、「大学的」な知を結集した和歌山についてのガイドブックが出来上がったと考える。

なお、私事であるが、本書の編集途中で、和歌山大学観光学部から、立命館大学文学部へと所属を変えることとなった。そうしたこともあり、本書は企画から発行まで、かなりの時間を要することになった。こうした状況にもかかわらず、粘り強く本書の発行へ向けてご尽力いただいた、昭和堂の大石泉氏には心から御礼申し上げたい。

最後に、本書の位置づけと編者の想いを改めて記しておきたい。このガイドブックは、大部ではあるものの、和歌山県のすべての地域、あらゆる要素を記した網羅的なものではない。「大学的」な知的関心から、和歌山県内の各地を歩くためのアウトラインを記したガイドブックである。本書をきっかけとして、読者が「大学的」な知的関心から各地を歩き、各人がさらに関心を抱いて地域について学ぶという、知的探究の喜び、言い換えれば「大学的」な「観光の心」を養うことができたとしたら、編者の面目この上ないものである。

編者を代表して
神田孝治

第2部　紀中　101

第3部　紀南　203

見返し表「紀州太地浦鯨大漁之図全體之図」部分（太地町立くじらの博物館 蔵）
見返し裏「和漢三才図絵」写本（南方熊楠記念館 蔵）

第*1*部

紀北

観光都市としての和歌山市の誕生――

神田孝治

はじめに

近代期における和歌山市の観光案内書としては、一九三九年に和歌山市役所が刊行した『わかやま』[1]を代表的なものとして挙げることができる。その文章部分は、和歌山市在住の文化人であった喜多村進が著しており、彼は和歌山市を「気候温暖、風光明媚の和歌浦を擁し、名勝古蹟至る處に在るを以て居住によく、保養に良く、観光地としても全国に屈指の都市である」と評している。そしてこの観光地として魅力あるとされた和歌山市のなかで、とりわけ同書において焦点があてられたのは、和歌浦周辺の臨海部と、和歌山城を核とした市街地であった。『わかやま』に掲載された観光コースをみても、その第一は和

（1）　堀井正一編『わかやま』和歌山市役所、一九三九年。

觀光の和歌山案內圖

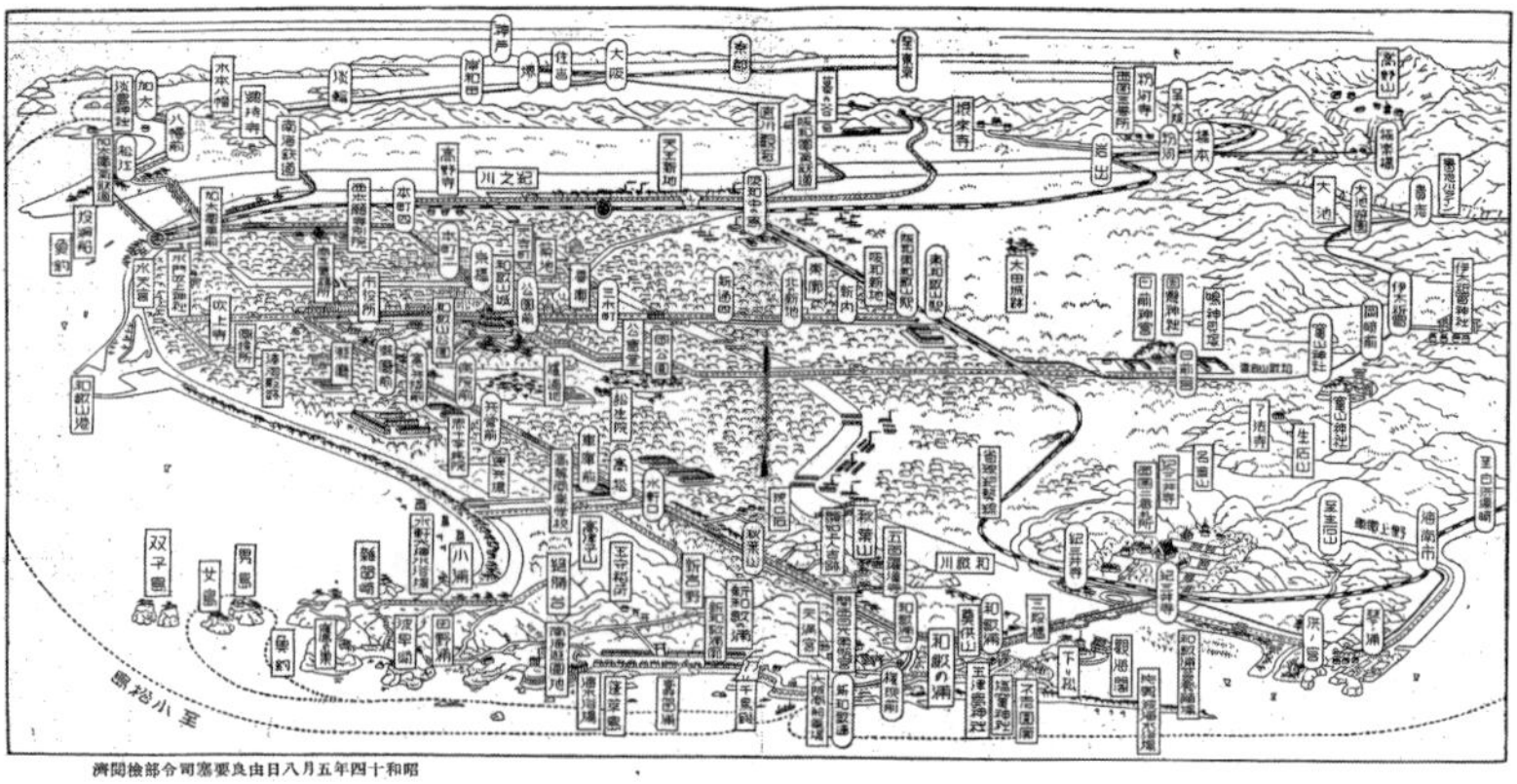

図1　観光の和歌山案内図

歌山城→和歌山公園→岡公園→紀三井寺→和歌浦→新和歌浦→京橋・元寺町付近を順にめぐる「和歌浦・紀三井寺遊覧」であり、これらは案内書添付の「観光の和歌山案内圖」（図1）にあるように、概して図1下の和歌浦を中心とする臨海部（和歌の浦・新和歌の浦・紀三井寺）と、図1中央左の和歌山城を中心とした市街地（和歌山城・和歌山公園・岡公園・京橋・元寺町）の二つの地域で構成されていた。喜多村は他の論考において、「城下町である和歌山市は伝説の町、寺院の町、と共に風光の美はしさを加えて観光の都市でもある。観光の中心は何といつても城が中心となり、和歌浦が焦点となることと思ふ。[2]」と、和歌山市の重要な観光対象として明確にこの二つの地域を挙げている。

そしてこうした和歌山市へ訪れる観光客について喜多村は、「私達は先ず大阪よりの旅客を導かねばならぬ」と『わかやま』

（2）喜多村進「都市の横顔―和歌山」『大大阪』十二（九）、一九三六年。

において指摘している。同書巻末の交通案内をみると、一九〇三年に難波駅から和歌山市駅まで開通した南海鉄道の特急を使えば五五分、一九三〇年に天王寺駅から東和歌山駅まで開通した阪和鉄道の超特急を使えば四五分で、大阪から和歌山市に到着できることが記されている。このような近代期の交通網整備による時間距離の短縮が、喜多村が指摘するような大阪からの観光客を想定した観光地としての和歌山市の可能性を生じさせていたといえる。

ただし喜多村は、「今日の和歌山市は、既に綿糸、綿ネル、メリヤス、染色、指物等の工業都市として知らるる外、亦重工業の都市として飛躍の途上にあることは確かである」と、工業都市としての様相も同書において言及している。当時の和歌山市は、日露戦争以後綿ネル・紡績業が発達し、まさに工業都市としての相貌を呈しており、一九三四年発行の観光案内書『旅は紀州路』[3]においては、「現在では南海における煙の都」になっているると表現されている。当時の和歌山市は、東洋のマンチェスターと呼ばれていた大阪と相違なき心象や景観を特徴としてもいたのである。

このように、大阪同様に工業都市化が進んでいた和歌山市において、どのように大阪からの観光客を想定した観光都市化が進展していったのであろうか。また、同地の観光都市化はいかなる影響を和歌山市にもたらしたのであろうか。こうした点を、和歌山市における観光の焦点となった和歌浦を中心とした臨海部と、和歌山城を中心とした都市中心部の状況に注目して検討してみたい。

（3） 和歌山県統計協会編『旅は紀州路』和歌山県統計協会、一九三四年。

1　和歌山市の観光都市化と和歌浦

和歌山市の観光都市化へ向けた動きは、和歌山市と和歌浦との関係性の変化に密接に連動していたと考えることができる。かかる変化の端緒として、一九〇九年一月に和歌山水力電気会社が県庁前（西汀町）から和歌浦まで市電を開通させたことが注目される。この頃から、「和歌山市を工業地などといふ奴は頭の古い人間…将来の和歌山は観光のお客を惹いて遊ばせるのが一番利口な策[4]」などと、観光に注目した和歌山市発展の方向性が語られるようになっていく。当時、工業による都市発展の限界が意識されるなかで、古くからの名所である和歌浦へ接続する交通機関の発達は、観光による和歌山市発展の可能性を予感させたのだと考えられる。その次の契機は、一九二四年の和歌山市域への都市計画法の適用である。当時、和歌山市においては予想される市街の膨張に備えて隣接町村を市域に編入して「グレート和歌山市」を建設しようとする動きがあり、一九一八年に市区改正調査委員会を設置して市内道路や隣接町村の調査に着手し、一九二四年の都市計画法では和歌山市のみならず近隣町村も計画区域に組み込んでいた[5]。和歌浦は当時の行政区間としては和歌山市域外の和歌浦町であったが、この都市計画法によって和歌山市の都市政策と密接に関係を持つようになったのである。この頃には、「和歌山市は将来は変態的の都市たるを免れぬ即ち一面和歌浦を中心とする遊覧都市であり且工業に基礎を有する都市でなくてはならぬ[6]」などと、工業都市と同時に遊覧都市たる必要性が提起されるようになってい

（4）『紀伊毎日新聞』一九〇九年二月二〇日。

（5）和歌山市史編纂委員会編『和歌山市史　第3巻　近現代』和歌山市、一九九〇年。

（6）『和歌山新報』一九二五年五月七日。

る。その後、一九三三年に和歌浦が和歌山市に編入される頃には、「観光と産業都市和歌山市」たるための都市計画区画の必要性が叫ばれるなど[7]、和歌山市のあり方の重要な方向性として、観光都市がはっきりと意識されるようになる。

また先の市電の開通は、和歌浦と観光の関係にも大きな変化をもたらしていたことが確認される。一つは観光客数の増大と、その目的・階層の変化である。一八九三年に和歌浦の名所旧跡を尋ねる参詣人は年間約四万五〇〇〇人で、療養地としての片男波の海水浴場も注目されはじめていたとされる[8]（以下、和歌浦の名所の位置については図1参照）。しかしながら、市電が開通すると、参詣客や療養客といった客層に避暑避寒客が加わり、また海水浴の目的も療養からレジャーへと変化するなかで、日露戦争時には一日に数百人程度であった海水浴客が一日に二万人に達する日もあるほど観光客数は増加していた[9]。そして、「和歌の浦は電車開通後御申越の如く大阪地方より行くもの著しく増加仕候[10]」といわれたように、この増加の主因となっていたのは大阪からの観光客であった。

二つ目の変化は、これらの観光客を想定した近代的な観光開発の動きが生じたことである。和歌浦の観光開発に関心を示していた南海鉄道の大塚惟明は、大阪からの観光客の和歌浦への不平として「和歌浦の没趣味なること」、「諸機関等整備せざること」、「芦辺屋その他当地旅館不行届なること」を伝え、これらの改善を求めている[11]。そして、このような大阪からの観光客の要求に応えうるものとして、一九〇九年に広田善八をはじめとする和歌山市内や和歌浦の有力者が発起人となり、「和歌浦東照宮前御手洗池を利用して同所に水族館及び海水浴場、釣魚、ウォーターシュート噴水器其他の遊技場を建設し和歌浦観光客の足を駐め和歌浦開発の一端に供せん[12]」とする南海遊園株式会社の設立が企図されてい

（7）『大阪毎日新聞和歌山版』一九三四年一二月九日。
（8）高嶋雅明「和歌浦開発と和歌浦土地株式会社―若干の資料紹介と覚え書」『紀州経済史文化史研究所紀要』一〇、一九九〇年。
（9）重松正史「郊外開発論争と市政―1910年前後の和歌山市」『日本史研究』三五九、一九九二年。
（10）『和歌山新報』一九〇九年六月一九日。
（11）前掲（10）参照。
（12）『紀伊毎日新聞』一九〇九年三月二四日。

図２　奠供山と望海楼の屋外エレベーター

る。さらに一九一〇年には、奠供《てんぐ》山《やま》の麓の望海楼旅館が「東洋一と呼ばれた屋外エレベーターを建設」して「一般遊覧客が自由に登観し得るよう設備し待遇上諸般行届き観光客をして驚かしめた」[13]とされる（図２）。これらはまさに大阪の和歌浦に対する不満の一つである「諸機関等整備せざること」を解消しうる計画や事業であったといえよう。

しかしながら、南海遊園の事業は和歌浦の風致を害するという理由で県に認可されず、望海楼の屋外エレベーターは一九一六年に取り壊されている。このエレベーターについては、これに対する賞讃の声の一方で、奠供山は「聖武、称徳、桓武三帝の御臨幸」ある「我国希有の霊場」であるためそれは「我歴代の天皇の御遺志に背反する大不敬罪にして、極悪事たるなり」などと批判が絶えなかったことが確認される。[14]このように天皇にまつわる言説を持ち出さずとも、例えば夏目漱石の『行人』の主人公がこのエレベーターについて、「所にも似ず無風流な装置には違いないが、浅草にもまだない新しさが、昨日から自分の注意を惹いてゐた」と表現したように、[15]その新奇さへの関心と、歴史ある和歌浦との不釣り合いといった、相反する感情を観光客に与えてしまいがちであった。万葉からの名所と

（13）浜口彌編『新和歌浦と和歌浦』枇榔助彌生堂、一九一九年。

（14）前掲（９）参照。重松は、当時の和歌山市会の党派間の政治的対立とそれを支える支持基盤の関係性が、和歌浦の近代的開発に対する相反する言説を生み出す要因であったことを指摘している。

（15）夏目漱石『行人』講談社、一九七七年。

しての歴史、とりわけ皇室の歴史も喚起する和歌浦においては、エレベーターや遊園地といった近代的な観光施設は、その存在が困難な状況があったのである。

2　新和歌浦における近代的な観光開発

近代的な観光開発は、和歌浦において頓挫する一方で、その西側に位置する新和歌浦では着実に進展していたことが確認される。一九一〇年に、伊都郡出身の森田庄兵衛が新和歌浦の開発に着手し、一九一一年には第一トンネルを掘削して新和歌浦遊園を完成させている。一九一三年には市内電車も和歌浦口から新和歌浦まで開通し、一九一二年に南海電車と共に和歌浦遊園を計画したことのある和歌山水力電気は、一九一七年九月には新和歌浦を遊園地化する計画を発表している。同年一〇月には、森田が中心となり新和歌浦土地株式会社が設立されており（資本金五〇万円）、この頃には観光開発の焦点が新和歌浦へと完全に移行していたことがうかがわれる。

一九二四年に森田が死去した後は、一九二六年一二月に和歌山市を郷里とする谷井恭吉が社長を務める南海遊園が資本金一〇〇万円で設立され、新和歌浦の開発を引き継いでいる。同社の計画は、「京阪神地方民をひきつけるため宝塚、香櫨園の如き一大遊園地」を創設することを目的としたもので、「民衆娯楽施設として小劇場・水族館・大浴場」の建設を第一に掲げ、さらに「土地建物売買賃借其利用、旅館料理業、水陸運輸業の経営等」を行うとしていた。[16]一九二七年に発行された吉田初三郎画の「新和歌ノ浦名所図絵」には、

(16)『紀伊毎日新聞』一九二五年一〇月二八日。

図3　「新和歌ノ浦名所図会」の新和歌浦部分

南海遊園という遊覧施設の様子が描かれており（図3左下）、この鳥瞰図の裏には「旅館、料亭、鹽湯、食堂、海水浴場、土産物屋店等新時代的総ての施設が完備して居る」と南海遊園の状況が説明されている。「諸機関等整備せざること」という大阪からの観光客の和歌浦に対する不満は、新和歌浦においてその解決が図られていたのである。

また、図3から、新和歌浦の海岸沿いに多くの大規模な旅館が建築されていたことが確認される。これらの旅館のうちで図3中央下の大規模な旅館「望海樓」は、一九一〇年に和歌浦の奠供山に屋外エレベーターを建設した先の望海樓旅館が移転したものである。森田による新和歌浦開発が始まってすぐの一九一一年冬に支店として建設されたこの旅館は、「瀟洒なる日本建と四層の西洋式建築」で「宴会用大広間及多数の貴賓室等建並べ遊技用玉突場海に遊覧船陸に自動車及び運動場等の設備」があり、「新和歌浦の一名物として貴賓紳士の投宿するもの少なくない」と紹介されていた。[17]また一九一九年の望海楼の案内文を見ると、既に和歌浦の望海楼は廃業し、新和歌浦の望海楼が本店になっていたことも確認される。和歌浦で賛否両論を浴びたエレベーターを一九一六年に取り壊した望海楼は、かつて和歌浦で認可されなかった南海遊園と同名の遊覧施設が新和歌浦で実現したように、和歌浦ではなく新和歌浦で近代的な旅館建設を行ったのである。また一九二五年には、和歌浦の老舗旅館であった芦辺屋も廃業してしまっている。「芦辺屋その他の和歌浦は三十三札所的道者は日に減退しヤリ方一つでは続々上流人士を招く事」ができる当地旅館不行届なること」に対する大阪人の不満を伝えた先の南海鉄道の大塚は、「今后の和歌浦は三十三札所的道者は日に減退しヤリ方一つでは続々上流人士を招く事」ができると指摘し、「和歌浦旅館に道者的によらず寧ろ京都鴨川木屋町的旅館たるを要す」と述べていた。[18]大阪からの観光客が求める旅館は新和歌浦において実現され、芦辺屋廃業に象徴されるように、対応が遅れた和歌浦は次第に廃れていったのである。

それでは、大阪人からの批判の残りの一つ、「和歌浦の没趣味なること」についてはどうであろうか。ここでの「没趣味なること」という意味について大塚は、「同処は一言にていえば裸体と評すべきか、不老橋を渡りて海岸一帯には殆ど樹木無之斯くして極めて無趣味にして遊人の失望するも無理からぬ事と存候」と、その自然の風景美の貧困さについて言及している。[19]この点について和歌山市の観光案内を著した先の喜多村は、「和歌浦打診」と題したエッセイにおいて「風景に変りなくとも人の心に変化がある。まして自然の姿にも変化があつた。鶴の鳴き渡る眺めも無ければ、逝く春に追ひついたと感傷的にもなれなくなつた」[20]と、大塚と類似の指摘をしている。その一方で、新和歌浦については「海

(17) 前掲(13)参照。

(18) 前掲(10)参照。

(19) 前掲(10)参照。

(20) 喜多村進『紀州萬華鏡』津田源兵衛書店、一九三六年。

に面した旅館の一室が得られたら、そこに寝ころがつて、海の風景を眺めるのは之また無上によい」と記し、新和歌浦の旅館から眺める海景美のすばらしさを論じている（図4）。また「景観を荒らす者は誰ぞ」と題したエッセイでは、「新和歌浦の眺望が、海岸寄りに櫛比された旅館、料理屋によつて独占され、その旅亭の一間などに席を占めなければ、ほしいままなる眺望のできないことは、我等無産者にとつて、癪に障ることである」[21]と批判してもいる。まさに新和歌浦の海岸に林立する近代旅館群（図5）は、自然の美を鑑賞しようとする大阪からの旅行客の欲望の反映であったといえるだろう。

　このように、遊覧施設、快適な近代旅館、美しい自然風景といった大阪からの観光客が求める要素を備えた新和歌浦は、一九三二年には「年々百万以上の遊覧客を吸引している

図4　新和歌浦の旅館からの海景

図5　海岸沿いの新和歌浦の旅館群

（21）喜多村進「景観を荒す者は誰ぞ」『明暗』二、一九三四年。

新和歌浦[22]」といわれるまでになっていた。新和歌浦は、大阪からの観光客のための観光地として創造され、実際に多数の観光客を集めていたのであり、それ故に観光都市としての和歌山市の焦点となっていったのだと考えられる。

3　観光都市と住み良き都市

もう一つの観光の焦点とされた和歌山城（図6）は、紀州藩時代の和歌山の伝統を象徴する建造物として、近代期に発行された和歌山市の観光案内の多くで特に注目されていたことが確認される。しかしながら、管見の限りにおいては、工業都市たる和歌山市の中心部に位置していた和歌山城は、和歌浦や新和歌浦とは異なり、和歌山市の観光都市化を牽引していたとは考えられない。実態としては、和歌山城とそれをとりまく中心市街地は、和歌浦及び新和歌浦の観光地としての発達にともない、観光資源としての価値が見出されるようになったのだと思われる。このことは、冒頭で紹介した『わかやま』における観光コースの第一が、和歌山市の中心市街地を含んでいるものの（和歌山城・和歌山公園・岡公園・京橋・元寺町）、そのタイトルを「和歌浦・紀三井寺遊覧」としていたこと、そして実際の移動を考えると和歌山城界隈は市電を使って和歌浦方面に行く

図6　和歌山城

（22）『大阪朝日新聞和歌山版』一九三二年二月二七日。

ためのちょうど基点となる場所に位置していたこと、からも推察される。

また、『わかやま』の構成をみると、「和歌山市瀰観」、「和歌山城を語る」、「和歌山公園百態」、「城をめぐりて」、「城の東部を覗く」、「城の北部街」、「城の西部に向ふ」、「城の南部を描く」、「和歌浦点描」、「和歌山市郊外所々」、「和歌山県下の勝地」となっており、ここから和歌山城とそれをとりまく中心市街地が主として紹介されていることがわかる。和歌浦との関係の変化に端を発した和歌山市の観光都市化の流れの中で、都市中心部が観光対象として注目されるようになったのだと考えられる。

そして、和歌山城を中心とする市街地が観光地の焦点とされたことによって、観光都市の議論に新しい展開をもたらしていたことも確認される。喜多村は、「和歌山市景観の吟味」と題したエッセイで、以下のように論じている。

> 旅人が、まづ大阪を経て南海電車に身を托し、和泉の海岸を馳つて、和歌山市駅に下車したとする。その旅人を捉へて、第一印象を語らしめるがよい。
> 恐らく彼等の凡ては、駅前から仰がれる竹垣城を指して、その秀麗さを讃へるであらう。だが第二句目には何といふ？　停車場の陰鬱さを訴へる。穢さを非難する。都市の迎接門として実際その景観を害する程の貧弱さである。…この第一印象は恐らく和歌山に好感を抱いてゐる者にとつて、興味半減すること請合である。
> …
> [和歌山城の] 濠に沿うた市営売店も、あれは決して所を得たものと言ひ得ない。濠と石垣のクラシカルな景観が、之により全く打ち毀されてしまふ。たとへそれを許

すとしても売店の体裁それ自身が、既に時代遅れの甚しいものである。かかる勝景の地区、眼目たる地域の建築物に就ては十分の研究と注意を拂はなくては、全く台なしになつてしまふ。今や観光都市として宣伝しきりなるの時、よろしくこの売店も颯爽たる姿を以て観光客を惹き付ける用意をせねばならぬ。

…

観光都市として宣伝するならば、又必ずともさういふ看板を掲げずとも、我々は我々の住む都市をして少しでも快適にしたいのが心願である。…我等の都市として、よりよき人工景観を持つ和歌山市に建て直したいのが私の望みである。

…

幼にして出郷、今三十余年振りに郷土に帰り来り、愛郷の念燃ゆるがままにこの文を草したわけであるが、望むらくは和歌山市民諸君一同が、尚一層の進取的気象を養ひ、以て愛市の一念より、和歌山市をして、その恵まれたる環境に応じ、美はしき景観を現出せしめたいのである。(23)

喜多村は、大阪からの観光客のまなざしを介して、和歌山城の美しさを指摘すると同時に、和歌山市の都市景観を批判していく。特に和歌山城においては、観光都市が叫ばれる現状において、この地域の建築物は観光客を惹きつけうる美しい外観たるべきだと提起している。このような観光客のまなざしを介する中でなされた喜多村の主張とは、自身の住む都市を快適にし、よりすばらしい人工景観にしたいということであった。

一八八八年に和歌山城下で生まれた喜多村は、一九〇一年に東京に移住した後、田山花

(23) 喜多村進「和歌山市景観の吟味」『明暗』一、一九三四年。

袋の指導下で『文章世界』等の雑誌に作品を発表し、一九二二年に自伝小説の『靄』を、一九二七年に短編創作集の『青磁色の春』を発表するなど、文筆家として活躍した。そして一九三三年に和歌山市に帰郷して和歌山県立図書館の司書になった後は、同図書館の改革に取り組むと共に、一九三四年に結成された文化団体の「十日会」の中心メンバーとして活動していた。この十日会は、「和歌山を愛する一念の共通点」を有した和歌山の文化人によって結成され、「自らの生活内容を深めると共に、外部に向つては和歌山をより住み良き所たらしむる」[24]ことを目標と掲げており、彼等はまず和歌山市の都市美運動に尽力していた。そしてこの運動のなかで、喜多村は観光都市を目指す和歌山市のあり方に注目し、そこから「美はしき景観の現出」を目指す運動の正当性を強化していったのである。

本章冒頭で、『わかやま』において「居住によく、保養に良く、観光地としても全国に屈指の都市である」ことを記していることを紹介したが、優れた観光地であることと、居住地として快適であることは重なりあっていたのであり、大阪からの観光客を惹き付ける観光都市たることは、和歌山市在住民にとっての美しく快適な居住空間の創造と結びついていたのである。

(24) 喜多村進「十日會なるもの」『十日会随筆』一、一九三五年。

〔参考文献〕
神田孝治『観光空間の生産と地理的想像力』ナカニシヤ出版、二〇一二年

本文図３の南海遊園近くの蓬莱岩の穴から同所を見た絵葉書である。キャプションには「月見堂を望む」とあるが、これは新和歌浦土地株式会社が1919年に創設した、旅館兼料亭である仙集館の附属施設である。月見堂（絵葉書上部の屋根のある建築）からは、和歌浦湾の海景を眺めることができた。また、下部の海岸沿いにある煉瓦造りの建築は、水族館にすることを企図したものであった。現在もこの煉瓦部分の建築は残っているので、是非現地に赴いて見ていただきたい。

column

和歌浦ベイマラソン with ジャズ

加藤久美

「マラソン」は四二・一九五㎞を走る長距離走競技で、ギリシャのマラソンの戦場からアテネまでメッセンジャーが走ったのが発祥とされている。競技としてはフルマラソン、ハーフマラソン（二一・〇九七五㎞）があるが、現在の世界記録はフルで男子二時間二分五七秒（キメット、ケニア）、女子二時間一五分二五秒（ラッドクリフ、イギリス）、ハーフは男子五八分二三秒（タデッセ、エリトリア）、女子一時間四分五一秒（ジェプコスゲイ、ケニア）だ。日本ではこれ以外にも長距離ランを「マラソン」と呼ぶことが多いが、現在は市民ランナーが広く参加できる大会が増え、制限時間付でハードルが高いものから、ペアやチームで参加できるものもある。

写真提供：和歌浦ベイマラソン with ジャズ実行委員会

短い距離で子供や家族連れで参加、または関連イベントで観客も楽しめるフェスティバルとするものも多い。市民ランナーが数多くある大会から参加を決める基準は、日程はもちろん、コースの特徴（景色、アップダウン、観光名所、普段は立ち入れない道路や橋）、テーマ、エイドステーションの充実（地域の食べ物）、記念のグッズ（Tシャツ、タオルなど）があるが、大会の雰囲気を盛り上げるイベントやエンターテイメントの充実なども重要だ。

和歌浦ベイマラソン with ジャズは、ハーフ、一〇㎞、五㎞、三㎞、二㎞のコースがあり、二㎞のファミリー参加は保護者一人と小学校三年以下の子供二人までがチーム参加できる。二〇〇〇年に始まった大会はその人気が定着しつつあり、二〇一六年は九〇〇〇人近くが参加した。ハーフマラソンのコースは和歌山港を出発、海南のマリーナシティのゴールをめざす。和歌山漁港、水軒大橋、波早崎を通り新和歌浦港へ、そこからは片男波海水浴場沿いの五㎞地点になる。あしべ橋、観海閣を過ぎ、旭橋をわたるとコースはシーサイドロードから浜の宮海水浴場をまっすぐぬけ、サンブリッジを渡り、マリーナシティのフィニッシュへと向かう。和歌浦は二〇〇八年に県名勝、二〇一〇年に国指定名勝に、また県と和歌山市の景観条例策定からは、景観重点地区となっている。観海閣は一六四八年〜五二年に紀州徳川家初代藩主頼宣が慶安に立てた木造の水上桜閣だが、一九六一年の第二室戸台風で失われ、コンクリートで再建された。小さな島（妹背山）にあり、青石の三段橋でつながっている。また、あしべ橋（一九九一年）は不老橋（一八五一年、十代藩主治寶による）と並立して建てられた。走りながら歴史を振り返る余裕はないかもしれないが、万葉の時代から愛でられ、山部赤人、聖武天皇などの歌も残る美しい風景をランナーとして駆け抜けることは爽快にちがいない。

写真提供：和歌浦ベイマラソン with ジャズ実行委員会

この大会の魅力はこの歴史的にも絶景とされてきた和歌浦の風景に加え、名前が示す通りの生のジャズ演奏が沿道で繰り広げられることだ。毎年和歌山ジャズプレーヤー協会のミュージシャンたちが沿道でランナーたちを応援してくれる。二〇一六年は沿道の一二ヶ所、またゴールで生演奏が行われ、観衆も楽しませてくれた。毎年ジャズで大会を盛り上げてきたSさんグループは「ナイトクラブやお酒のイメージが強いジャズを、マラソンと組みあわせるのはユニーク」と言っている。

これらのジャズミュージシャンはボランティア参加だが、コース案内、安全確保、エイドステーションでの給水など重要な役割を果たすのもボランティアだ。このジャズマラソンでは、毎年五〇〇人ほどのボランティアが参加して大会を支えてくれる。

このようなランイベントはランナーだけでなく、多くの人々が参加して楽しめるフェスティバルとして地域の活性化にも役立っている。東北でも二〇一四年から東北風土（フード）マラソン（フル、ハーフ、リレー、三km、二km、一kmラン）が開催されており、二〇一六年には熊本地震への募金活動も行われた。ランは健康を促進するだけでなく、地域の自然や文化のプロモーション、そしてなによりも参加する人々のポジティブな姿勢が地域を元気にする。

column

和歌山市の新しいまちづくり

永瀬節治

1．衰退するまちなか

紀州徳川家の城下町を礎とする和歌山市の人口は、一九八二年の約四〇万人をピークに、現在は三六万人まで減少し、とりわけ中心市街地（まちなか）の衰退は著しい。多くの雇用を生んだ大手製鉄所の縮小に加え、モータリゼーションが郊外化を促し、まちなかの賑わいは失われていった。和歌山大学と県立医科大学のキャンパスも、一九八〇年代から九〇年代にかけて中心部から郊外に移転し、二〇〇〇年前後には百貨店や映画館が次々と撤退したことで、ぶらくり丁などの中心商店街はシャッター街となった。一九九八年の中心市街地活性化法の制定後は、国の補助金を使って様々な事業が行われたが、市民を呼び戻す効果はほとんど得られなかったと言って良い。

複合的要因により衰退したまちなかに、以前のような賑わいを取り戻すことは容易ではなく、都市政策の抜本的見直しが求められるが、一方で、近年は民間・市民を中心とした新たな試みが見られる。

2．リノベーションによるまちなか再生

空き家、空きビル等の遊休不動産を活用したまちの再生手法として近年着目されるのが「リノベーション」である。これは既存の建物の内部空間を刷新し、地域のニーズや潜在力を引き出す新たな事業を展開するものである。

和歌山市では、このような事業モデルの普及に向け北九州市で始まった「リノベーションスクール」を二〇一

二年に誘致して以降、毎年同スクールを開催し、参加者による事業化につなげている。リノベーションによる飲食店、ギャラリー、ゲストハウス等が生まれるとともに、関係者らによって、手作り雑貨や地域の食材などを集めた「ポポロハスマーケット」もぶらくり丁で定期開催され、女性や若者もまちなかに足を運ぶようになった。

リノベーションの動きは、まちなかを流れる市堀川（和歌山城の旧外堀）などの水辺にも新たな可能性を示しつつある。二〇一四年の「ポポロハスマーケット@MIZUBE」以降、市堀川ではカヌーやサップの体験イベントや、クルーズ船の運航（後述）も実施され、川沿いの空き店舗をリノベーションした飲食店もオープンしている。水辺の価値に対する認識が高まる中で、二〇一六年には官民の垣根を超えて新たな水辺のあり方を検討する「わかやま水辺プロジェクト」が立ち上がり、公共空間を含む水辺の空間資源の活用も、まちなか再生の重要なテーマとなっている。

写真１　リノベーションにより再生された店舗

既存の空間資源を活かすリノベーションが重視するのは、初期投資を極力抑えながら、まちに新たな価値を生む事業を連鎖的に展開する戦略である。和歌山市においても徐々にアクターの輪が広がり、効果は着実に現れている。

3．市民による公共空間活用の試み

まちなかの衰退とともに、市の玄関口である南海和歌山市駅（以下、市駅）の利用者数は最盛期の三分の一に

写真２　市駅前通りでの社会実験の様子

まで減少している。近年は駅ビルの大手百貨店が閉店し、拠点性が失われるなかで、市と南海電鉄は、駅ビルと図書館等を複合化させる市街地再開発事業に二〇一五年から着手している。この機会を捉え、駅前の将来像をいかに描くかが問われる状況にある。

市駅周辺の資源や課題を調査してきた筆者の研究室は、市駅前の商店街、自治会とともに「市駅まちづくり実行会議」を二〇一四年秋に発足させ、市民ワークショップを通じてまちづくりの検討を行いながら、二〇一五年には「市駅〝グリーングリーン〟プロジェクト　〜市駅前通りを緑と憩いの広場にする社会実験〜」を実施している。これは市駅前通りの一部を歩行者天国化し、芝生のピクニックエリアを中心に、マーケットやオープンカフェを設け、歩行者の憩いの場を創出する試みである。同時に付近を流れる市堀川ではクルーズ船を運航し、水辺活用の可能性も検証した。当日は地域内外から多くの来場者があり、アンケート回答者の大半がこれらの公共空間を活用する取り組みに共感を示す結果が得られたことから、二〇一六年には期間や内容を拡充した社会実験を展開している。

衰退する市街地の再生には、まちを人々の居場所として使いこなす発想が不可欠である。ユーザーである市民主体の取り組みの発展が、切に期待される。

高野山の宿坊

明山文代

はじめに

標高八〇〇mをこえる山上の地、高野山に足を踏み入れると、すぐ目の当たりにするのは立派な寺院である。どの通りにも寺院が隙間なく立ち並び、山内は森閑とした佇まいである。これらの寺院は、総本山金剛峯寺の子院で塔頭《たっちゅう》寺院という。現在、高野山には、総本山金剛峯寺や大本山宝寿院《ほうじゅいん》(1)、その他一一七の塔頭寺院がある。そのうち、五二の寺院は参詣者や観光客向けの宿泊施設である宿坊を営んでいる。多くの寺院と共にこれほどの数の宿坊が営まれている地域は全国的に見ても珍しい。なぜこれほど多くの宿坊が営まれるようになったのだろうか。そして、宿坊はどのように役割を変化させていったのだろう

(1) 宝寿院は総本山金剛峯寺の建物を模して作られている。これは金剛峯寺が災害などで、使えなくなった場合、宗務が一日たりとも滞らないようにするため、復旧するまでの間、宝寿院に高野山真言宗の総本山を置くことになっている。

か。この章では、一二〇〇年の歴史をもつ高野山の宿坊について考察したい。

1　高野山寺院と弘法大師信仰

先ず、数多くの宿坊を創出させた高野山の状況について確認したい。

高野山は、西の壇上伽藍、東の奥之院という二つの聖域を中心に多くの寺院などからなる宗教都市である。その始まりは平安期の初めに遡る。八一六年、空海は嵯峨天皇から修禅の道場として高野山を下賜された。翌年から金堂、根本大塔、御影堂《みえどう》など金剛峯寺の伽藍《がらん》（寺院の主要な建物群）造営を行い、金剛峯寺の開創に着手した。その後、空海は衆生救済《しゅじょうきゅうさい》を祈り永遠の瞑想に入ったとされ、空海が瞑想する石窟の上には、弟子たちによって廟が建てられた。これが現在の奥之院の原型である。一〇世紀初めには醍醐《だいご》天皇より「弘法大師」という諡号《しごう》（生前の行いを尊んで贈る名）が贈られ、この頃より弘法大師・空海は「今も御廟から衆生の救済にあたっている」と信じられるようになっていった（弘法大師信仰）。そのため、廟一帯は、弘法大師の近くで供養されたいと願う人々による納骨や納髪、埋経が始まり、のちには墓標が次々に建てられ墓標群を形成していく。

一一世紀になると、藤原道長や白河上皇らが高野山に参拝し、落雷による火災で荒廃した高野山を再興する。また、一二世紀中頃には平清盛が消失した根本大塔を再建するなど、時の権力者の間にも弘法大師信仰が広まりを見せ、高野山は手厚く保護されるよ

写真１　壇上伽藍

写真２　奥之院

うになった。

こうして、高野山は、壇上伽藍、奥之院を中心に聖域として広く信仰を集め、山内には僧侶の住坊も数多く建てられていった。現在の塔頭寺院の大半は、この時期、平安末期から鎌倉期にかけて開基されたものである。特に、この頃は僧侶と二、三人の弟子という小さな塔頭寺院も数多く建てられ、中小貴族や栄枯盛衰に世をはかなむ武士、そして政治的敗者など一般の人々の間にも出家、住山するものが増加した。その結果、室町期にかけて大小約二〇〇〇にも及ぶ塔頭寺院が建立されたのである。

それらの塔頭寺院のなかには、世界文化遺産に指定されている文化財の金剛三昧院《こんごうさんまいいん》がある。これは、鎌倉初期、北条政子の発願で夫・源頼朝の菩提を弔うため禅定院《ぜんじょういん》として創建され、一二一九年には禅定院を改築して金剛三昧院とし、源実朝（源頼朝の次男で、甥の源公暁《くぎょう》に暗殺される）の菩提を弔った。

このように、平安末期から鎌倉期にかけて、弘法大師信仰が広まるなかで、高野山と武家との関わりが顕著となり、武家のなかに出家や住山するものが増加した。以後、高野山は霊場として信仰の対象となっていく。

2　弘法大師信仰の広がりと宿坊の変化

室町期には、弘法大師信仰は一層の広がりを見せ、一般民衆の間にも浸透していった。

この頃、高野山には、将軍家足利氏をはじめとして、関東、九州・四国など遠隔地からの参詣者が増加していく。彼らは来山すると弘法大師の廟に参拝し、奥之院の地所を購入して墓所を建立するという傾向が顕著となっていたのである。そのため、増加する参詣者の宿泊施設として、元来僧侶が修行し寝泊りする寺院の宿坊《しゅくぼう》が用いられるようになった。このように、塔頭寺院の宿坊は参詣者を泊める宿泊施設としての役割に変化していったのである。これに関する最初の文献として、一三七一年の宿坊契約書が残されている。当時、武家などが特定の塔頭寺院の檀越《だんおつ》（寺院や僧侶に布施する信者）となり、その寺院の宿坊を定宿とする契約（宿坊契約）を寺院との間で交わした。そのような宿坊契約は戦国時代にかけて顕著となり、各地の大名家が次々に結んでいった。この関係が普遍化するのは戦国時代末期である。宿坊契約を結んだ戦国大名のなかには、その宿坊を家臣や領民の宿坊として強制することが多く、宿坊は大名との契約が成立することにより、その大名の領国にも布教の範囲を拡大していったのである。それらは、次の資料にも見てとれる。伊達氏宿坊観音院《かんのんいん》の過去帳には多数の伊達家家臣の参詣が記され、金剛峯寺蔵の『伯州西伯郡《はくしゅうさいはくぐん》登山帳』には僧侶や領民の登山数も記入されている。このように、室町末期、戦乱の世に戦国大名ら多数の武士たちは、霊場としての高野山の存在を強く意識し、納骨や近親菩提を弔うため、或いは自己の逆修《ぎゃくしゅ》(2)のため、はるばる遠方より高野山に参詣し、所縁の宿坊で祈り、宿泊したことがわかる。そして、次第に領民にも高野山参詣や納骨の慣習が浸透していったのである。

（2）逆修：生前に自分の死後の冥福のため仏事をすること。

3 江戸幕府と宿坊の発展

では、全国統一がなされた豊臣秀吉、徳川家康の新政権のもとでは、塔頭寺院の宿坊はいかなる位置づけだったのか。そこで、先ず徳川幕府の宗教政策を見てみると、徳川幕府は、高野山に対して秀吉から続く宗教統制を引き継いでいる。それは、僧兵などの武力の保持を厳しく制限し僧侶には学問を奨励した。そして、高野山のもつ経済力を徹底して排除し、秀吉と同じく扶持米《ふちまい》二万一〇〇〇石の石高を保証した(3)。次いで、一六四九年、高野山にも、大名並みに江戸への参勤交代に当たる在番を命じ、寺院勢力の復活を阻止しようと目論んだのである。

写真3　徳川家康公霊台

このような徳川幕府による宗教統制の一方、徳川家は、古くから高野山との関係を有していたことから、高野山を徳川家菩提所として手厚く扱っている。それは、徳川家の始祖とされる松平親氏《まつだいらちかうじ》が、一四三九年、高野山の蓮花院《れんげいん》と宿坊契約を結び、蓮花院を徳川家の菩提所、宿坊としたからである。一五九四年、徳川家は家康の高野山参詣を機に蓮花院を大徳院《だいとくいん》と改称し、大徳院の檀越となり宿坊契約を結んだ。これを契機に、諸大名も競って高野山に菩提所を設け、墓を建立した。この点に

(3) 後に三代将軍徳川家光より東宮料として三〇〇石の寄進を受け総計二万一三〇〇石の石高となる。

ついて、新城（一九八五）は「江戸時代に入ると、寺檀関係はさらに飛躍的に伸び、全国の大名にして宿坊を持たぬものはほとんどなく、寛政のころには、大名の宿坊二四二家が数えられた。しかも、これら宿坊は単に藩主一家の宿坊に留まらず、其の背後には多数の藩士とそれに数十、数百倍の民衆を檀越として擁していたのである。」と記している。このように、高野山の宿坊は全国津々浦々の大名とその家臣、領民の菩提所として存在することになった。現在、奥之院の墓標群はこれらの史実を如実にあらわしている。このため各宿坊にとっては、彼ら諸大名は最大の経済的支援者としてゆるぎないものとなり、この宿坊と大名家の関係は、宿坊に豊かな富をもたらしたのである。

4　明治維新と高野山寺院の激変

高野山が根底から変革を求められたのは、近代日本を誕生させる歴史的な転換点となった明治維新である。それによって、経済基盤、寺院組織など多方面にわたる大変革が実施され、山上の寺院は一変した。

元来、高野山上全体を金剛峯寺としていたが、学問に専念する僧侶の統括寺院であった青巌寺《せいがんじ》（豊臣秀吉が亡母菩提のため創建）と隣接する興山寺《こうざんじ》を統合し総本山金剛峯寺と名づけた。そして、高野山全体を統括する寺院とした。それにより、大小幾百も存在した塔頭寺院・宿坊も強く変革を求められた。

第一の変革は、大規模な寺院合併である。これは、「寺社の境内以外の寺領・山林をすべて上地する」とした太政官布告によって、金剛峯寺は境内地以外の寺領・山林二万一三〇〇石を奉還し、その上、旧政府・各領主からの米金の寄付が廃止されたことにより、経済的基盤を喪失したことによるものである。

そのため、塔頭寺院は存立の危機に見舞われ、一八七七年と一八八六年の二度にわたる大規模な塔頭寺院合併が行われた。その上、一八八四年や一八八八年の大火災など、たびたび起こる寺院の大規模な焼失が加わり、一八九一年七月、高野山寺院は金剛峯寺を中心に合計一三七か寺と定められ、塔頭寺院は、江戸末期の六八〇余か寺から激減した。

次に、もう一つの変化は、宿坊に対立相手が出現したことである。今まで、高野山上では女人禁制や商業活動等の制限があり、宿坊は一定の状態に保たれていた。しかし、明治維新後、女人禁制が解かれ参詣客が増加し始めると、山上の商業活動が緩和され、宿屋業者も少しずつ増加した。そのようななかで、宿坊は宿屋業者との間で客の奪い合いが表面化し宿屋業者と対立するようになった。このように、宿坊は、明治になって旧大名家との宿坊契約がなくなり、宿泊業者との競争の渦に巻き込まれることになった。

5　高野山の観光地化と宿坊

明治以降、経済基盤を失い寺院の合併に次ぐ合併で激減した宿坊にとって、画期的な出来事は、大勢の宿泊客を獲得できる事態が起こったことである。それは、戦前においては私鉄の敷設、戦後は旅行業者との連携という外からのアクションと大きく関わりをもったことによる。これらの影響により戦前から戦後にかけて高野山の観光地化が大きく進展し、宿坊は大勢の宿泊客を得ることになった。そこで、先ずは、私鉄との連携に関して、宿坊にはいかなる出来事が起こったのかを考察する。

明治後期、鉄道国有法の制定により国家規模での交通網の開発・整備がなされ、地方では、大正時代に入って私鉄資本による電化された都市近郊路線の敷設が進んだ。そのようななか、南海鉄道(4)は高野山へも進出を目指し一九二五年に大阪汐見橋《しおみばし》〜高野下《こうやした》間を開通させた。続いて、高野山電気鉄道(5)は一九二九年、高野下〜極楽橋《ごくらくばし》間を開通させ、翌年には、高野山駅を設置し、極楽橋・高野山駅間にケーブルカーを開設した。そして、高野山電気鉄道と南海鉄道は相互乗り入れに成功し、大阪・難波〜高野山駅間の直通運転が始まった。これによって、大都市・大阪から高野山は日帰り圏内となり、高野山を訪れることは誰にでもできる日帰り旅行となった。

この私鉄の敷設と並行して、高野山では伝統的宗教行事である御遠忌《ごおんき》や開創大法会《かいそうだいほうえ》等(6)が次々に催され、地方から多数の団体参詣客が詰めかけることになった。参詣客数は、各大法会では約五〇万人から一〇〇万人にも及び、宿坊は前代未聞の宿泊客を獲得した(7)。その結果、高野山の様子が変化していく。当時出版された中央公論社の『趣味の旅行案内』(8)には、「聖地」「霊場」には言及せず、避暑地としての高野山の快適さや宿屋並みの宿坊のサービス等が記されている。

一方、冬季集客のため高野山の自然環境を生かしたスキー、スケート場の建設も立案され、スキー場は、地域住民の若者、金剛峯寺、南海鉄道株式会社によって建設・運営された(9)。スケート場建設は、和歌山水力電気株式会社及び高野大師鉄道株式会社の共同事業

(4)　南海鉄道は、関西経済界の重鎮、藤田伝三郎・松本重太郎・田中市兵衛・外山脩造らが設立した大阪堺間鉄道（一八八五年に阪堺鉄道と改名）を始まりとする。一八八五年、難波・大和川間を開業した阪堺鉄道から事業を譲り受け、大阪南部の交通機関の整備を目的に新会社南海鉄道が設立された。

(5)　高野山電気鉄道は、南海鉄道の子会社として設立され、高野下・高野山間の路線免許を京阪電鉄から買収して路線敷設にあたった。

(6)　一八八四（明治一七）年　弘法大師一〇五〇年御遠忌大法会
一九一五（大正四）年　高野山開創一一〇〇年大法会
一九一六（大正五）年　高野山臨時大法会
一九三四（昭和九）年　弘法大師一一〇〇年御遠忌大法会
一九三四（昭和九）年　高野山金堂落慶大法会
一九三七（昭和一二）年　高野山根本大塔落慶大法会

(7)　弘法大師一一〇〇年御遠忌直前について次のように記述されている。

「宿坊寺院四十五ケ院全部と

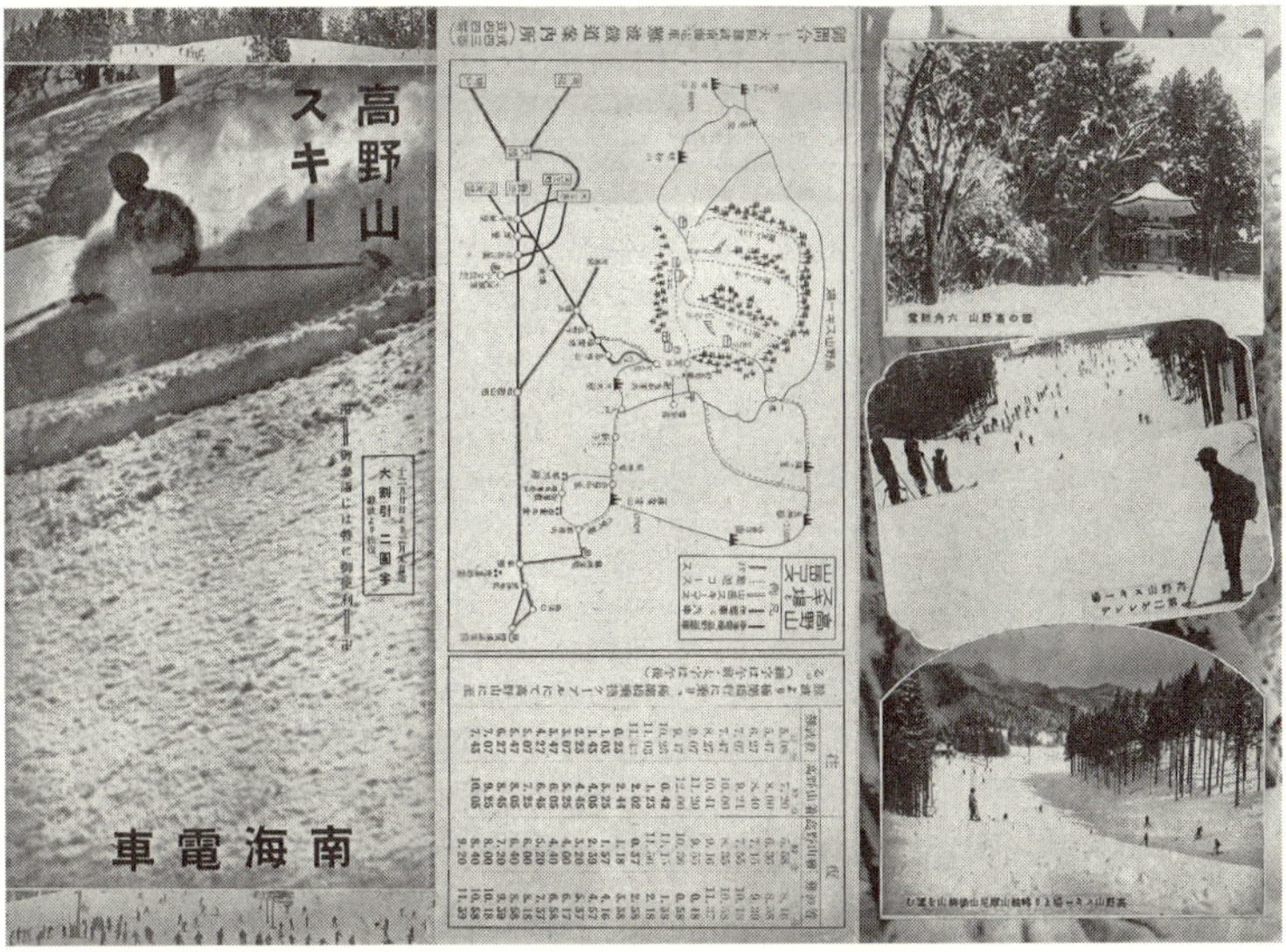

写真４　南海電車のパンフレット

（南海電気鉄道株式会社所蔵）

の一つとして「冬季に登山客を吸収すべき策として山上の平坦地に大池を設けてスケート場と為し、運動の地とすべく決定した」（大阪朝日新聞一九二一年六月二一日）とあり、建設予定地は決定されてはいたが、結果として建設にはいたらなかった。

以上のような高野山の活況のなかで、一九三四年には、「御遠忌後の高野山をいかにするか」の議論がなされた。そのなかの一人、大阪毎日新聞顧問木下東作は、「高野山の将来私見」（『高野山時報』昭和九年一月五日）として、「天下の霊域としての高野山を、一、大師信仰の中心とし、宗教的に確立すること　二、名所として、遊覧地としての高野山存立を図ること　三、

云ってよい程に皆建増しして御入来を待っている。」「一畳に一人とすれば一四〇〇〇人の人が宿泊でき、臨時雇いを増加して、各寺では三〇～四〇人が立ち働いている。宿泊を見越して借り入れた布団が一万枚であった。」（『高野山時報《こうやさんじほう》』千九百三十四（昭和九）年）

（8）　中央公論社の『趣味の旅行案内』（一九三四年）では、次のように紹介されている。

「高野山は夏行くところだ。読みたい本でも持っていって寺の一室に寝転んで蝉時雨《せみしぐれ》や佛法僧《ぶっぽうそう》の啼き声を伴奏に読んだり眠ったりしている境地はなんともいえない楽しさだ。・・・・・高野山に大小百幾ヶ寺、悉《ことごと》く宿屋である。番頭、給仕、〝いらっしゃいませ、よくおまいりで〟から〝お風呂へお召しなされ、晩のお膳にお酒はいかがで？〟まで悉く大坊子《おおぼうず》、小坊子《こぼうず》の墨染《すみぞめ》めサアビスである。」

（9）　南海鉄道、高野山スキー場案内のなかでは宿坊は次のように紹介されている。

「宿坊に着けば、お風呂があり、

避暑地としての高野山の開発　四、スポーツ方面の発展、登山、スキー、スケートや夏の合宿練習のための練習場開設…先ずこんなものかと考えます。」というように高野山開発を多角的に推進していく構想を発表している。この構想が一部実現されていることを示すものとして、同時期に出版された観光案内の『南海鉄道沿線大観』（一九三四年）には、高野山は既に、テニスコート、グラウンド等の設備や数多くの散策場所があり、日常空間とは違う避暑地としての快適さをもったリゾート環境が整っていることなどが説明されている。

　このように、高野山は大都市とは対照的な非日常空間であることを喚起することで、聖地であるとともに、健康、休息、レジャーの地と表象し観光客の誘致を図ろうとしていたと思われ、その結果、宿坊はそれらの観光客や参詣客らの「宿泊施設」としての役割が大きくなっていたと考えられる。しかしながら、多角的高野山開発の推進は、第二次世界大戦開戦への道筋のなかで停滞していく。

　次に、宿坊に大きな影響を与えたのは、第二次大戦後の旅行業者との連携である。これは、第二次大戦後間もなく、宿坊が旅館業登録をしたことから始まる。一九五〇年前後、宿坊は旅館業登録を行い一般の旅館やホテルと同じく、設備を整え宿泊料を受けて人を宿泊させ、遊興飲食税を納める旅館として営業を始めた。登録以前のように、「志《こころざし》」を受けて行う宿泊業とは様変わりした。その結果、旅行業者との関係が生まれ、一九四九年、南海交通公社及び日本交通公社とクーポンの宿泊契約を行った。そして、一九五五年に誕生した国鉄周遊券の周遊観光地に高野山が指定され、国鉄、私鉄、旅館（宿坊）、社寺参拝券等含め一冊の周遊券で観光旅行を行うシステムにも加わった。

コタツがあり、土間にはコツ火がさかんに焚かれている、（中略）お寺では、一時に何千人押し寄せても差支えなき設備があり、歌かるたや麻雀遊び雪の積んだコートでテニスやラグビーを試みるのも亦奇抜である。」（原静村『南海鉄道株式会社大観』南海新聞社　一九三七年　七〇～七一頁）

写真５　宿坊での団体客
（『旅』高野山宿坊　1984年７月号より）

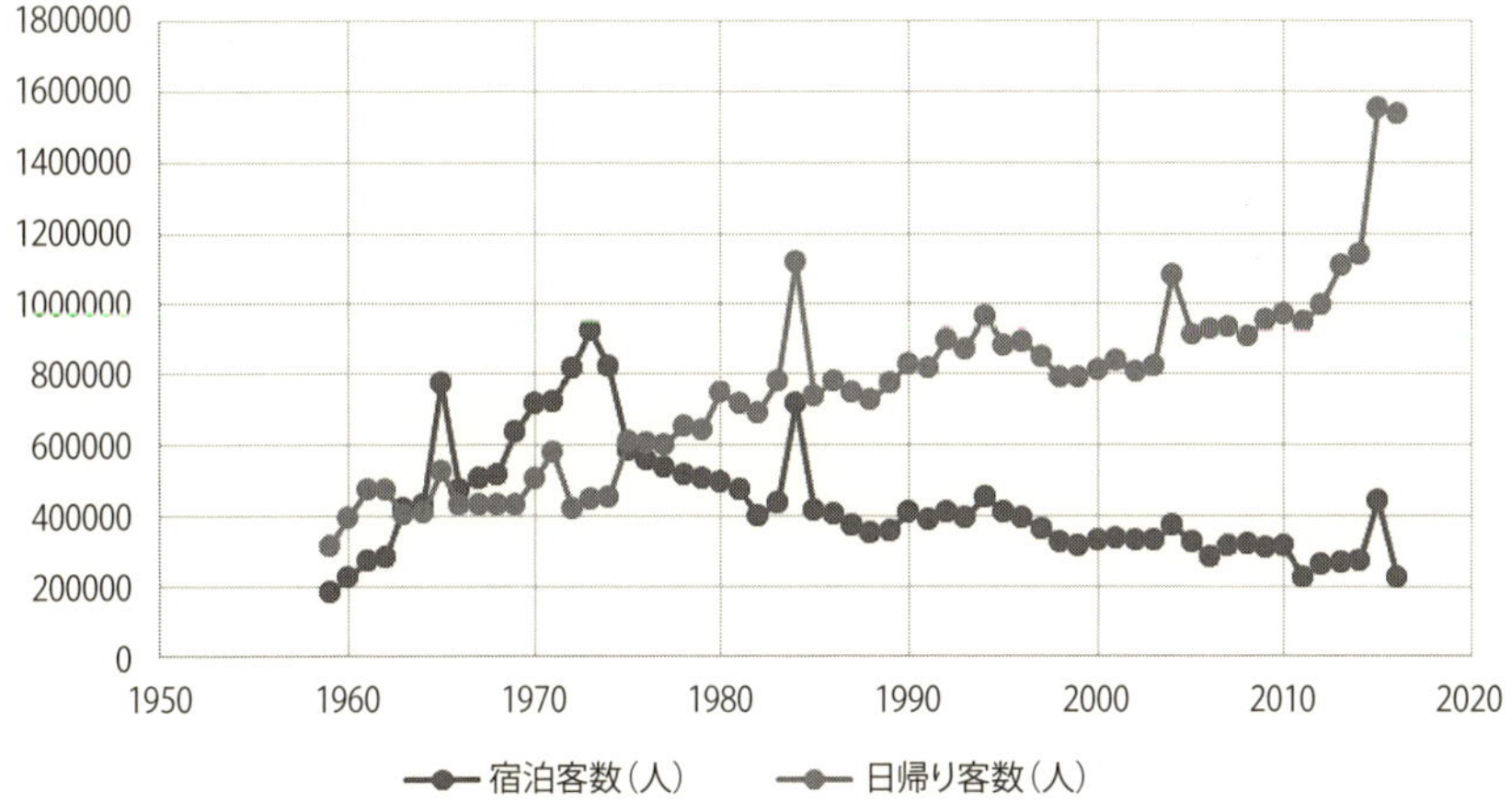

図１　高野山入り込み客数
（高野町産業観光課資料より筆者作成）

こうして、宿坊での宿泊を商品として取り扱う旅行業者のシステムに組み込まれると共に、南海電鉄と金剛峯寺が共同して、林間学校生の誘致をはかり、最盛期には、年間約一〇万人の林間学校生を集客した。さらに、金剛峯寺は、戦後間もなく檀信徒による参詣講[10]をたちあげ、代参講員を募り、地方からの団体参拝を強く推し進め南海電鉄も協賛した。このように、宿坊は金剛峯寺と南海電鉄両者で協議された団体客誘致により、参詣講や林間学校の団体客用宿泊施設という性格ももつようになった。その上、一九六〇年高野山有料道路の開通、一九六六年高野山スカイラインの開通など交通機関の発達により宿泊客数は増加していく。しかし、一九八〇年新高野山スカイラインの完成などアクセスの一層の進展や一九七〇年以降旅行の大衆化が一挙に進んだことも背景にあり、一九七五年以降高野山では日帰り観光客は宿泊客を大きく上回り、現在、宿泊客数は低迷している（図1参照）。そのため、宿泊施設の大部分が宿坊である高野山では宿泊客数の低迷は大きな課題の一つとなっている。

(10) 寺院へ参拝するための集まり。これらの参詣講では、講の全員が参拝に行く「総参り」もあったが、多くは講のなかから数人を選び代表して参拝する「代参講」が行われていた。

6　観光のグローバル化や新たな潮流と宿坊の多様化

二一世紀に入って「宿坊」に新しい一面が付け加わった。それは、外国人観光客である。高野山を訪れる外国人観光客は二〇〇四年より増加に転じ、二〇一六年には、約七・七万人に達し急増している（図2）。これは、二〇〇四年、高野山が「紀伊山地の霊場と参詣道」として世界文化遺産登録されたことにより、海外から大きく注目を浴びたことに起因する。それは、世界文化遺産登録に対応するメディアの情報発信による効果が大きく、高野山は、ル・モンド紙（仏）等の新聞やミシュラン旅行ガイドブック（仏）、ナショナル・ジオグラフィック・トラベラー（米）、ロンリープラネット（英）等の旅行ガイドなどに掲載されたことによって、高野山に関する観光情報等がより詳細に発信され、海外からの観光客のまなざしが変化していくことになった。

その一つとして、ナショナル・ジオグラフィック・トラベラーにおいて、ベストトリップ2015として「今行くべき20のディスティネイション」が選定され、そのなかに高野山が選ばれた。その高野山の説明のなかで、宿泊施設については「宿坊」が取り上げられ、次のように紹介されている（次の説明は注（11）に記した原文を筆者が和訳したものである）。

訳：宿泊場所

高野山の五二の寺院は訪問者に、宿坊と呼ばれる宿泊施設を提供しています。料金や快適さや設備はドミトリータイプのものから、シンプルだけどホッと一息つける温泉つきの隠れ家的な施設までバラエティーに富んでいます。通常は、朝食と夕食は含まれています。そこでは、夜明けとともに起床して僧侶の朝の勤行や護摩焚きを見てください。予約は宿坊組合のwebサイトにするか、英語のwebサイトを持っている福智院や恵光院、熊谷寺のような寺院に直接予約をするかどちらかです。

このように、簡潔な分かりやすい説明のなかに、「夜明けとともに起床して僧侶の朝の勤行や護摩焚きを見てください。」というような非日常的体験をアピールするといったオ

(11) Where to stay: Fifty-two of Koyasan's temple offer guest accommodations, called shukubo. Rates, comfort levels, and amenities vary from dorm-like to spa-retreat minimalism. Breakfast and dinner are typically included. Get up at dawn to observe the monks' devotional morning chants and fire ceremonies. Make reservation via the official Shukubo Koyasan website, or book directly with temples such as Fukuchi-in, Eko-in, and Kumagai-ji, which have English-language websites.

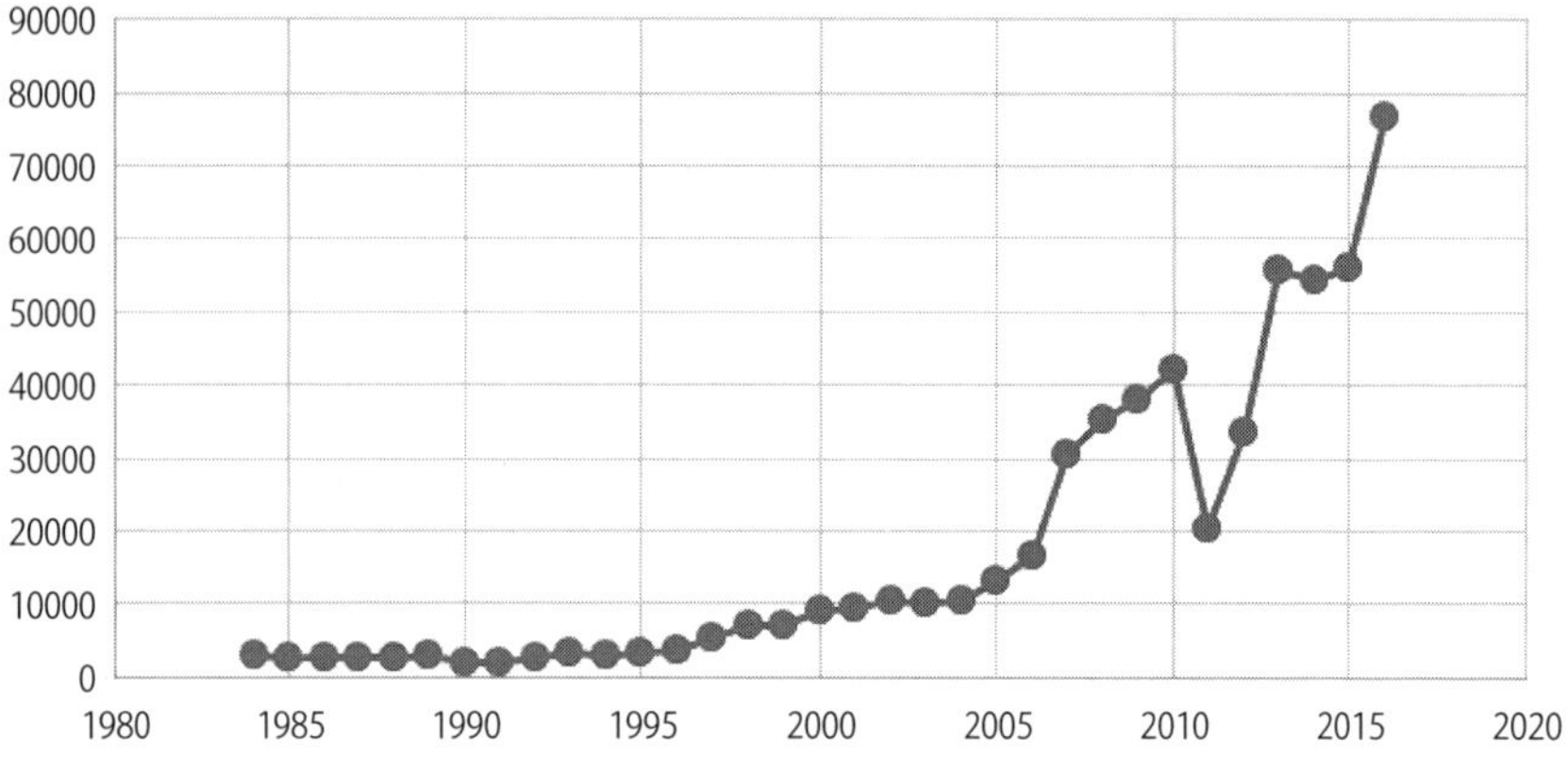

図 2　高野山外国人観光客宿泊入込み数（人）
（高野町産業観光課資料より筆者作成）

リエンタルな空間を感じさせる情報を織り込んで、東洋への憧れや楽しみを喚起する内容となっている。このような情報発信等の効果もあって、高野山での外国人観光客は、ヨーロッパ、アメリカ、オセアニアの人々が中心となっている。

　現在、日帰り観光客の割合が多い高野山にとって、外国人宿泊客は高野山宿泊客のなかでも次第に数を増し、宿坊での外国人宿泊客の動向が注目されている。そこで、各宿坊の外国人観光客への対応について、聞き取りをした[12]。その聞き取りから、宿坊は、外国人観光客が強い関心を示す護摩勤行や朝の勤行、そして、阿字観、写経などの修行体験についてよりわかりやすく伝え、また、宿坊での生活様式になじめるように外国人観光客との対話を重視していることが明らかになった。

　このように、宿坊は、欧米人にとって、単なる宿泊の場というだけでなく、宿坊内

（12）　宿坊への聞き取りで代表的なもの
Ⓐ院「日によって違うけれど七～八割が外国人の宿泊客のときもあります。平生は、半分ぐらいは外国の方です。精進料理には驚かれる方や初めての味に戸惑っている方もあります。寺院に泊まることに驚かれている方がたくさんいます。」
Ⓑ院「外国人のお客さんには、玄関から靴の脱ぎ方、お風呂の入り方、食事のことなど何から何まで説明

での体験により、ひと時ではあるが仏教の世界にひたれる場となり、建物、室内の装飾、精進料理、庭園、文化財、香、照明などによって演出される宿坊の空間は、彼らにはオリエンタルな異文化体験の場となっている。

以上のように、宿坊は、外国人観光客との対話によって、日本の生活習慣や伝統を伝えていく役割を果たしており、世界に向けての日本の仏教や美術工芸など伝統文化を発信する文化装置ともなり始めていると考えられる。

一方、宿坊を取り巻く国内旅行の状況は変化している。近年、高野山では「寺院に泊まること」に目を向けようとする新たな傾向が目立ち始めた。ガイドブックや雑誌では、〝寺院に泊まるということはどんなこと？〟や〝阿字観や写経、朝の勤行体験はどんなもの？〟など宿坊体験が前面に押し出され、「心の癒し」、「人生のリセット」の場として宿坊が描かれている。

このような宿坊での体験は、江戸期以前の「祈り、修行の場」、明治期以降の「単なる寺院の宿泊施設」という今までの宿坊のイメージを打ち破って、「心身の癒し」や「人生のリセット」、そして「新たな自分の発見」という本物性を追及する旅行体験とされ、精神面の価値が一層付加されるようになってきた。それは、今では高野山の観光戦略の一つとなり、女性旅行客等の注目も浴びている。

以上のように、現在、宿坊は、外国人観光客の増加に伴い、仏教をはじめとする日本文化を海外に発信する文化装置という役割をもつようになってきているとともに、国内における新たな流れに対応して、「新しい形の宿泊」すなわち、精神文化体験型の宿泊が将来に向けて注目されている。

させてもらいます。廊下でのキャリーバッグの扱い方まで話しています。最初は困りましたが、外国人さんも上手くやれるようになってきました。」

Ⓒ院「うちは、英語に堪能な人がいないので、食事や入浴など片言で説明したり、実際にやってみて身振りで見せたりしてやっています。それでもそれほど困らずやっています。」

Ⓓ院「日本の方は『ここはまだ行ってない。あそこも行かなきゃ』と忙しく次々に回りますが、海外の方は、よく調べていて、奥の院など高野山の雰囲気を楽しみながら、写経や阿字観《あじかん》なんかの体験したり、ハイキングしたり自由に過ごしているようです。朝のお勤めや護摩勤《ごまごん》行《ぎょう》には感動していて、お勤《つと》め後の高野山の話や、当院についての説明を良く聞いてくれます。」

〔参考文献〕

新城常三『新稿社寺参詣の社会経済史的研究』日本仏教史学 二〇、大正大学、一九八五年
松長有慶『高野山』岩波書店、二〇一四年
山陰加春夫『歴史の旅　中世の高野山を歩く』吉川弘文館、二〇一四年
宮坂宥勝、佐藤任『新版高野山史』心交社、一九八四年
高野町史編纂委員会『高野町史』高野町、二〇一四年
安藤精一「高野の寺内町」『経済理論』一〇四号、一九六八年
『高野山時報』高野山出版社、一九三四年
南海電気鉄道編『南海電気鉄道百年史』南海電気鉄道株式会社、一九八五年
原静村『南海鉄道沿線大観』南海新聞社、一九三四年
朝日新聞和歌山支局『聖と俗と―高野山』帯伊書店、一九七八年
和歌山高等商業学校山岳部代表米倉二郎『紀州路熊野』宮井書店、一九四〇年
和歌山県立博物館高野山開創 一二〇〇年記念特別展「弘法大師と高野参詣」図録、二〇一五年

真田坊・蓮華定院

column

高野山の和菓子文化と寺院

明山文代

高野山のまち歩きを楽しんでいると、和菓子屋をよく目にする。なぜなら、高野山では和菓子は供え物として用いられることが多く、寺院と深い関係を持って発展してきたからである。特に、日本の伝統的な和菓子である落雁《らくがん》がよく用いられた。

では、落雁とはどのような和菓子か。一般的には、もち米、大豆、栗などの穀物の粉に水飴や砂糖、少量の水を加え着色し、木型に詰め抜き取ったあと、加熱や乾燥させて作られたものの総称である。ただし、落雁には、製法の違いによって「落雁」と「白雪糕《はくせっこう》」の二種類があり、落雁はすでに蒸して乾燥させた米粉を使うが、白雪糕は加熱していない米粉を使い成型後に蒸し乾燥させるものである。

これらは、茶道の広まりとともに発展し、落雁は主に茶席菓子に用いられることが多く、白雪糕は供え物菓子として寺社で広く使われた。そして、一般家庭でも白雪糕はお盆などの仏事の供え物として使われている。現在、茶席菓子に用いられる落雁の意匠は多種多様で、形は円や花形があり、家紋や花の模様が入ったものや紅・白などで彩色されたものなど色々な工夫がなされている。例えば、写真1は、高野山の和菓子屋で作られている桐巴《きりともえ》の寺紋と空海ゆかりの三《さん》鈷杵《こしょ》の文様の入った落雁である。

では、高野山の落雁はというと、全般的に、意匠は主に円

写真１　かさ國の桐巴《きりともえ》の寺紋と空海ゆかりの三《さん》鈷杵《こしょ》の文様の入った落雁《らくがん》(直径1.5㎝)

写真 3　和菓子屋「さざ波」の白雪糕の型、蓮花院用

写真 2 ―a　南峰堂の白雪糕、金剛峯寺用（直径 7 ㎝、厚さ 1 ㎝）

写真 2 ―b　南峰堂の、金剛峯寺に納められる白雪糕（直径 7 ㎝、厚さ 1 ㎝）の型

形で紅・白二色、寺紋があしらわれているという一定の形式が保たれている。そこで、二種類の落雁のうち、高野山では、白雪糕の割合が多く（写真2―a、b）、寺院行事の時や参拝者へのお茶請け、引き菓子、精進料理の盛干などに、寺院の紋が入った白雪糕が主に用いられる。これらの落雁は、古くは供え物菓子として僧侶によって作られていたこともあったが、現在では、山内の和菓子屋が金剛峯寺や塔頭寺院から注文を受け、寺院に納めている。

その落雁や白雪糕には、寺院ごとに明らかな違いがあり、意匠が異なっている。高野山金剛峯寺の供え物には、寺院の紋である五三《ごさん》の桐《きり》と三頭右巴《みつがしらみぎともえ》（これを桐巴《きりともえ》という）が使われ、落雁や白雪糕は、紅白二色の円形で、桐は紅色、巴は白色、と決まっている。奥之院も同じである。落雁や白雪糕を供え物にする塔頭寺院では、金剛峯寺と同じ桐巴の紋章を使用する寺院が多いが、自坊の寺紋をあしらった落雁や白雪糕をもつ寺院もある。例えば、徳川家ゆかりの蓮花院《れんげいん》では、紅・白で三葉葵の紋があしらわれた落雁や白雪糕で（写真3）、成慶院《せいけいいん》では武田家の武田菱《たけだびし》、桜池院《ようちいん》では桜と丸に二つ引きの二種類の紋、普賢院《ふげんいん》では右回り巴紋《ともえもん》が使われている。また、一乗院《いちじょういん》では、摂家《せっけ》九条家の紋を寺紋としており九条藤（下り藤）が用いられている。このように、各寺院は、徳川家や大名家などと檀縁関係を結んでいたことから、大名家の紋が寺院の紋となり供え物の落雁や白雪糕の意匠に寺紋が使用されたという歴史的背景をもっている。そのため、山内の和菓子屋では、代々引き継がれた木型が保存され現在でも使われている。

しかしながら、長い伝統を受け継いできた高野山の供え物が、近年、様変わりし始めている。金剛峯寺や奥之院では、現在、餅、果物、饅頭が一揃いで供えられており、白雪糕より、饅頭が主流となっている。供えられる饅頭はおぼろ饅頭が主流で、桐巴の紋が押印されたものや紋が押印された紙に包まれているものがある（写真4）。また、お茶請け、引き菓子等には信者や観光客らの嗜好の変化から、白雪糕や落雁はほとんど使用されなくなった。かわって、現在、金剛峯寺では、「麩やき」という焼き菓子がお茶受けなどに用いられている（写真5―a、

写真6　桜地院（左）、成慶院（右）の最中の型
桜池院《ようちいん》では桜の寺紋、成慶院《せいけいいん》では武田家の武田菱《たけだびし》の紋が使われている

写真4　南峰堂の饅頭、桐巴の紙包みの饅頭（金剛峯寺用）

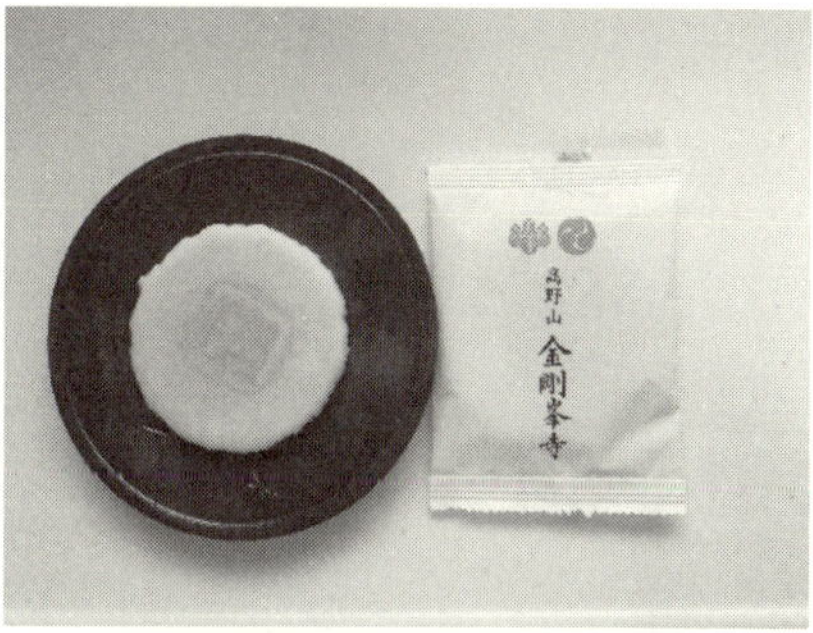

写真5－a　金剛峯寺で参詣者に出される「麩やき」

写真5－b　かさ國の麩やき、桐巴の紋入り（金剛峯寺用）

b）。これは、精進料理に欠かせない食材である生麩に和三盆を塗って焼いた菓子で、精進料理から工夫されて作られたものである。また、各寺院でも供え物は、白雪糕から、薯蕷《じょうよ》（上用）饅頭、おぼろ饅頭、酒饅頭等の饅頭や最中《もなか》（写真6）へと変化してきている。伝統ある桐巴の紋章入りの白雪糕は、年に一度八月中頃、盆の供え物として用いられるだけになってきている。

このように、高野山との関係で発展してきた和菓子屋では、今まで主流であった落雁・白雪糕は大きな行事の際に納められるというように、姿を消しつつあるのが現状で、伝統の技の継承と新しい和菓子作りが求められている。

〔参考文献〕

鈴木裕範「高野山・寺院のお供え物と落雁文化」紀州の和菓子と文化を考える会会報『わ菓子通信』VOL7　二〇一六年
『高野山　インサイドガイド　高野山を知る108のキーワード』高野山インサイドガイド制作委員会　二〇一五年

多彩な電車でめぐる貴志川線と沿線の神々

辻本勝久

はじめに

和歌山市の和歌山駅と紀の川市の貴志駅を結ぶ一四・三kmのローカル鉄道・和歌山電鐵貴志川線（以下、貴志川線）は、沿線住民と自治体、鉄道会社が三位一体となって廃線の危機を乗り越え、猫の駅長「たま」や「いちご電車」などのヒットを次々と飛ばして、地方鉄道再生の成功例としてその名を全国的に知られるようになった。一九一六年に参詣旅客輸送を主目的として開業した同線の沿線には、著名な神社や風光明媚な観光スポットが多数ある。貴志川線の鉄道としての魅力を堪能しながら、沿線をゆっくりと歩いてみよう。

1　貴志川線の予備知識

貴志川線は、和歌山市に鎮座する日前神宮《ひのくまじんぐう》・國懸神宮《くにかかすじんぐう》と、竈山神社《かまやまじんじゃ》、伊太祁曽神社《いたきそじんじゃ》への参詣旅客輸送を主な目的として一九一六年二月に開業した。沿線には多数の神社（表1）と、短期大学一大学と高等学校三校がある（図1）。二〇一八年七月現在、一四・三kmの路線に一四の駅があり、運転本数は平日が上下九五便（うち二八便は伊太祈曽発着の区間便）、土休日が上下八三便（うち一六便は伊太祈曽発着の区間便）となっている。使用車両は二二七〇系といい、二〇一八年七月現在、全六編成のうち四編成が様々に改装されて「いちご電車」「おもちゃ電車」「たま電車」「うめ星電車」（写真1）という愛称で運行されている。(1)

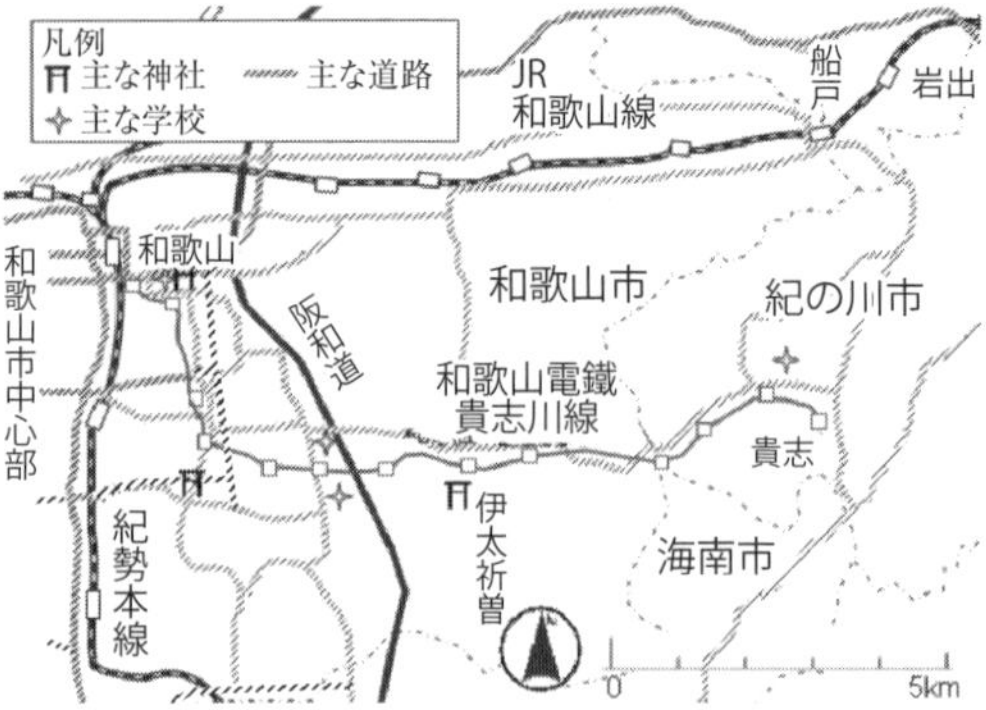

図１　貴志川線と沿線の概要

今でこそ地方鉄道の再生の模範例として注目されている貴志川線であるが、二〇〇五年度までは利用客数が減少を続け、廃線の瀬戸際まで追い込まれていた。

貴志川線の利用客数のピークは、一九七四年度の年間三六一・四万人であった。その後はモータリゼーションの進展の中で利用客を減らし、並行する県道のバイパス開通（一九九六年一二月）や、都心部へショー

（1）これらの車両のベースは、南海電気鉄道の高野線で一九六九年から運用されていた二二〇〇〇系電車である。出典は南海電気鉄道ホームページ「鉄道博物館」http://www.nankai.co.jp/traffic/museum/museji0003.html（最終検索日二〇一八年七月二五日）および、高橋修（二〇一三）『南海電車』（JTBパブリッシング）一一四―一一五頁。なお、「いちご電車」は改装費が約二〇〇〇万円で、うち約半額が住民などからの支援であった。「おもちゃ電車」はおもちゃメーカーからの広告料約二五〇〇万円で改装された。「たま電車」は改装費三七五〇万円で、うち全国のサポーターからの支援が一三七一万円、その他国の補助金などが使われた。二〇一六年六月から新たに運行を始めた「うめ星電車」の改装費は数千万円で、和歌山電鐵の負担と沿線自治体の補助、全国のサポーターからの支援で賄われている。

表１　貴志川線沿線の主な神社

社名（よみ）	祭神	住所と貴志川線の最寄り駅
日前神宮・國懸神宮（ひのくま・くにかかす）	日前大神、國懸大神	和歌山市秋月365 日前宮駅から240m
津秦天満宮（つはた）	菅原道真公	和歌山市津秦83 日前宮駅から500m
鳴神社（なる）	天太玉命、速秋津彦命、速秋津姫命	和歌山市鳴神1089 日前宮駅から1.1km
竈山神社（かまやま）	彦五瀬命	和歌山市和田438 竈山駅から900m
孝坪神社（こうつぼ）	不詳	和歌山市和田934付近 竈山駅から600m
静火神社（しずひ）	静火大神、または火結神、または都麻都比売神	和歌山市和田前山855 竈山駅から700m
西熊野神社（にしくまの）	熊野速玉男命、与母津吏解男命、伊弉册命	和歌山市西478 交通センター前駅から900m
熊野神社（くまの）	熊野速玉男命、与母津吏解男命、伊弉册命	和歌山市寺内464 岡崎駅から1.4km
八幡神社（はちまん）	応神天皇（誉田別尊）、神功皇后（気長足姫尊）、武内宿禰	和歌山市相坂671 岡崎駅から800m
（吉礼）都麻津姫神社（つまつひめ）	都麻津姫命	和歌山市吉礼911 吉礼駅から100m
伊太祁曽神社（いたきそ）	五十猛神	和歌山市伊太祈曽558 伊太祈曽駅から500m
（平尾）都麻津姫神社（つまつひめ）	都麻津姫命	和歌山市平尾957 伊太祈曽駅から500m
足守神社（あしがみ）	足守大明神	和歌山市木枕343 山東駅から800m
丹生神社（たんじょう）	丹生神、高野神	紀の川市貴志川町西山301 西山口駅から1.7km
貴志川八幡宮（きしがわはちまんぐう）	品陀和氣命、息長足比賣命、玉依姫命	紀の川市貴志川町岸宮1124 甘露寺駅前から1500m
大國主神社（おおくにぬし）	天照皇大神、大國主命、少名毘古那命	紀の川市貴志川町國主１ 貴志駅から700m

出典：和歌山県神社庁ホームページ　http://wakayama-jinjacho.or.jp　および「神奈備にようこそ」http://kamnavi.jp/ki/kisigawa.htm　を参考に作成（最終検索日2018年７月25日）

写真１　「うめ星電車」の外観と車内（筆者撮影）

トカットできる四車線道路の開通（二〇〇一年九月）がボディブローのように効いて、二〇〇四年度の旅客数は一九七四年度の約半分の一九二・六万人にまで落ち込んでいた。当時同線を運営していた大手民鉄・南海電気鉄道は、ワンマン運転などの合理化や新駅（交通センター前駅）開業などでこの荒波に対抗しようと大いに努力をしたが、毎年数億円にも上る赤字を支えきれず、ついに二〇〇四年九月末、鉄道事業法に基づく事業廃止届を国に提出したのである。

こういった中、貴志川線を廃止させるわけにはいかない、という強い思いを持って立ち上がり、自ら行動した沿線住民たちがいた。「貴志川線の未来をつくる会」は、駅の美化、フォーラムの開催等を次々と行った。沿線の高校生も公開討論会や、貴志川線問題をテーマとする祭りを開催した。また、貴志川線が存続することで、地域社会全体に渋滞緩和や交通事故防止、大気汚染防止、交通費の節約といった多大なメリットが生ずることを「社会的費用便益分析」という手法で計算した沿線住民団体もあった。そうして、このような沿線住民たちの熱意を受けた沿線自治体は、公的資金の投入と新たな運営事業者の公募によってこの赤字ローカル線を存続させることを決断したのである。その後、南海から運営を引き継ぐ事業者の公募の結果、岡山電気軌道が選ばれ、その子会社として和歌山電鐵が設立されて、二〇〇六年四月より貴志川線は和歌山電鐵貴志川線として運行されている。[2]

和歌山電鐵貴志川線となってからの同線の躍進ぶりには目を見張るものがあった。利用客数は、和歌山電鐵に継承された初年度（二〇〇六年度）に前年度比一一〇%（約二一二万人）という大幅な増加を記録し、二〇〇八年度には約二一九万人まで伸びた。その後は二〇一二年度まで伸び悩んでいたが、二〇一三年度から再度の成長を見せ、二〇一五年度には約二三二万人に達した（図2）。二〇〇五年度から二〇一五年度にかけての増加倍率は約一・二一倍であるが、同期間に近畿地方全体の鉄軌道の輸送人員は約一・〇二倍の増加にとどまっており、[3]貴志川線の好調さは群を抜いている。

こういった好調さの背景のひとつには、話題性のあるトピックの連続がある。主なものを列挙すると、二〇〇六年四月の和歌山電鐵開業、同年八月の「いちご電車」運行開始、二〇〇七年一月に猫の「たま」貴志駅長就任、同年七月には「おもちゃ電車」運行開始、二〇〇九年三月に「たま電車」運行開始、二〇一〇年八月には貴志駅新駅舎が使用開始、二〇一二年二月に猫の「ニタマ」が伊太祈曽駅長に就任、二〇一五年六

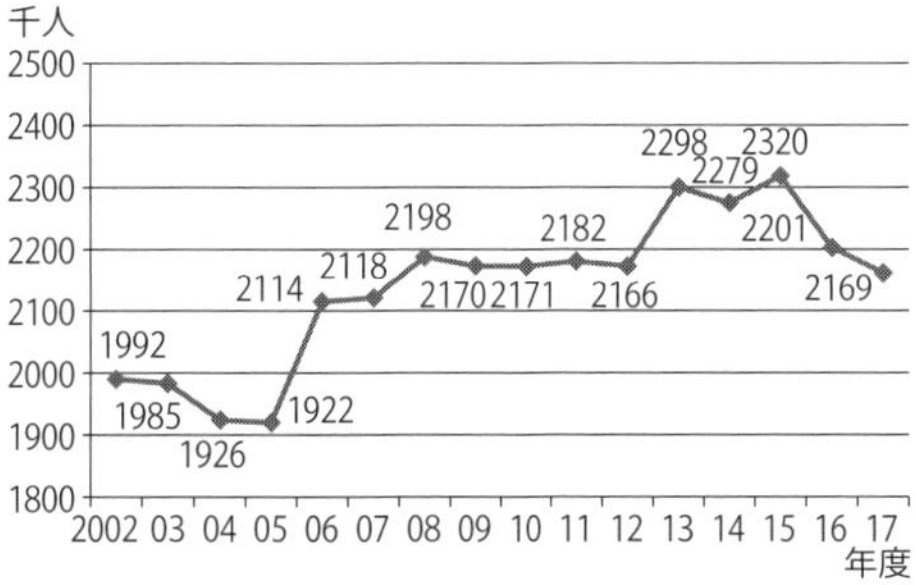

図2　貴志川線の利用客数の推移
出典：和歌山電鐵提供資料より作成
注：2016年4月に運賃改定（値上げ）がなされた

（2）貴志川線の存廃問題について、詳しくは辻本（二〇〇九）『地方都市圏の交通とまちづくり』（学芸出版社）第七章を参照のこと。

（3）出典は国土交通省「鉄道輸送統計調査」。

月の「たま」逝去と八月の「ニタマ」貴志駅長就任、二〇一六年七月の「うめ星電車」運行開始である。(4)

2　いざ貴志川線で神々をめぐる旅へ

それでは、予備知識はこれくらいにして、貴志川線の旅に出てみよう。

旅に出る前に、和歌山電鐵のホームページで時刻表をチェックしておこう。毎日の五種類の車両ごとの時刻表が掲載されており、便利である。一日乗車券など、お得な切符の情報や、猫の駅長「ニタマ」や「よんたま」の勤務情報等を入手することもできる。

和歌山駅

起点の和歌山駅は、和歌山市（二〇一五年国勢調査人口は約三六・四万人）の中心市街地の東端にあり、貴志川線とJR紀勢本線、阪和線、和歌山線、多数のバス路線が結節する和歌山県最大のターミナル駅である。二〇一六年度の一日あたりの利用者数はJR和歌山駅が三万八三三六人（対二〇〇〇年度で約一一％の減少）、貴志川線和歌山駅が四八一一人（同二四％の減少）となっている。一方で、和歌山市の自動車保有台数は、二〇一五年が二三万七二五三台となっており、対二〇〇〇年で約五％増加している。二〇一五年の和歌山市の人口一〇〇〇人あたりの自動車保有台数は六五一・五台であって、同年の全国の人口一〇〇〇人あたりの自動車保有台数（五九一台）(5)を上回っている。

(4)　これらの他に、伊太祈曽駅へのパーク・アンド・ライド用駐車場の設置（二〇〇九年一一月）や、定期券の通信販売開始（二〇一〇年四月）、JR阪和線との接続改善、終電時刻の延長、一日乗車券の発売、各種グッズの販売、海外からの誘客等の経営努力や、「貴志川線の未来をつくる会」「山東まちづくり会」などの沿線住民の継続的な活動等も重要である。詳しくは辻本（二〇一二）「和歌山電鐵貴志川線の再生と今後の課題」、『運輸と経済』第七二巻第八号、八二―九二頁等を参照のこと。

(5)　出典：自動車検査登録情報協会「自動車保有台数」。なおバス、二輪、特種(殊)用途車は含まない。

写真 2　貴志川線ホームへの階段

写真 3　並んで停車するJR列車（左）と貴志川線列車（右）

貴志川線が発着する9番ホームへは、猫の足跡のマークをたどって地下通路を進めば良い。地下通路から9番ホームへ上がる階段に「貴志川線ではＩＣＯＣＡはご利用になれません」との注意書きがある（写真2）。ＩＣＯＣＡとはＪＲ西日本が発行するＩＣカード乗車券であり、スルッとＫＡＮＳＡＩ協議会のＰｉＴａＰａなどとも相互利用が可能なものであるが、貴志川線は未導入となっている。和歌山都市圏の公共交通ネットワークは、南海電気鉄道各線とＪＲ西日本の阪和線各駅および紀勢本線の海南駅から和歌山駅間を除き、ＩＣカードへの対応がなされていない。ＩＣカードへの対応は、貴志川線を含む和歌山都市圏の公共交通ネットワークの重要改善課題である。

　貴志川線のホームのすぐ隣には、ＪＲの和歌山～和歌山市を結ぶ列車のホームがある（写真3）。両者の線路の幅は同じであり、電圧も二〇一二年に統一された。さらに、和歌山市駅をターミナルとする南海電気鉄道とも線路の幅、電圧が統一されている。大橋建一和歌山市長（当時）が二〇〇九年三月の市議会で貴志川線、ＪＲ紀勢本線、南海加太線の三路線を一本化する構想を明らかにするなど、沿線地域では相互乗り入れ実現の機運が高まりつつある。

貴志川線ホームの中央には、「チャレンジ二五〇万人　あと四回多く乗って永続させよう」の看板があり（写真4）、当該年度の貴志川線の利用状況が示されている。あと四回の目標は、貴志川線を収支トントンとするための目安として「貴志川線の未来をつくる会」の発案で二〇一三年四月に設定されたものであり、これに対応して「チャレンジ二五〇万人祈念　あと四回きっぷ」というおまけ付きの切符も販売されている。このように明確な目標を掲げ、住民と鉄道会社等が連携して取り組むことで、光が見えてくるのである。

写真4　チャレンジ250万人の看板

それでは貴志川線の電車に乗って出発しよう。

田中口駅、日前宮駅、神前駅

和歌山駅からわずか六〇〇mに位置する田中口駅は、今でこそ一日あたり乗降客数が一七五人（二〇一六年度）と貴志川線内では山東駅（七六人）に次いで少ないが、和歌山県庁などの都心部への距離が和歌山駅よりも近いことから、同駅をはるかにしのぐ利用者を有していた時代もあった[6]。また、貴志川線の和歌山駅ホームは階段の上り下りを伴う構造であるのに対し、田中口駅は道路から緩やかなスロープですぐにプラットホームへ到達できるという使い勝手の良い構造となっている。田中口駅はこのようなポテンシャルを有する

（6）一九二九年の年間乗客数は、田中口駅が六万二九〇八人で当時の山東軽便鉄道中二位、東和歌山駅（現在の和歌山駅）が四万五二五八人で同四位であった。出典：森脇義夫（二〇一二）「和歌山の街道七　和田川源流の峠道と山東軽便鉄道」、『和歌山県立文書館だより』第三二号、二一七頁。

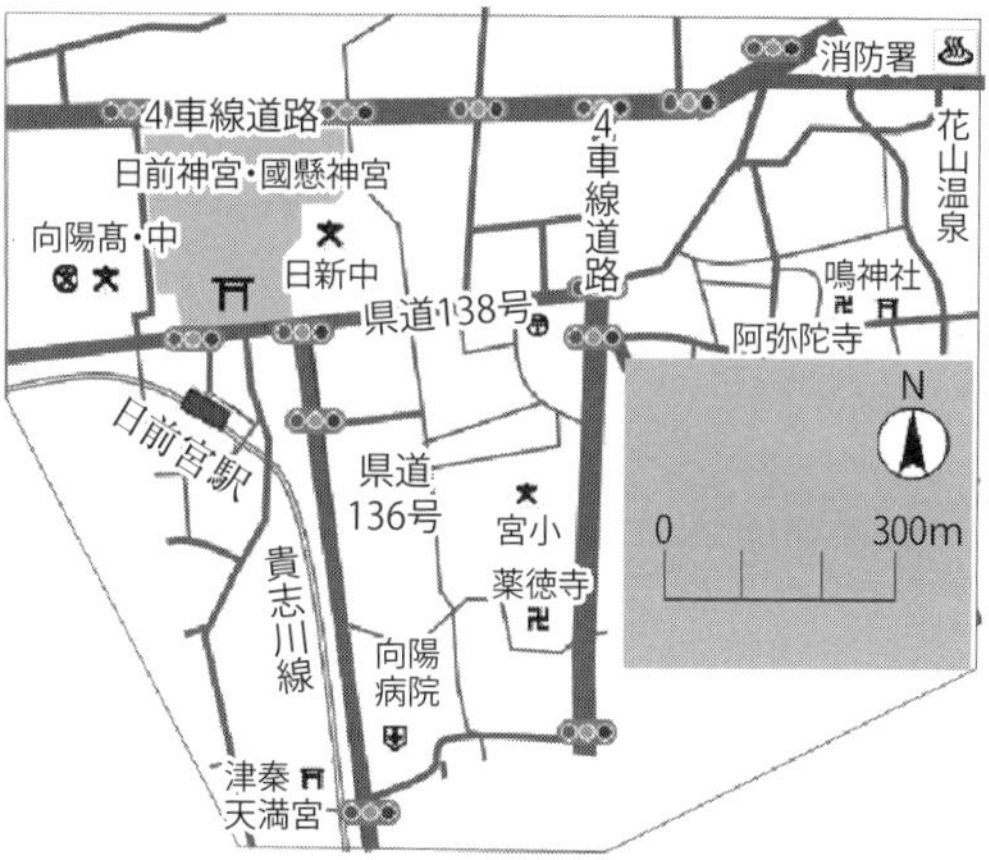

図3　日前宮駅と周辺地域

駅であるから、駅前の無料駐輪場を充実させるなどの方策により、和歌山市街地の勝手口的位置づけを強化することで、大化けする可能性を秘めている。

次の日前宮駅からすぐの場所に、日前神宮《ひのくまじんぐう》と國懸神宮《くにかかすじんぐう》が一つの境内に並んで鎮座している（図3）。両社とも創建二六〇〇餘年という、わが国で最も歴史ある神社のひとつであり、紀伊國一之宮、近代社格制度では官幣大社であった。日前宮は両宮の総称である。

日前神宮のご祭神は日前大神《ひのくまのおおかみ》、ご神体は日《ひ》像鏡《がたのかがみ》である。國懸神宮のご祭神は國《くに》懸《かかすの》大《おお》神《かみ》、ご神体は日矛鏡《ひぼこのかがみ》である。これら二霊は天照大神の前霊であり、ご神体は伊勢神宮のご神体である八咫鏡《やたのかがみ》に先立って造られたものとされる。このような両宮は、伊勢神宮と並び、正一位、従一位といった神階を超越する存在として特別な扱いを受けてきた。

日前神宮には、知恵の神である思兼命《おもいかねのみこと》が一緒に祭られている。この神は天照大神を天岩戸から出すための知恵を授けた神である。

日前宮駅の南方約五〇〇mに津秦天満宮《つはだてんまんぐう》がある。また、同駅の東方約一㎞には延喜式神名帳名神大社の鳴神社《なるじんじゃ》がある。日前宮駅を拠点に日前神宮・國懸神宮、津秦天満宮、鳴神社の三社参りをし、高濃度の炭酸鉄泉である花山温泉に浸かって疲れを落とすのも良いであろう。

日前宮では毎年七月二六日の夕刻に、神事として薪能が奉納されている。二〇一八年で四三回目となるこの催しは和歌山市の夏の風物詩である。

日前宮を出た列車は、南へと進路を取り、田畑、一戸建て住宅、中低層の病医院やマンション、店舗などが混在した地域を走り抜けて神前《こうざき》駅に到着する。

竈山駅

次の竈山《かまやま》駅から南へ約九〇〇mの位置に、竈山神社がある（図4）。ご祭神は神武天皇の兄・彦五瀬命《ひこいつせのみこと》で、近代社格制度での社格は官幣大社であった。このお社の魅力は、紀州青石（緑色片岩）を乱張りした参道の美しさにある（写真5）。この参道の色を日本の伝統色で言うならば、青磁鼠《せいじねず》と青鈍《あおにび》の組み合わせになるだろうか。お社の屋根の青銅色、焦茶色の壁、白い玉石、木々の緑ともよく調和して、心が洗われる。

紀州青石は、竈山駅から竈山神社に至る参道沿いの家々の塀や、日前宮境内の土留石など貴志川線沿線の様々なところで活用されているので、探してみるのも面白いだろう。

境内に掲出されたご由緒に「身を殺して仁をなす」とある。薫り高き理想を掲げ、東アジア諸国の独立に貢献した先人に思いをはせながら静かに参拝したい。

竈山駅から数百m歩くと、片側二車線の道路に出る。この道路は都市計画道路南港山東線といい、二〇一八年現在竈山神社付近まで完成しており、ゆくゆくはさらに東進して交通センター前駅付近を通り、阪和自動車道の（仮称）和歌山南スマートインターチェンジと接続し、吉礼駅付近で県道一三号と合流する計画となっている。

東に目をやると、五〇〇ｍほど先に、別の片側二車線道路との交差点を確認することができる（写真6）。交わる道路を都市計画道路松島本渡《もとわたり》線といい、和歌山市最南部から北上してこの交差点を通り、和歌山駅の東方を通過し、国道二四号に接続する計画となっている。

先述のように貴志川線はかつて、並行する道路の開通で利用者数を急減させたことがある。一九九六年一二月の県道一三号吉礼バイパスの開通と、二〇〇一年九月の都市計画道路湊神前線宮前跨線橋供用がそれである。片側二車線の南港山東線と松島本渡線の開通が同様の事態を再度招くことが危惧される。

竈山神社を参拝したら、近くの静火《しずひ》神社とその旧社地を訪れてみよう。

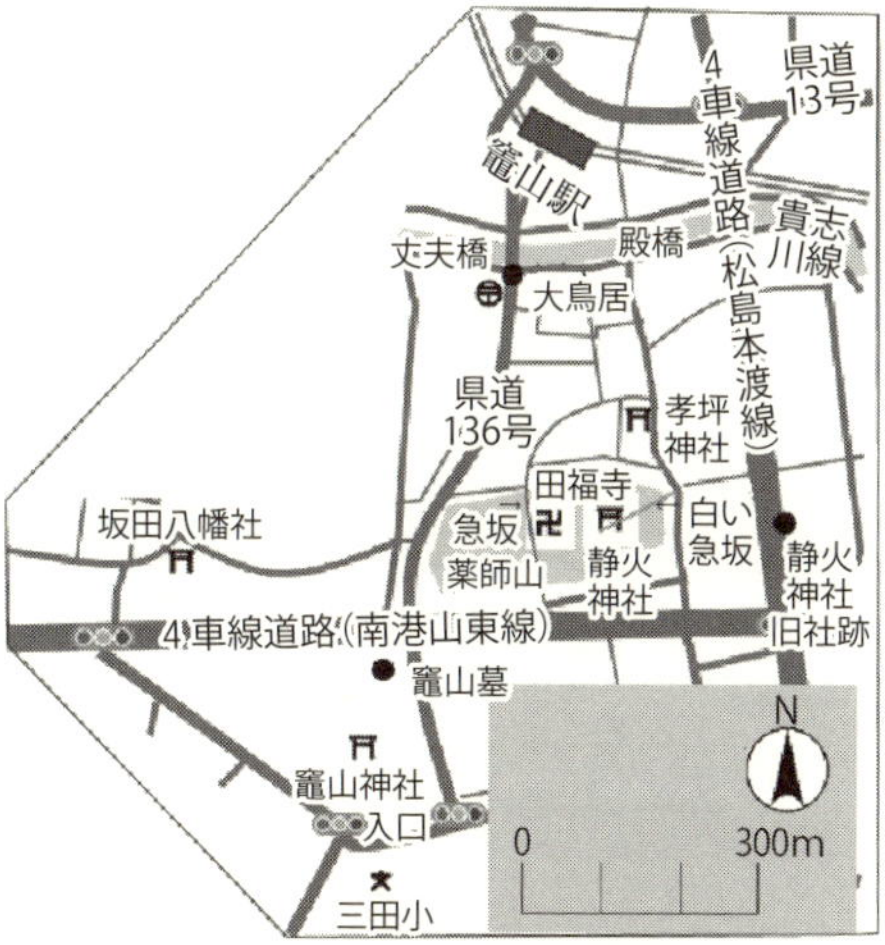

図4　竈山駅と周辺地域

写真5　美しい竈山神社の境内

写真6　竈山駅付近で交差する都市計画道路南港山東線（左右方向）と松島本渡線（上下方向）

静火神社は、今でこそ竈山神社の境外摂社であるが、そのご祭神は静火大神であり、創建者は神功皇后とされ、かつては『延喜式神名帳』の名神大社であった。名神とは、特に霊験あらたかな名神を祀る臨時祭である名神祭が行われた神社である。これに対して当時の竈山神社は小社であった。つまり一〇〇〇年ほど前の静火神社の格式は竈山神社を大きくしのいでいたのである。それがどういう経緯であろうか、一三世紀後半には廃絶し、一七二四年に現在の位置に復興されたが、今日に至るまで竈山神社の摂社という位置づけとなっている。文化九（一八一二）年に出版された『紀伊国名所図会』巻之六上は竈山神社と静火神社を約一〇ページにわたって説明しているが、うち静火神社の説明に三ページほどが割かれている。

写真7　静火神社旧社地の石碑と、現社地がある天霧山（薬師山）

松島本渡線の歩道の一画に、静火神社の旧社地を示す石碑が建っている（写真7）。二〇一五年四月に和田地区の氏子中によって建立された、紀州青石を用いた立派な碑である。由緒を示す石版によると、この場所にあった静火神社の御社殿は度々の浸水に遭い、現在は天霧山（薬師山）の山上に祀られているのである。

静火神社に近い集落内に孝坪神社《こうつぼじんじゃ》がある。紅白の逆U字型ポールに囲まれ、木製の小さな鳥居を有するその境内の広さは畳一畳分もあるだろうか。鳥居には、やや判別しにくいが、一九九八年に地域の自治会によって奉納された旨の記載がある。和歌山県神社庁に問い合わせたところ、ご祭神や由来等はわからないとのことであった。また竈山神社によると、同神社の摂社ではなく、ご祭神は不明とのことであった。このように何とも謎めいた神社であるが、三叉路に鎮座していることから、おそらく道祖神が地域の人々によって丁寧に祀られた結果、今の姿となったものであろう。

交通センター前駅、岡崎前駅、吉礼駅

竈山駅の次は交通センター前駅である。貴志川線で最も新しいこの駅は、和歌山県警察本部交通センター（和歌山県運転免許試験場）から至便の場所に設置されている。駅前には交通公園があり、旧南海平野線のモ217（一九三七年製）が静態保存されている。

交通センター前駅から岡崎前駅、吉礼駅までの沿線では、貴志川線が南海から和歌山電鐵に移管されて以降、人口が大きく増加している（写真8）。二〇〇五年から二〇一〇年にかけての人口増加率は実に約八・七％である。(7)

写真8　岡崎前駅付近に新しく形成されつつある住宅団地

伊太祈曽駅、山東駅

吉礼駅を出た電車は、和歌山電鐵の本社と車庫のある伊太祈曽《いだきそ》駅へと到着する。伊太祈曽駅では貴志川線のグッズを購入することができる。バリアフリートイ

(7)　一九九五年から二〇〇五年にかけて、和歌山市と旧貴志川町の人口は約四％減少していたが、貴志川線沿線の減少幅はそれよりもはるかに大きく、約一二％の落ち込みとなっていた。これが二〇〇五年から二〇一〇年にかけては、和歌山市と旧貴志川町の人口が約一・四％の減少したのに対して、貴志川線沿線は約三・二％の増加に転じたのである。特に人口増加が顕著だったのは交通センター前駅～吉礼駅の沿線で、約八・七％増加した。なお、ここにいう沿線とは各駅から半径五〇〇mにかかる二分の一地域メッシュである。

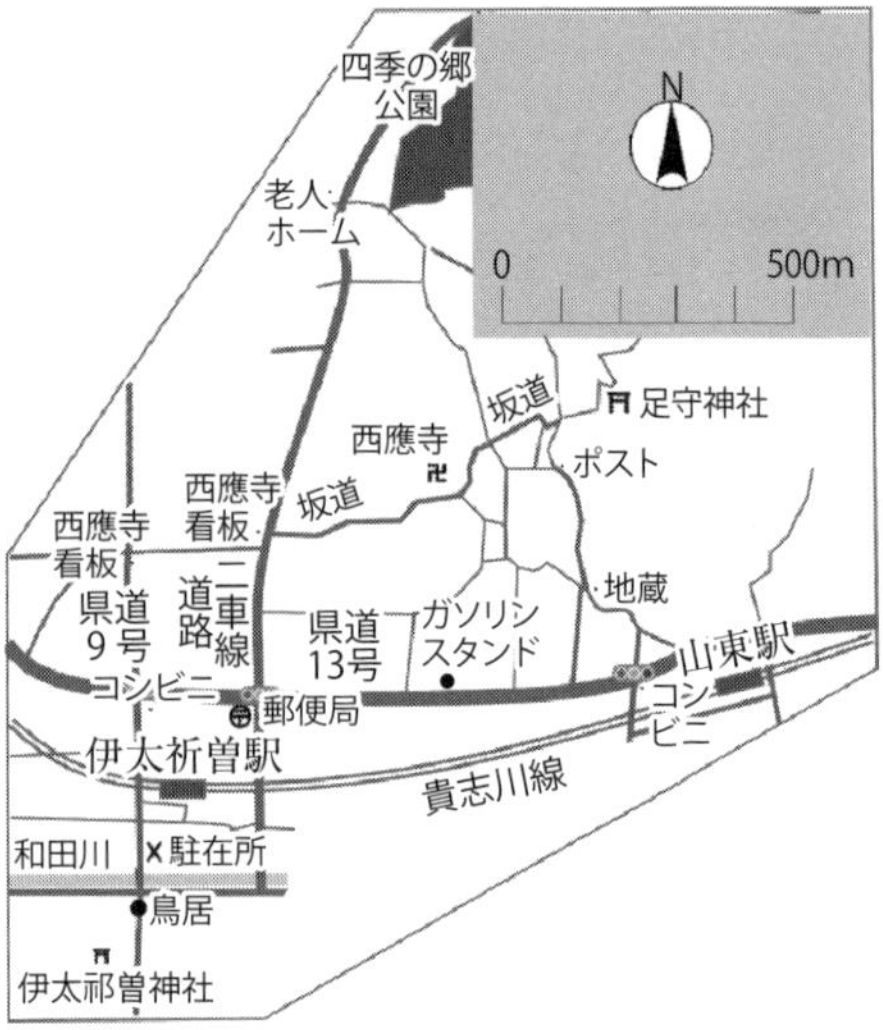

図5　伊太祈曽駅、山東駅と周辺地域

レも完備されているので、車庫に留置された車両を眺めるなどしながらしばらく休憩するのもよいだろう。二〇一八年七月現在、日・祝・火・土曜日には猫の駅長「よんたま」が勤務している。

駅から伊太祈曽《いたきそ》神社《じんじゃ》へは、一車線の県道が通じている（図5）。途中までが県道一五七号線、途中からが県道九号線であるが、いずれも狭い上に交通量は多く、自動車を気にしながらの歩行となる。国土交通省の「道路統計年報」によると、二〇一六年度の和歌山県の一般道路の道路整備率（車がすれ違いが可能で、かつ混雑していない道路の割合）は四四・九％で四五位であり、全国平均の五九・三％に大きく後れを取っている。隣の大阪府は七〇・八％で全国四位である。こういった状況を実感しながらの旅となる。

さて伊太祈曽神社は、日前神宮・國懸神宮や丹生都比売《にうつひめ》神社《じんじゃ》とともに紀伊国一之宮とされる由緒正しきお社である。和歌山県神社庁(8)によれば、祭神の五十猛命《いたけるのみこと》は素盞嗚《すさのお》尊《のみこと》の子神で、父神の命を受け国土に木種を播き青山と成したために「木の神」とされ、その木の神の住む当地は「木の国」と呼ばれ、やがて「紀伊国」になったとのことである。本殿前にある本居宣長の「朝もよし　紀路のしげ山　わけそめて　木種まきけん　神をし思ほ

(8)　和歌山県神社庁のサイト http://wakayama-jinjacho.or.jp/jdb/sys/user/GetWjtTbl.php?JinjyaNo=1050（最終検索日二〇一八年七月二五日）

ゆ」、その養子である本居大平の「山々の　木々の栄えを　木の國の　栄えと守る　伊太祁曽の神」の石碑からも、当社の並々ならぬ由緒や神威を感じることができるだろう。

毎年四月の第一日曜日には木の恩恵に感謝する「木祭り」が開催されており、二〇一六年の祭りでは餅撒きのほかチェーンソーカービングの実演奉納や朝堀りタケノコとイチゴの即売、植木市、木工品市などが実施された。境内にはチェーンソーカービング世界チャンピオンの城所啓二氏による作品が常時並べられており、壮観である。

境内では厄難除けの「木俣くぐり」をすることができる。同神社の説明によると、これはその昔大国主神が八十神に命を狙われた際に、五十猛神の助言で木の俣をくぐり難を逃れたという神話にちなむものである。本殿に参拝、難除けの祈願、木俣くぐりという順序があり、木の俣をくぐる際の方向も決まっているので注意したい。

次の山東駅付近には足守神社《あしがみじんじゃ》がある。同社には、かつて根来寺の開祖である覚鑁《かくばん》上人が灌漑用に大池を作る工事を行ったところ、大勢の作業員が足を痛めたため、上人が都から足の神を勧請したところ、効果があったとの伝承が残されている。(9) サッカーやマラソンなど足を使うスポーツの守り神なのである。

大池遊園駅

山東駅を出た列車は、山の中へと進み、峠の急カーブで停車しそうなほどに速度を落とす。このあたりは和歌山市と紀の川市、海南市の三市が境を接する地域であり、貴志川線で一番の難所となっている。

峠を抜けて到着した大池遊園駅は、隠れた難読駅である。おそらく読者のほとんどが「お

（9）　きのくに風景賛歌　http://www.kinokuni-sanka.jp/modules/landscape/index.php?lid=1270&cid=48（最終検索日二〇一八年七月二五日）

写真10　新旧の貴志駅舎

おいけゆうえん」と読んだことであろうが、違う。正しくは「おいけゆうえん」である。この駅前の公園は桜の名所であり、かつ貴志川線随一の撮影名所でもある（写真9）。二〇一六年にピザやパスタを出すカフェやジェラート店がオープンした。公園と貴志川線電車を眺めながら食事をするのも良いであろう。

西山口駅、甘露寺前駅、貴志駅

大池遊園駅からは紀の川市貴志川地区（二〇一五年国勢調査人口は約二・〇万人）内を走行し、住宅団地にほど近い西山口駅、甘露寺前《かんろじまえ》駅に停車する。西山口駅前の住宅団地を長山団地という。

甘露寺前駅を出て東へと走ってきた列車は、南へと向きを変えて終点の貴志駅に到着する。貴志駅の構内で線路はほぼ正確に南進しており、終点の貴志駅舎は真東を向いて建っている。

猫をモチーフとした現在の貴志駅舎は二〇一〇年八月に使用開始されたもので、和歌山県産の木材を用い、屋根は檜皮葺である。

貴志駅には、グッズや土産物等の売り場と「たまカフェ」

写真 9　大池遊園の鉄橋を渡る「おもちゃ電車」と桜

が設置されている。このカフェでは、ホットドッグならぬ「ホットキャット」、たま駅長認定スイーツである「たまのしっぽ」や、たまカラーのジェラート、紀の川市産のフルーツを使った季節のジュース、コーヒーなどを賞味することができる（メニューは二〇一八年現在）。たまに関連する展示物を見ながらゆっくり休憩したい。駅舎にはサポーターの名前が掲示されており、数多くの人の支援で実現したリニューアルであったことがわかる。

貴志駅にはスーパー駅長「ニタマ」がいる。二〇一五年六月までは「たま」が駅長であったが、逝去のため同年八月から伊太祈曽駅長の「ニタマ」が貴志駅駅長に就任した。「ニタマ」の出勤曜日は二〇一八年七月現在、月・火・金・土・日曜日となっている。初代の「たま」は和歌山電鐵と地方公共交通の守り神として、貴志駅ホーム上の「たま神社」に祀られている。

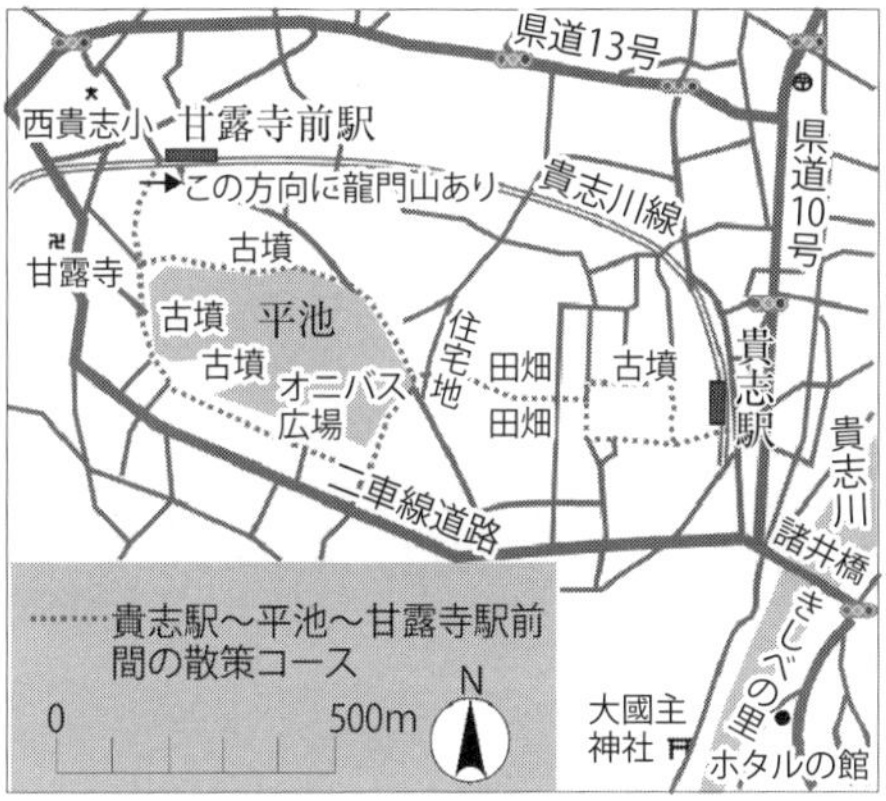

図6　貴志駅、甘露寺前駅と周辺地域

貴志駅を楽しんだら、周辺地域に足を運んでみよう（図6）。貴志駅から徒歩一〇分に大國主《おおくにぬし》神社がある。そばを流れる貴志川は蛍で有名である。

旅の締めくくりには、貴志駅から平池公園を通って甘露寺前駅まで歩くのがお勧めである。貴志駅舎のすぐ横にある踏切を渡って、そのまま西へ一五分も歩けば平池に出る。周囲をなだらかな山に囲まれたのどかな田園風景を楽しみながら、のんびり歩いて行こう。

平池はとても心の落ち着く場所である。水面は

写真11　鏡のように穏やかな平池

写真12　のどかな甘露寺前駅周辺から秀峰・龍門山を望む

鏡のように穏やかであり、周囲の山並みは女性的である（写真11）。鴨などが園内の灌木の下でのんびりと昼寝をしていることもある。まことに心安らぐ光景である。

園内の樹種は豊富であり、銘板もしっかりと整備されている。六月から八月中旬の朝には、見事なハスの花を楽しむことができる。縄文時代から弥生時代に相当する二〇〇〇年以上前の地層から発見された種子が発芽したという「大賀ハス」の、誠に大きく透き通ったピンク色の花には思わず手を合わせてしまう。花の最盛期は七月の上旬から下旬である。

平池公園で心の洗濯をしたら、徒歩すぐの甘露寺前駅から貴志川線に乗って帰路につこう。甘露寺前駅のホームから貴志駅の方向に、三角形の龍門山（標高七五五・九ｍ）を望むことができるだろう。さすがは紀州富士、筑波山を連想させるような秀峰である（写真12）。

＊写真１「うめ星電車」、写真９「おもちゃ電車」、写真10左「貴志駅」（デザイン・水戸岡鋭治）

平池の大賀ハス

column

ユネスコ未来遺産ビオトープ孟子《もうこ》

原　祐二

和歌山駅から貴志川線に揺られることおよそ三〇分、Nゲージのレイアウトにも出てきそうなかわいらしい大池遊園駅に辿り着く。最近ではお洒落なレストランも開店したが、駅周辺は山、農地、池、点在する伝統的な家屋のみが目に入り、貴志川線沿線でも最も秘境感が漂う駅である。駅前にはトレッキングルートを示した看板があるが、それを作成した団体が管理する、全国の里山保全関係者に知られている谷津田ランドスケープへの最寄り駅であることは、和歌山市域の市民にはあまり知られていないようだ。団体の名前は、NPO法人自然回復を試みる会ビオトープ孟子という。一九九八年に、地元有志数名により、大池遊園駅から徒歩約四〇分に位置する東西に延びた孟子不動谷奥の放棄田を借用し、トンボ池を造るところから始まった（写真1）。二〇〇〇年前後は里山再生NPOが全国で勃興した時期だが、初めは地元でも異端視される場合が少なくなかった。ビオトープ孟子も例外ではなく、その地道な活動が地元に受け入れられるまで数年を要した。その後、谷津田数区画での有機米栽培も行い（写真2）、湿地生態系としての水田の動植物の保全も目指している。二〇〇九年には、ユネスコ未来遺産にも指定され、現在では和歌山県の生物多様性地域戦略の核に位置づけられるに至っている。

写真１　トンボ池

特筆すべきは、地道な活動が地域の行政から評価され、活動中心地から近い里山環境を有する海南市わんぱく公園の指定管理者として、一定数の中心メンバーの雇用を担保しながら、既往の活動地の孟子不動谷での生物多様性・耕作放棄地再生活動と、わんぱく公園の指定管理を相乗的・相補的・有効に展開していることである。例えば、孟子不動谷における有機米栽培への支援参加者をわんぱく公園の環境教育チームにて構成したり、生産された有機米を公園で販売したりしている。また、同様に小中学生中心に生物モニタリング調査への参加を公園で呼びかけ、孟子不動谷で採集された標本や撮影された写真を公園に展示して教育効果を高めている。相互を人的・経済的に弾力的に結びつけることで、指定管理者制度下でコアメンバーの人件費が担保されていることに加え、中心メンバーの「公園長」という公的な肩書きが活動の信頼性をさらに高めている。こうした事例は全国にほとんどない。

写真２　谷津田での有機米栽培

現在、ビオトープ孟子は、全国の里山再生ＮＰＯ同様、後継者育成の面で難局にある。創設時からのコアメンバーは年を重ねており、一人が倒れれば、例えば有機米栽培の継続もかなわず、依拠していた湿地生態系は崩壊する。読者のみなさんも、是非当地を気軽に訪れてそのすばらしい谷津田ランドスケープを体感されてはいかがだろうか。さらには、海南市わんぱく公園を窓口に募集している、当地での生態系管理活動に積極的に参加され、一人の担い手として活動される道も開かれていることを是非ご記憶願いたい。

〔参考文献〕

ビオトープ孟子ウェブサイト　http://mo-ko.jp/（最終検索日二〇一八年七月一〇日）
三瓶由紀・阪口大介・原祐二「里山管理における指定管理者制度活用の実態と課題―近畿圏を事例として―」都市計画報告集一四　一八七～一九一頁　二〇一五年　http://www.cpij.or.jp/com/ac/reports/14-2_187.pdf（最終検索日二〇一八年七月一〇日）

都市から農村への移住と中間支援組織

阪井加寿子・藤田武弘

はじめに

和歌山県では、比較的早い時期から都市農村交流や都市住民の農村移住支援の取組みが始まっている。紀伊半島に位置する本県は、風光明媚な海岸線を中心に多くの観光地を擁《よう》するが、内陸部の農村においても、一九九九年の「南紀熊野体験博」を契機に体験型観光による都市農村交流の取組みが拡がった。農村の住民は、農林漁業や自然、歴史、文化、伝統産業などのありのままの姿に観光的価値を見出し、「ほんまもん体験」と銘打って体験客の受入れを始めた。そして、行政と住民が連携し都市部からの体験客を受け入れる協議会が組織された。このような都市農村交流の取組みは、住民が体験客のまなざしを通じて自らの地域を見直し、内発的に地域づくりを考えるきっかけになった。ある地域では「体験から交流へ、交流から定住へ」という合い言葉が使われ、都市農村交流の取組みから地域づくりを目的に移住者受入れを行うという流れができていった(1)。

また、県内には、那智勝浦町色川地区(2)のように移住者の受入れに長い歴史を持つ住民主導の取組み、林業の担い手として移住者を受け入れる緑の雇用事業や就農をめざす移住者への農業研修など行政主導の取組みがあった。

このような背景のもと、同県では二〇〇六年、退職期を迎える団塊世代を農村に迎え入れ、地域の活性化につなげようと都市住民の田舎暮らしを支援する事業が開始された。県の呼びかけに応じた市町村では、行政と住民が連携し移住者の受入体勢を整備した。これらの市町村では多部局にわたる移住相談にワンストップで対応する移住担当者が配置され、また、移住者と地域住民との関係を取り結ぶために受入協議会が組織された。受入協議会は、地元の団体の代表や区長など地域の代表、先輩移住者等により構成され、行政(県・市町村)と民間(地元住民・移住希望者)の間で移住に関する中間支援(3)を行う。受入協議会の支援活動は行政と一体的に行われており、移住希望者に地域の環境や風習など、暮らしに関するアドバイスや空き家などの情報提供、また、移住する地区との橋渡しを行う。

和歌山県における移住支援は、農村の活性化や過疎対策を目的に行われてきたため、移住者に地域の暮らしをよく理解し移住してもらうことに重点を置いている。県は市町村や受入協議会と連携し、都市部で移住セミナーや相談会を開き、地域では先述のほんまもん体験を組み入れるなどして現地体験会を行う。また、「和歌山県ふるさと定住センター(古座川町)」では、田舎暮らし体験研修が行われ、移住前にお試し暮らしができる短期滞在

(1) 日高川町「ゆめ倶楽部21」、白浜町「大好き日置川の会(現:(一社)南紀州交流公社)」は修学旅行受入れなどの都市農村交流に取り組む一方、移住推進の受入協議会としても活動している。

(2) 色川地区では、一九七五年、有機農業を志すグループ「耕人舎」の受入れをきっかけに移住者が増加した。その後、地域づくりを主導する自治組織「色川地域振興推進委員会」が組織され、体験、定住者訪問、仮定住、空き家探しと段階を踏んで移住に至る「定住支援」を行っている。色川地区における移住者数は、地区人口の減少もあり全体の約半数に上る(二〇一七年一〇月現在)。

(3) 地域づくり活動などにおいて行政と地域住民の間で住民や団体の活動を支援する組織は、中間支援組織と呼ばれ、活動に必要な情報提供やアドバイス、コーディネートなどのサポートを行う。

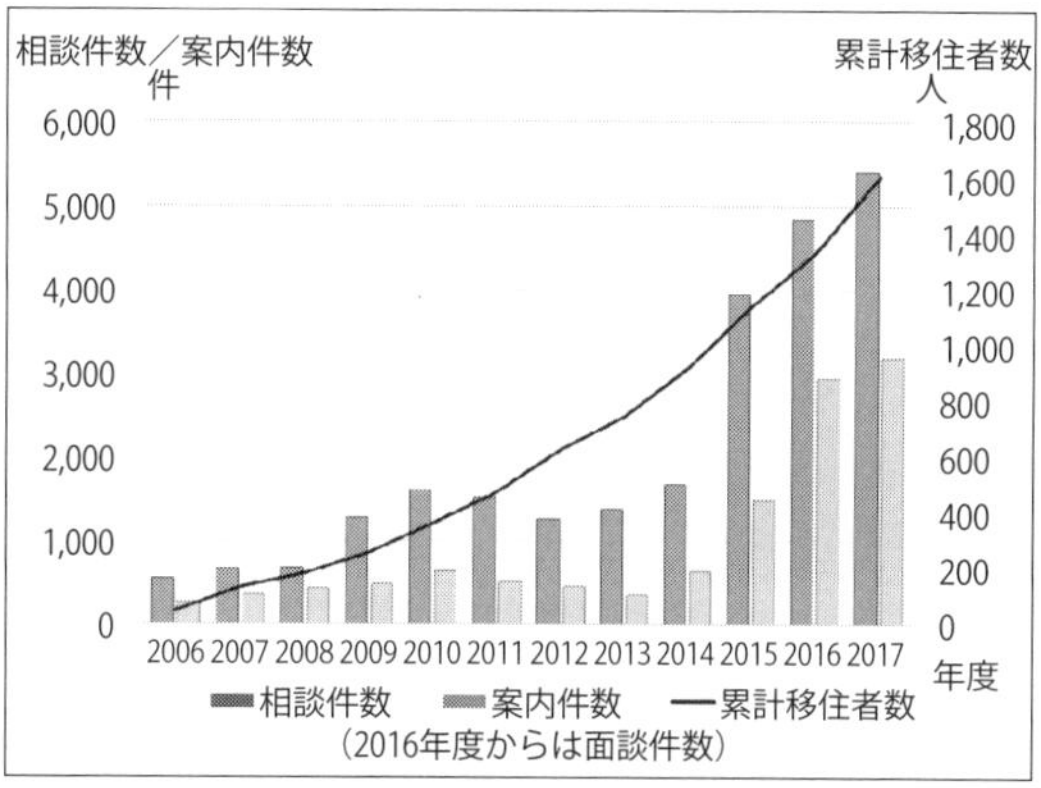

図1　和歌山県における農村移住支援

住宅を整備した市町村もある。また、空き家活用のため、宅地建物取引事業者を「田舎暮らし住宅協力員」として委嘱し、賃貸借に専門家が仲介する仕組みも整えられた(4)。

さらに同県は、二〇一五年から国の地方創生政策に協調し、東京、大阪、和歌山市に移住相談窓口を設置するとともに、「仕事、住まい、暮らし」の視点から、起業や就農の支援、空き家バンクの創設や空き家改修の支援、若年者の移住スタート時の生活支援などを行っている。二〇〇六年に五市町（紀美野町、有田川町、白浜町、那智勝浦町、古座川町）で始まった移住支援は、その後の農村の過疎化や高齢化の進行により取組地域が拡大し(5)、二〇一七年度までに支援を受けた移住者の累計は一六〇八人に上る（図1）。

(4)　移住を推進する県組織「田舎暮らし応援県わかやま推進会議」の委嘱を受けた田舎暮らし住宅協力員は、市町村の受入協議会と協力し、家主が期限付きで空き家を貸す定期賃貸借制度を用い、移住者に住宅を仲介する。

(5)　移住推進に取り組む市町村は年々増加し、日高川町、田辺市、新宮市、串本町、かつらぎ町、高野町、すさみ町、広川町、由良町、九度山町、湯浅町、北山村、印南町、紀の川市、海南市、みなべ町においても受入協議会が組織され、県内三〇市町村すべてに移住担当職員が配置されている（二〇一八年三月現在）。

1　紀美野町における移住支援

和歌山県の北部に位置する紀美野町は、二〇〇六年に「平成の大合併」で誕生した町で、高野山に続く国道三七〇号（通称：高野西街道）を中心に集落が点在している。主な産業は

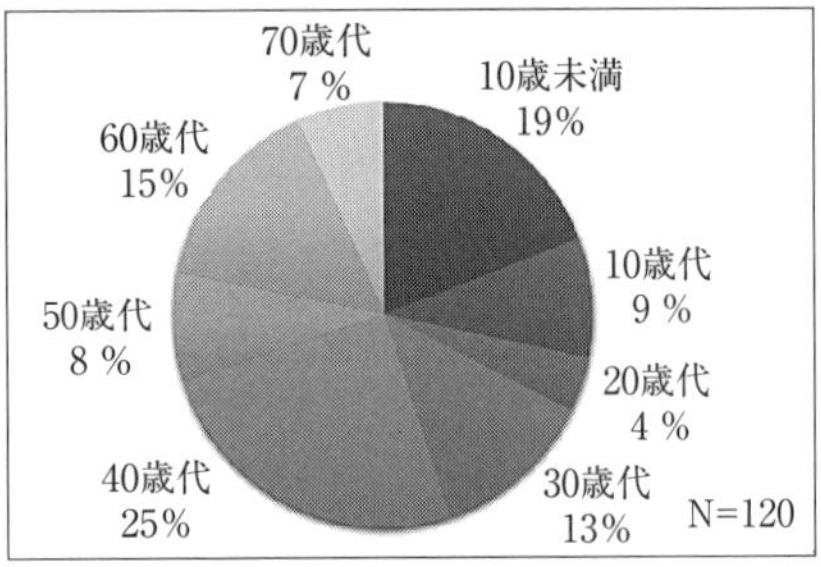

図2　紀美野町定住者の年齢

写真1　紀美野町の棚田風景

棚田《たなだ》での米作のほか、柿、みかん、梅、山椒などの農業や林業、また、棕櫚《しゅろ》産業から発達したロープ・日用雑貨の生産が地場産業となっている。

町の人口は、一九八〇年の一万五六二五人から、二〇一〇年には一万三九一人に減少し、過疎化、高齢化が進む地域の活性化のため早くから移住推進に取り組んできた。二〇〇六年、同町は県の田舎暮らし支援事業に呼応し、移住支援の担当窓口を設置するとともに、従来の有志による活動を組織化し「きみの定住を支援する会」（以下、「定住の会」）を立ち上げた。定住の会は、地元の商工会やJAなどの団体に属する住民、町にU・Iターンした移住者、そして役場の担当者等が事務局として加わり五〇名ほどで構成され、順次、新規移住者が入会している。

定住の会の発足から一〇年が経過し地域に移住者が増加している。定住の会とつながりのある移住世帯の一二〇人をみると、同町が大阪府や和歌山市に近い県北部に位置することから、移住前の住所地は大阪を中心に近畿地方が約半数に上り、中には和歌山市など県内都市部からの移住者もいる。一方、移住世帯の年齢をみると、当初予想していた定年移住者はそれほど多くなく、子育て世代を含め五〇歳未満の移住者が全体の七割を占める（図2）。そのうち二〇歳未満の子ども世代も二割あり、若者が移住し地域に活気が戻ることが期待される。ある集落では、「今までは鹿や鳥などの鳴き声だけだったのが、三〇年ぶりに赤ちゃんの泣き声や子どもの声を聞くことができた。」と喜ばれている。

定住の会は、役場の美里支所（旧美里町役場）に事務局を置き、まちづくり課と構成メンバーの住民が一体的に移住・定住の支援を行っており、行政と移住者がそれぞれ「外向き」と「内向き」に活動している。行政は、定住の会の事務局を担い、「外向き」には、移住希望者の相談にワンストップで応じ、地域を案内し定住の会の先輩移住者を紹介する。そして、移住希望者に対し、生活体験施設や短期滞在施設でお試し暮らしを行い、地域の環境をよく理解し移住するよう勧める。また、「内向き」には、地域説明会を開催し、住民に移住推進の目的や内容を説明して取組みへの協力を求める。そして、大学と連携して町内に増加する空き家の調査を行い、居住可能な空き家を移住者に貸してくれるよう地元の協力を呼びかけている。

一方、定住の会のメンバーである移住者は「外向き」に、先輩移住者として都市部の相談会や現地体験会等に出席し、移住希望者に自らの体験をもとに農村移住や紀美野町の生活環境について助言する。特に若年希望者には、就職や就農、また起業などの仕事に関する助言が好まれる。また、「内向き」に、移住者自身が地元の消防団や集落の行事に参加し地域の担い手として活動することにより、住民の移住推進に対する理解を深めている。

定住の会は、二〇一〇年にＮＰＯ法人化し、安定した取組みに向けて体制を強化しているが、最近では、若い移住者が集落支援員や地域おこし協力隊という立場で事務局の活動に加わり、パンフレットやホームページの作成、地元で開催される現地体験会や住民説明会の運営を補助し、定住の会の「内向き」、「外向き」の活動を支えている。

2 紀美野町に移住した人々

紀美野町に移住した人たちは、それぞれの地域で多彩に暮らしている。農業や「農」的な暮らしを希望する移住者が多いが、自ら「なりわい」をつくり出し、また、地域の資源を生かして起業する者も増えている。次に、移住者を通じ紀美野町の暮らしを見ていく。

古民家カフェ「くらとくり」のUターン移住者とIターン移住者の暮らし

Aさんは、二〇一〇年紀美野町へUターン移住した。神戸の建築会社や大阪の肥料メーカーで二〇年近く営業職に就いていたが、農業や食への関心が高まり野菜ソムリエの上級資格を取得し、その後、兄弟の誘いでUターンした。現在は実家の農園で栗を中心に梅や柿、野菜を栽培し、できた農産物を加工・販売している。

都会で長く暮らし、改めて自然や農業の素晴らしさを認識したというAさんは、二〇一三年に定住の会の副理事長に就任し、役場の担当者が案内してくる移住希望者に、農業のやりがいや楽しさとともに理想だけで移住や農業はできないことを伝えている。

また、二〇一四年には、米蔵として大正時代に建築された農協の遊休施設を購入、改築

写真2　米蔵を改築した古民家カフェ「くらとくり」

写真3　「もみの木食堂」の野菜ランチ

し、土蔵造りの風情を活かした古民家カフェ「くらとくり」をオープンさせた。建物は、Aさんが農産物や加工品を販売するスペース、菜食レストラン、コーヒースタンドの三店舗でシェアし、週末のみ営業を行っている。農村に新しくできたカフェレストランには、近隣の市町から多くの来店客があるが、自らも地元の住人であるAさんは、他の経営者と住民の間に入り、商業スペースでない静かな農村環境に溶け込むよう店舗経営に気を配り、一方、近隣の住民もそれを受け入れ、協力している。

「くらとくり」で菜食レストラン「もみの木食堂」を経営するBさんもまたIターン移住者である。かねてから玄米菜食や自然食に興味があり、自給的生活を希望して、二〇一二年大阪府堺市から移住してきた。妻と子ども二人の四人家族で、小中学校の山村留学の支援を受けて空き家を借りた。移住後はハローワークの紹介で農園へ就職し、調理や食についての勉強も行った。

二〇一四年、Bさんは「料理で田舎の暮らしを表現したい」と、「くらとくり」に菜食レストランを開業、調理道具等の初期投資には、定住の会の紹介で、県の移住者起業補助金を活用した。地元で採れた野菜を使って野菜料理のランチを提供し、週末の営業日には、蔵のレストランに五〇人を超える来店客がある。

また、Bさんは、地元で消防団に入るなど地域の活動にも参加している。農村集落における最も小さい自治組織は「班」であり、地域の行事は班単位で行われる。移住した地域にも小さい祭りや餅まきなどの行事が年に何度もあり、その準備に参加することで同じ班の住民から地元の風習や決まりごとを教わったと言う。Bさんは、「飲料水の確保に始まり、生活をしていくうえで隣近所との協力が欠かせない」と、地域と密接にかかわる暮らしを楽しんでいる。

自然インストラクターの暮らし(Iターン移住者)

Cさんは大阪府南部の市役所を退職し、紀美野町にIターン移住した。長年仕事の傍らカブスカウトの指導者として活動し、定年後に活動を続けられる自然豊かな移住先を探していた。県のホームページから紀美野町の取組みを知り、定住の会の支援を受けて二〇一一年にIターンした。

Cさんは紀美野町に生活の拠点を移し、時々大阪の実家に帰る生活を送っている。移住先では、日々の田舎暮らしを楽しみながら季節ごとに近隣農家の柿や山椒などの作業を手伝い、高齢農家を支えている。一方、農家もCさんが栽培する柿の木の消毒を引き受け、お互いに助け合って生活している。

また、カブスカウト指導者の経験から「美里ふれあい自然塾」を開き、町内や近隣市か

写真4　自然インストラクターの暮らし

ら参加する子どもの野外活動を指導してきた。週末にキャンプや一日ハイキングを行い、夏には一週間の民泊活動も実施する。また、二〇一三年に町の都市農村交流事業の一環で組織された紀美野町民泊協議会の会長に就任し、農家民泊の普及や受入活動を行う。

さらに、環境やエコロジーに関心がある住民たちと「まきわりクラブ」を結成し、月一、二回、里山の整備を行う。参加者は、雑木の伐採や森林の間伐で出た木材をチェーンソーや斧を使って薪《まき》にし、ストーブなどの熱源として活用している。

棕櫚箒製造職人の暮らし（Iターン移住者）

紀美野町に移住して伝統産業である棕櫚《しゅろ》箒《ぼうき》の製造職人になった移住者もいる。現在、掃除道具は電気掃除機が普及しているが、以前は掃き掃除が一般的で、戦後、材質が化学繊維に変わるまで、各家庭では棕櫚の箒がよく使われた。

棕櫚は、その繊維が弾力性に富み、比較的強靱で耐久性にも優れていることから、棕櫚皮の採取を目的に古くから栽培された。和歌山県においても、有田川地域や紀美野町（合併前の野上町・美里町）で栽培が盛んで、特に生石《おいし》山麓の紀美野町小川地区では多く栽培され、大正期には県内一の生産高を誇った（表1）。産出された棕櫚は野上地域に集められ、棕櫚産業が栄えたが[6]、戦後、化学繊維の発達や高度経済成長にともなう人件費の高騰に

（6）野上・美里地域や有田川地域で産出された棕櫚《しゅろ》は、大正五年の野上軽便鉄道の開通や日方高野線（現国道三七〇号）の改修により、ほとんどの量が野上地域に集められ、縄《なわ》、綱《つな》、蓑《みの》、マット、タワシ、箒《ほうき》、履物表《はきものおもて》などへの加工が家内工業として発達した。材料不足から中国産の棕櫚も輸入され、野上地域は戦後に至るまで、棕櫚皮や棕櫚の晒葉《さらしは》を加工する棕櫚産業が栄え、活況を呈した。

		棕櫚皮		新葉		主生産地
		数量（枚）	価格（円）	数量（〆）	価格（円）	
和歌山県	海草	100,000	600			
	那賀	20,000,000	120,000	150,000	150,000	長谷毛原、猿川、上神野、真国、志賀野、小川
	伊都	12,000,000	72,000	80,000	80,000	花園、天野、四郷、高野
	有田	7,000,000	42,000	55,000	55,000	八幡、安諦、五西月、城山
	日高	600,000	3,600			
	西牟婁	400,000	2,400			
	東牟婁	200,000	1,200			
	県合計	40,300,000	241,800	285,000	285,000	
野上	東野上	100,000	500	1,680	840	
	小川	2,953,500	11,223	19,918	13,942	
	志賀野	325,000	1,675	4,825	3,217	
	野上合計	3,378,500	13,398	26,423	17,999	
	県との比較	8.38%	5.54%	9.27%	6.31%	

表1　大正期における棕櫚生産額（『野上町誌　下巻』より引用）

より衰退した。加工業者は減少し、現在、棕櫚箒の製造を行う職人はほんの数人しかいない状況である。

Dさんは海の見える風景が気に入り広島から和歌山市に移住、印刷のデザイン関係の仕事をしていたが、携わった仕事で棕櫚箒の存在を知り、紀美野町の職人を訪ねた。美術大学でデザイン工芸を学び、ものづくりをしたいと思っていたDさんは、棕櫚箒の見た目の美しさと構造的に無駄のない洗練されたデザイン性に魅せられ、その場で棕櫚箒製造の後継者となる決心をした。

二〇〇六年、紀美野町の棕櫚箒職人に弟子入りし、五年間、休日も使ってさまざまな箒の製造技術を習得した。棕櫚は耐久性が高く、棕櫚箒は二〇年から三〇年使用することができる。Dさんは、職人の技術も長く残るのでやりがいを感じると言う。

二〇〇七年に結婚、独立して開業するための空き家を探した。田舎の空き家は不動

写真5　道路わきに残る棕櫚の木

産物件として表に出ない。定住の会に手伝ってもらいながら家を探し、二〇一一年に農家を借り受けた。箒の製造工程で粉塵《ふんじん》が出るため、離れを工房に活用した。夫は、母屋《おもや》で建築設計の作業スペースを確保し、休日には農園で野菜づくりを行う。引越の際、役場の担当者から地区の班長を紹介してもらい、地域の決まりごとを教わった。定住の会のメンバーとなり、毎年の交流会に参加し他の移住者と情報交換をしている。

Dさんは、棕櫚箒の個人販売をインターネットを使って行っているが、箒一本の製造に一日から物によっては三日要し、製造が追いつかない状況である。材料である棕櫚皮は、現在では紀美野町では調達できず中国製に頼っているが、Dさんは、最近、棕櫚皮の質が落ちてきたと感じている。そのため、鬼毛箒の製造には、鬼毛と二番毛を選《よ》り分ける工程を追加し、手間をかけて納得のいくものづくりを行っている。

棕櫚箒の職人は全国的にも数えるほどしかいない。かつて棕櫚産業が栄えたこの地域の技術は、伝統工芸品として技術力も高いが、産業の衰退に加え、原料である中国製の棕櫚皮の調達も安定しない。このように厳しい状況であるが、伝統工芸の技術の伝承にIターン移住者が志を持って挑んでいる。

3　移住推進と地域づくり

紀美野町における移住の中間支援組織「きみの定住を支援する会」は、「移住推進を地域づくりに生かす」という明確な目的を持って活動している。そのため、移住者が地域に

写真6　棕櫚箒製造職人の暮らし

写真7　きのくに移住者大交流会

馴染み、定住することが最終の目標であり、役場の担当者や定住の会は、田舎と都会では慣習や文化に多くの違いがあることを移住希望者に伝え、理解を求めている。そして、移住の際には相談役になってくれる地区の役員を紹介し、移住後も地域に慣れるまで時々訪問し暮らしぶりを見守る活動を続けており、町と定住の会が作成したパンフレット「紀美野で暮らそ」には、田舎生活における隣近所との付き合いについて地域の想いが記されている。[7] 定住の会の支援を受けた移住者は、農村の暮らしを理解して移住してくるので、「考えていた暮らしとは違った」と移住後に再転出する人は、最近ほとんど見られない。

また、地域で起業する若い移住者も増え、食に関する「なりわい」として、ベーカリー、古民家カフェ、ジェラート店、イタリアンやフレンチレストランなどの店舗が新しくできている。これらは地域の集客拠点として、週末ランチやカフェ巡り、買い物をする人たち

(7)　パンフレットには「田舎生活のいろは」として、昔から日常生活、農作業などで相互扶助の生活を営んできたため、隣近所とのつきあいを大切にすることや、あいさつの会話をすること、地区費や行事への寄付が回ってくることなどが記載されている。

で賑わっている。

二〇一六年一二月、和歌山県に移住した人たちが紀美野町に集まり、「第六回きのくに移住者大交流会」が開催された(8)。県内各地に移住した多くの家族が参加し、情報交換や交流を楽しんだ。移住先の受入協議会が行う農業体験に参加し、栽培の技術を学んでいる定年移住者、地域の高齢者に子育てを助けてもらっていると話す若い夫婦、獣害対策で捕まえた鹿皮の加工に関心があるという若年女性など、幅広い世代がそれぞれ目的を持ち移住している様子がうかがえた。共通しているのは、積極的に地域との関わりを持ち生活していこうという姿勢である。最近では、農村が受け継いできた知恵や技術に共感し、自ら地域に飛び込み、地域づくりの活動に加わる若者も増えてきた(9)。

多くの移住者が地域に入り、風を呼び込み、その風に惹《ひ》かれてまた新しく人が入る、農村移住の中間支援組織を介して、地域にそのような好循環が生まれることを期待したい。

〔参考文献〕
野上町誌編纂委員会『野上町誌　下巻』ぎょうせい、一九八五年

(8) 交流会は、和歌山県の紀北、紀中、紀南地域で毎年持ち回って開催されている。

(9) 地域おこし協力隊は都市部から過疎地域等に生活の拠点を移し、地域協力活動を行いながら、その地域への定住・定着を推進する総務省の取組みで、平成二九年度は九九七の自治体で四八三〇人が活動している(総務省ホームページ参照)。

column

紀美野町における地域住民と大学生との協働的実践

上野山裕士

紀美野町は、和歌山県北部に位置する町で、二〇〇六年に旧野上町と旧美里町が合併して誕生した。同町は、美しい自然に恵まれた地域であるとともに、柿や山椒の名産地として知られている。また近年では、パン、ジェラートの専門店やフレンチ、イタリアンのレストラン、カフェなどがオープンし、町外からの訪問客も増加している。一方で、とくに旧美里町域においては、人口減少、少子高齢化の進展、地域産業の衰退などが地域を取り巻く課題となっている。

写真1　学生主催イベントに参加した小学生たちとの記念写真

ここでは、紀美野町において、地域住民と大学生とが廃校となった小学校を拠点に地域の活性化に取り組んだ上神野地区の事例を紹介する。紀美野町上神野地区は旧美里町域に位置し、山間部に多くの人びとが居住するとともに、市街地からも離れた地域である。そのような地理的条件から、町内においても、先に示した人口減少などの課題がとくに顕著な地域のひとつである。さらに、上神野小学校が二〇〇五年度で休校[1]となったことから地域がさらに活力を失っていくことへの危機感が強まり、二〇〇六年、住民を中心に「上神野地区まちづくり協議会」が立ち上げられた。その後、二〇一四年には、同会から和歌山大学観光学部地域インターンシップ[2]への応募を契機として、大学生との協働的実践がスタートした。

写真 2　夏祭りの運営補助を行う学生たち

　協働的実践の具体的内容は、町PR動画の作成、地域主催イベント（夏祭り、芋煮会など）の運営サポート、学生主催イベントの実施、大学祭での地域特産品の販売など多岐にわたる。ただし、地域における活動は、当初からこれだけ多様であったわけではない。当初は、地域の視察や住民との交流など、地域を知る活動が中心であった。それが次第に、小学校拠点化作業、石窯づくり、地域主催イベントのサポートなど、地域の活性化に直接かかわる活動へと展開するようになった。そして、徐々に学生の主体性が発揮される活動がみられるようになり、現在へとつながっている。これは、地域との継続的な関わり[3]のなかで住民と学生との信頼関係が醸成され、地域活性化に向けた取り組みにおいて「大学生に任せられる」領域が拡大したことに起因すると考えられる。また、これらの取り組みに大学生のほか、地域外のサポーターや町役場、他地域から移住してきた住民[4]などが参画していることも、活動の多様性を支える要因である。

　上神野地区での取り組みは、住民にとっての心理的・空間的な拠点である小学校を活用し、多様な人びとが地域活性化という目標を共有しながら協働的実践を展開する事例であった。拠点の存在、多様な主体の協働、目標の共有などのキーワードは、活力が失われていくことへの危機感をもつ地域にとって、活性化への有益なヒントとなるのではなかろうか。

〔注〕

（1）二〇一五年に廃校となった。

（2）地域が抱える課題を住民と学生との協働により発見し、解決策を模索、実践していく取り組み。通称ＬＩＰ（Local Internship Program の略）。

（3）上神野地区でのＬＩＰは二〇一七年で活動四年目を迎えた。

（4）紀美野町は移住・定住支援に積極的に取り組んでいる。

黒江のまちづくり

竹田茉耶

はじめに

川端通り

ＪＲ和歌山駅から紀伊半島の沿岸を結ぶ、紀勢線を走る電車に揺られること約一五分、ＪＲ黒江駅に到着する。そこから、さらに南西方向に一五分ほど歩くと、川端通りに行き着く。

黒江は、江戸時代に紀州藩の保護を受けて、紀州漆器の産地として発展した町である。その中でも、現在川端通りと呼ばれている周辺は、漆器産業の中心地であった。通りは、いまでは車が往来する生活道路であるが、大正初期までは堀川であった。漆器の運搬方法が舟から陸の交通機関に切り替わったことをきっかけに暗渠となったが、それ以前は、漆器の搬出路としての役割を担っていた。

かつて川端通りの両岸には、漆器問屋が、その裏通りには、漆器職人の仕事場兼住居が軒を連ねていたという。こうした歴史的背景は、後ほど述べる、まちづくりの取り組みとも深くかかわっている。そこで、まずは、漆器産業の産地としての黒江の歴史と、こうした産業の盛衰と関わって変遷してきた町並みについて、見ておきたい。

なお、黒江は海南市に属する地域で、大字名の黒江といった場合は、八七四世帯、一九一六人（二〇一五年、国勢調査）が暮らす地域を指す。しかしここでは、もう少し小さな範囲の、かつて黒江村と呼ばれ漆器産業の中心地であった、そして、現在はその歴史をふまえたまちづくりが展開されている川端通り周辺の地域を取り上げる。

漆器産業の興りと展開

黒江は、海南市と和歌山市を分かつ北側の船尾山《ふのおやま》、東北の城ヶ峯《じょうがみね》を背にして、上熊野街道に沿って形成された町で、古くは船尾山麗の南側は海が深く湾入した入江であった[1]。「黒江」という地名の由来もこうした地形に関係している。『紀伊続風土記』には「此地古は海の入江にて其干潟の中に牛に似たる黒き石あり。満汐には、隠れ、干汐には顕はる。因りて黒牛潟と呼ぶ。黒江は黒牛江の略語なり」との記載がある。潮が引くと黒い大きな牛の形をした岩が見えたことから黒牛潟と呼ばれ、これが黒江という地名の由来になったという。また、黒牛は、万葉集にも登場する。

（1）財団法人観光資源保護財団、一九八四年、四頁。

「黒牛の海　くれなゐにほふ　ももしきの　大宮人し　あさりすらしも」（黒牛の海の浜辺が虹の色に美しく照り映えている。宮廷のお供の宮女たちが磯遊びをしているらしい）（巻七）

この歌は、海のない大和国の人が初めて見る紀伊国の海に感動し、浜辺の鮮やかな景色に対する心の高ぶりを歌ったものであるが、こうした歌からは、黒牛潟が美しい場所であったことが想像できる。古くは、黒江は風光明媚な場所であったようであるが、漆器の産地としての起源は、いつ頃のことだろうか。

前述のように、紀州藩の保護を受けて発展するのは、江戸時代に入ってからであるが、それより以前、室町時代には、すでに木地師《きじし》が定着し、地域住民の日用食器としての椀の類いを作るようになっていたともいわれる。[2] 塗師方に関する最古の資料である「塗師中之町」[3]に収録された寛永二（一六二五）年の書上げには四〇人の塗師名が、寛永一四年と推定される書上げには八〇人の塗師の名が記載されている。さらに、寛永一五年の『毛吹草』には、紀州の土産として渋地碗が取り上げられていることから、江戸時代前期には、すでにそれが特産品になるまでに発展していたことがうかがえる。[4]

こうした産業の興隆にともなって、黒牛潟はその姿を変え、現代に続く町並みを形成していくこととなる。

（2）財団法人観光資源保護財団、一九八四年、二二頁。
（3）海南市、一九九七年、四八四～四八八頁。
（4）千森、二〇〇四年、二頁。

1　漆器産業からみる黒江の町並みとその変遷

現代に通じる町並みの形成

黒牛潟の干潟が産業の発展に伴い埋め立てられた時期は、名高浦周辺の村々の様子を記した「名高浦四囲廻見」[5]には正保年中（一六四四〜四八）と記されている。[6]この埋め立てによって、堀川を挟んで北側の西の濱、南側の南の濱に町場が拡大された。万葉集に詠まれた頃の黒江（図１）と延宝末（一六八〇）年頃の黒江（図２）を比べてみると、入り江がなくなり、北側の町場と南側の町場の間に堀川が流れていることがわかる。

（5）海南市、一九九〇年、七八八〜七九九頁。
（6）千森、二〇〇四年、二頁。

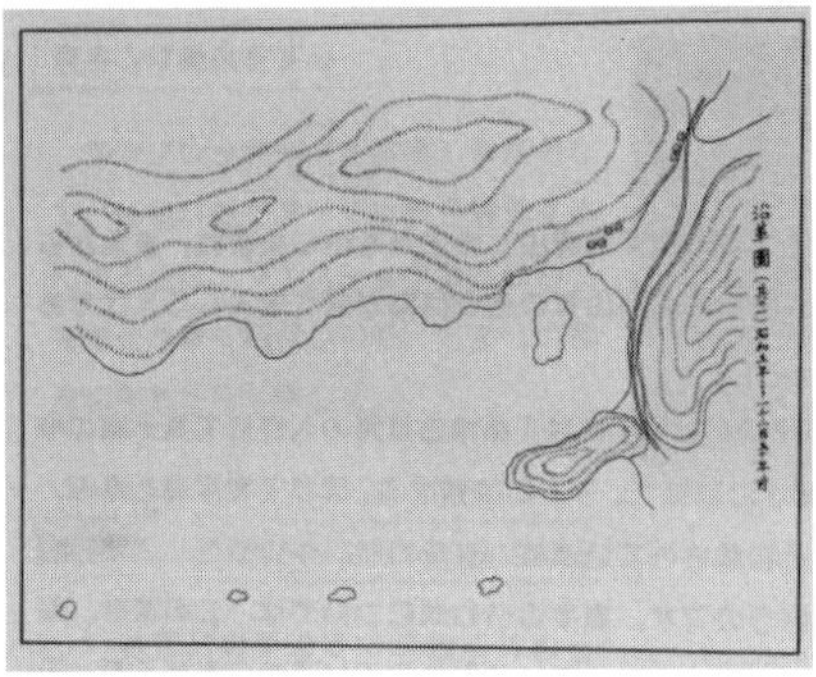

図 1　万葉集に詠まれた頃（昭和 5 年より1250年前）の黒江『黒江町郷土誌』所収

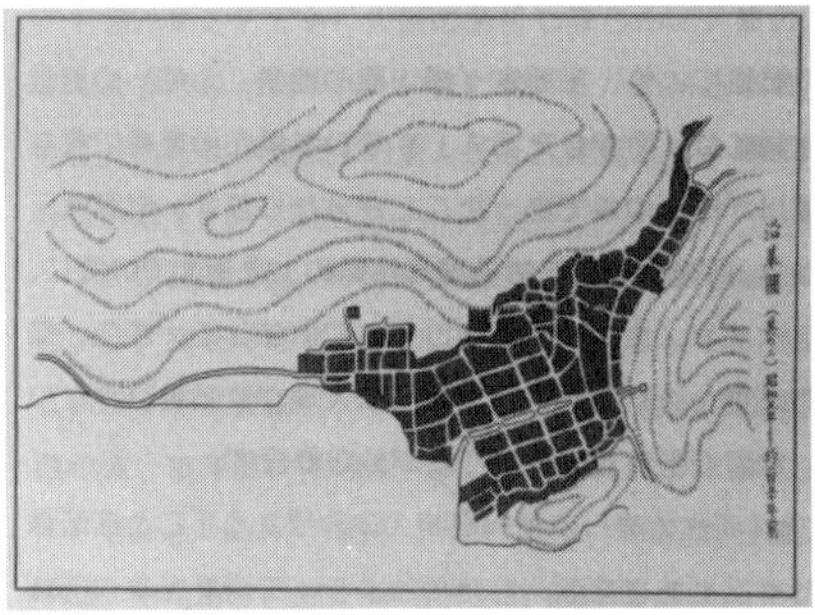

図 2　延宝末年（1680）頃の黒江『黒江町郷土誌』所収

また、このような町場が形成される過程で、黒江の町並みの特徴を成す「のこぎり歯状」の町並みが形成された（写真1）。のこぎり歯の町並みとは、家々が道路に対して斜めに建ち並ぶ様子が、のこぎりの歯のように見えることからそう呼ばれる。これができた経緯については諸説あるが、ひとつに、入り江に波が押し寄せて体積した土地に沿ってできた道路が、地形の関係で南北方向と東西方向が直角に交わらなかったため、分割される土地が平行四辺形になったとする説がある。[7] 一方で、自然発生的なものではなく、大規模に人工的に計画されたもの、つまり、工場団地的な目的をもって作られたものではないかとする説もある。[8][9]

(7) 海南市歴史民俗資料館、二〇一四年、三〇頁。
(8) 海南市歴史民俗資料館、二〇一四年、三一頁。
(9) 海南市地籍調査課、二〇一一年、九頁。

写真1　のこぎり状の町並み（通りの左端）

写真2　家々の前にみられる三角形の空地

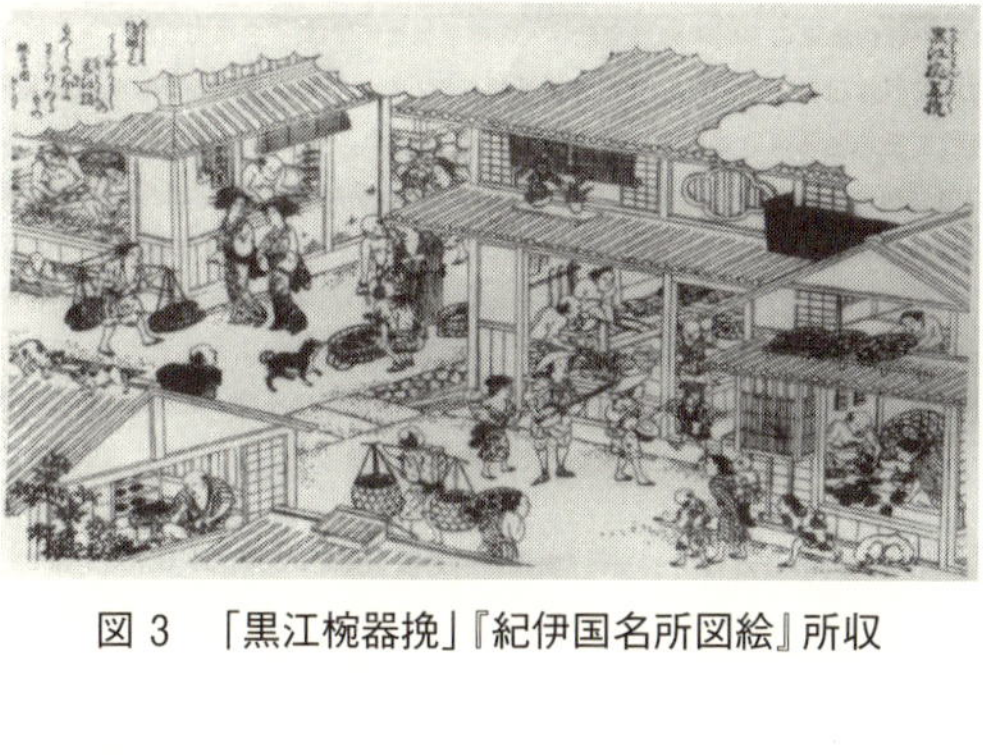
図3　「黒江椀器挽」『紀伊国名所図絵』所収

そしてこの平行四辺形の土地は、町家とともに、黒江独自の趣をつくりあげる要因となっている。写真2にみるように、平行四辺形の土地の上に建物が建てられたことから、家々の前には三角形の空地ができている。こうした空地は、屋外作業が重要な位置を占めていた時代には外便所の配置場所となり、また、分業化された漆器の行程の中で、製品・半製品を持ち運びするための手押し車を止めておくのにも便利であった[10]。この手押し車を置く場所を確保するためにわざと、三角形のスペースをつくったとする説もあるほどに、重宝されていた。

(10) 財団法人観光資源保護財団、一九八四年、七頁。

生産工程の分業化と居住地の住み分け

江戸時代中期になると生産工程が分けられ、木地屋と塗師屋の分業制に発展する。それ以前、江戸時代初期における黒江塗の生産では、「塗師方風呂元」が親方となり、ロクロをひいて木地をつくる木地師と椀木に漆を塗って完成させる塗師の両方を配下においていた[11]。また、分業制となったころ、藩の産業保護策によって、渋茶椀の生産は、黒江村[12]のみに限定されるようになる[13]。

分業されたことにより、町場の中で木地師と塗師方の住まいも住み分けされるようになる(図3)。黒江塗を生産する塗師方は西の濱から南の濱に、木地師は堀川の北西にある船尾山麗の古屋敷に多く住む傾向がみられた[14]。

(11) 千森、二〇〇四年、四頁。
(12) 北に位置する北の町、南の南の濱、西の西の濱、乾の古屋敷、巽の市場町の六つの小字地区をいう。
(13) 千森、二〇〇四年、四頁。
(14) 千森、二〇〇四年、五頁。

問屋の立地にみる川端通りの位置づけ

問屋に関しては、当初は販売を海上輸送に頼っていたこともありその数は少なかったが、幕末の嘉永二（一八四九）年には黒江村椀買次問屋仲間は二四軒からなっていた。問屋の住まいは、川端通りに多く、南の濱や北の町には少ない。このように、問屋は堀川沿いに集まる傾向があり、塗師屋など、他の職人とは地域的な住み分けがなされていた。また、川端通りに居住する者は、庄屋や大庄屋を務めるなど、地域の実力者であった。

近代に入っても、木地の搬入や漆器の搬出は水路と海上輸送で行なわれており、堀川は依然として黒江の動脈であった。明治になると、国内だけでなく、海外にも市場を拡大する動き[15]が起こり、輸出漆器を扱う問屋も増えていった[16]。

町並みの近代化という点では、明治二五年に船尾に移転した黒江小学校の跡地には、第四十二銀行が開設され、堀川の南側で米穀屋を営んでいた徂徠《そらい》家《け》は、明治三八年に、家屋内に郵便局を併設した。このように、川端通りには、漆器関係以外の重要な施設が軒を並べて行ったことからも、川端通りは黒江において、別格な通りであったことがわかる[17]。

漆器産業の近代化と職人町家

黒江で製造された紀州漆器は、明治以降は、とりわけ、大衆向けの漆器製品として、国内市場で地位を確立していった。一方で、安物量産化に歯止めをかけ、黒江塗の信用を守ろうとする動きも同時に起こっている。その後、明治後期から昭和初期にかけて近代化の波が押し寄せた時代には、新しい時代に対応できる組織体制を目指して、黒江漆器協同組合が結成され、機械技術を導入し、生産性の向上が図られた[18]。

さらに、昭和三〇年ごろには伝統紀州漆器産業の戦後転換期といわれる技術大変革期を迎え、経営規模が拡大されたことから、昭和四四（一九六九）年、川端通りから北に約三

(15) 漆器貿易については、安政六（一八五九）年の開港直後に、塗物買次問屋、小川屋伊兵衛、土井治右衛門、花崎新七らが、長崎、神戸で外国人商人に鏡台の直売を始めたのが最初であるといわれている（海南市歴史民俗資料館、二〇一四年、八頁）。
(16) 千森、二〇〇四年、五頁。
(17) 千森、二〇〇四年、五頁。
(18) 海南市歴史民俗資料館、二〇一四年、一二頁。

㎞のところにある岡田地区に漆器団地が造成されることとなった[19]。これにより、川端通りから岡田地区の漆器団地へ事業所の移転が進んだ。現在、紀州漆器協同組合に加盟する企業の四割が漆器団地に立地している。反面、川端通り周辺で製造・販売を行う事業者は数社にとどまる。また、漆器産業の規模の縮小も著しく、一九三五年に一二八二いた組合員は、二〇一六年はわずか一二九まで減少している[20]。こうしたことは、職人町家が連なっていたかつての景観が失われつつあることに少なからず影響を及ぼしている。

(19) 海南市歴史民俗資料館、二〇一四年、一一二～一一三頁。

(20) 紀州漆器協同組合提供の資料にもとづく。

2 地域内外の人びとによる景観まちづくり

すでに見てきたように、黒江は漆器産業とともに発展してきたまちであり、そうした歴史の面影がいまに残るまちである。近頃では、しばしば町並み散策に訪れる人の姿も見られる。しかしながら、一方で、高齢化の進行と人口の減少、転居等による空き家の増加、家屋の建て替えや取り壊しそして、また、黒江を中心として展開されてきた漆器産業の中心地が移ったことなどを背景に、往時の面影を残す町並み景観は失われつつある。

こうした状況に一石を投じたのが、「黒江の町並みを活かした景観づくり協定」（以下、協定）の締結とこれにもとづく地元住民の景観づくりに向けた動きであった。協定が締結されたのは二〇一一年一二月のことである。

黒江の町並みを活かした景観づくり協定

高齢化と人口減少が進み、空き家や、家屋の取り壊しによる空き地が増え、往時の面影を残す町並みが消え行く様子を目の当たりにし、何とかこの町並みを残したいという南の浜自治会の住民らの思いがきっかけとなって、南の浜自治会地区と西の浜自治会地区の住民同士で協定は取り結ばれた。協定区域の住民のうち、七八世帯（二〇一一年一二月当時）が協定の締結世帯となった[21]。協定に法的拘束力はない。なお、協定は、和歌山県景観条例に基づく「わかやま景観づくり協定[22]」の第一号として認定されている。

黒江では、過去、町家や町並みに関する調査[23][24]が行なわれ、その歴史的価値を観光資源としてまちづくりに活かそうと町並み整備事業が計画されたことがあった[25]。こうした計画は行政が主導して行なわれたが、それがその後の景観づくり活動を牽引することはなく、二〇一一年の景観づくり協定の締結に至るまで住民レベルでの町並み保全に関わるまちづくり活動は停滞していた。そうした意味で、住民の発意にもとづく活動として、この協定の締結が持つ意味は大きい。

景観づくりサポーター制度

また、住民の主体的な取り組みであるという点に加えて触れておきたいのが、「黒江の町並みを活かした景観づくりサポーター制度」（以下、サポーター制度）である。これは、黒江のファンだと言ってくれる地域外の人びとにも景観づくりに関わってもらいたいという地元住民らの思いによって、協定の締結時に導入された制度である。サポーターには海南市外を含めて協定区域外から約四〇名（二〇一五年六月時点）が登録している。

(21) 協定の締結に際し、南の浜自治会長（当時）が九〇余りの世帯を回り、同意を得た（協定について承認し、署名・捺印をした）世帯である。協定区域は、これらの締結世帯が一体的な景観づくりの対象とすることが必要と考える土地を含めて設定された。なお、脱退世帯が出たことや高齢により世帯主が亡くなったことなどから、現在（二〇一六年三月時点）の締結世帯数は六〇世帯ほどとなっている。

(22) 住民や事業者が相互に結んだ地域の景観づくりのルールに関する協定を、知事が認定し公表することにより、住民参画の景観づくりを促進することを目的とした制度。

(23) 財団法人観光資源保護財団、「黒江の町並みと町家：漆器を活かした産業観光と町並み保存」、財団法人観光資源保護財団、一九八四年。

(24) 財団法人電源地域振興センター「海南市黒江町並み整備事業調査報告書」、財団法人電源地域開発センター、一九八四年。

(25) 財団法人電源地域開発センター「海南市黒江町並み整備事業基本構想」、財団法人電源地域開発センター、一九九七年。

筆者は制度がつくられた直後、サポーターを対象に、黒江の景観づくり活動に参加する動機などについて、アンケートを実施した。[26] 選択肢式の設問であったが、参加動機についてもっとも多かった回答は「黒江の町並みを残したいと思ったから」であった（図4）。また、黒江のまちづくりを進めていく上で大切だと思う要素については、「歴史的町並み」との回答がもっとも多い（図5）。そして、協議会として充実させるべき事柄という問いに対しては、「地元住民との交流の場づくり」や「定期的なまちづくり勉強会の開催」といったことを望んでいる（図6）。

以上のようなサポーターの景観づくりや町並みを保全することに対する意識の高さや、

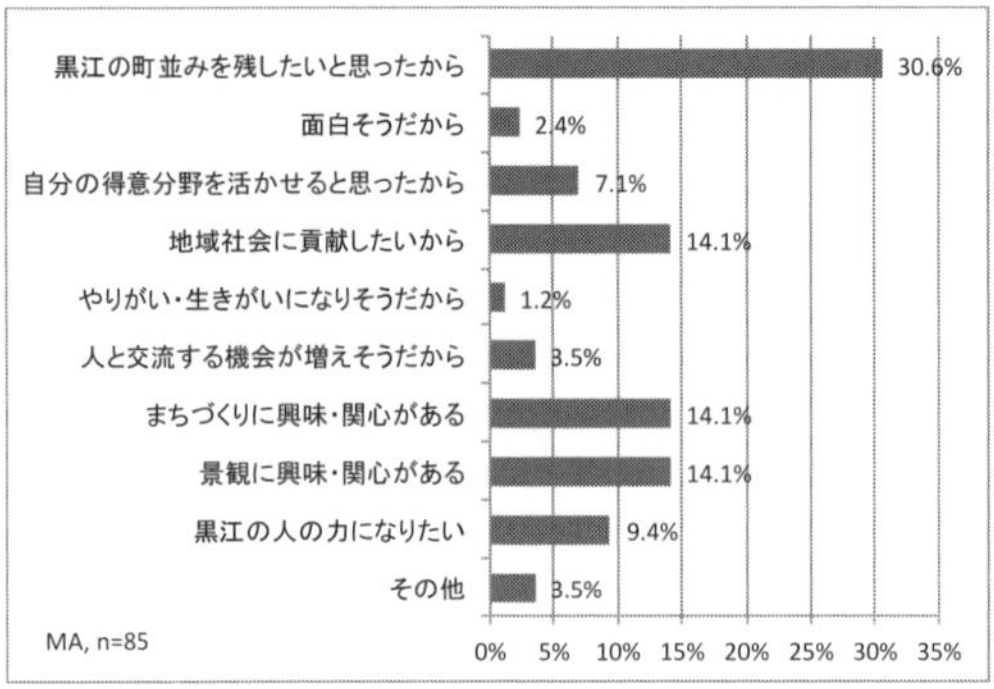

図4　景観づくりサポーターになった動機

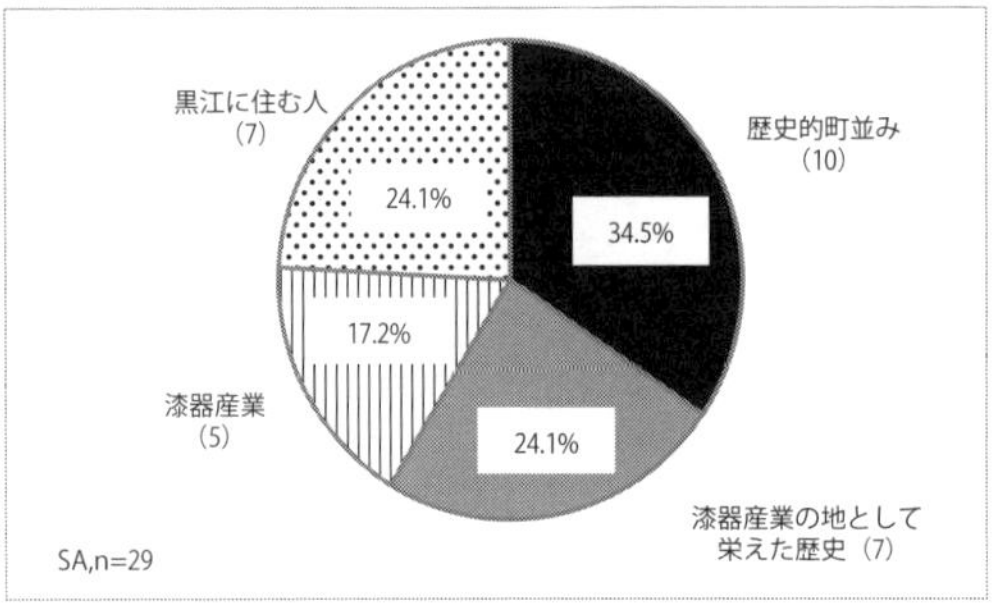

図5　黒江のまちづくりを進めていく上で大切だと思う要素

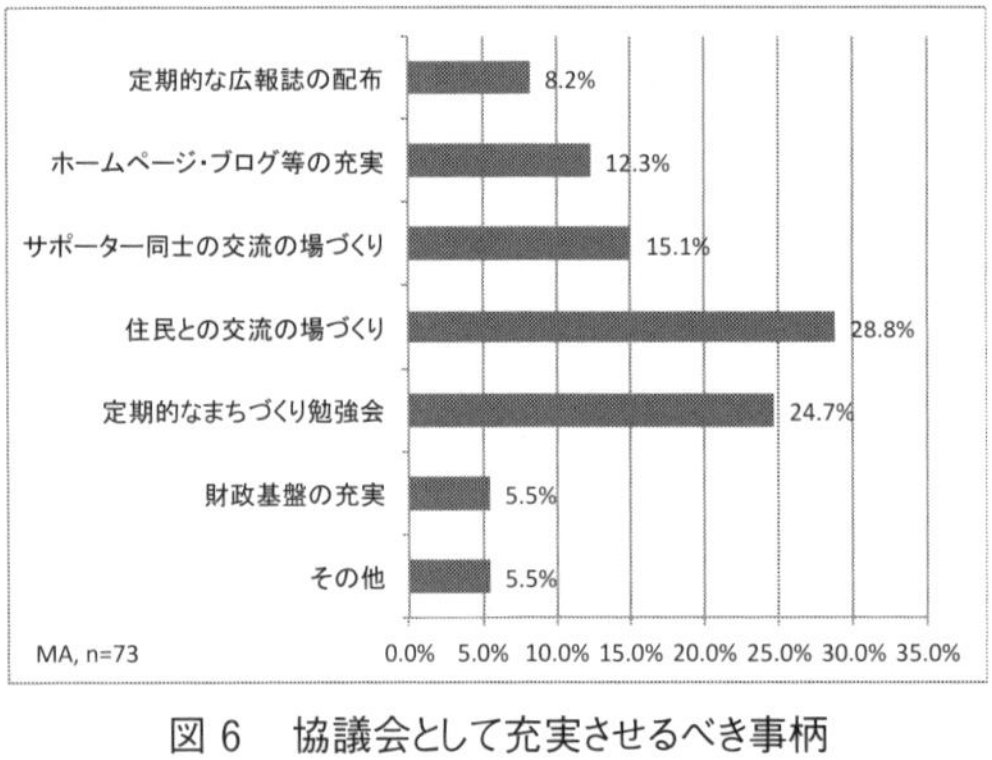

図6　協議会として充実させるべき事柄

(26) 調査期間は、二〇一二年一〇月一五日～一一月五日、調査方法は、郵送配布・回収による。六三名のサポーターを対象に実施し、三四名から有効回答を得た（回収率五三・九％）。回答者の性別内訳は、男性二五名、女性八名であった。

活動意欲からは、「景観づくり」は、多様な担い手を巻き込みつつ、活動を展開することができる可能性をもつものであることが示唆される。こうしたことの背景は、一つに、景観（町並み）が、視角的にわかりやすく、人びとが共通認識をもって取り組みやすいテーマであるということ。いま一つに、まちづくりや景観、町並みといった事柄に対して、人びとの意識が高まってきていることがある。

景観まちづくりの意義と今後の展開可能性

この間、活動は地元住民を中心とした協議会のメンバーとサポーターによって進められており、町並み点検活動や黒江アーカイブプロジェクト、くろめ桶（漆を撹拌する際に使用した木桶）等の設置活動、まちかどクラシック・クリスマスコンサート（写真3）、空き家調査・活用の検討などが行なわれている。住民らは、紀州黒江漆器の里提灯やくろめ桶（写真4）、海棠桜《かいどうさくら》を軒先に設置する取り組みや、紀州海南ひなめぐり（写真5）に参加している一方で、現在のところ、区域で一体となって家屋の修景や意匠の統一といった取り組みを行なうまでには至っていない。かつての町並みを復元する、あるいは、いまある建物を保全していくという面では、活動は初動期にあるといえる。

とはいえ、この間の活動を通じて、多少なりとも町並みに変化がもたらされているし、また、漆工場でのクリスマスコンサートの開催などは、地元住民がサポーターの協力を得ることで、実現できたものである。

漆器産業の歴史や文化を、住んでいる人びとが価値あるものとして実感することや、サポーターをはじめ、町並み保全への関心が高い人びとに、活動のフィールドを提供してい

写真3　まちかどクラシック・クリスマスコンサート

写真４　紀州黒江漆器の里提灯とくろめ桶

写真５　紀州海南ひなめぐり

るという面で、景観づくり協定は一定の意義を果たしているといえる。今後は、そこに住まう人のみならず、多様な人との関係の中で、景観づくり、ひいてはまちづくりを考えていくための仕組みとしてのサポーター制度をいかに、活用し展開していけるかが注目されるところである。

〔参考文献〕
海南市『海南市史　第四巻』海南市史編纂委員会、一九九七年
海南市地籍調査課「江戸初期黒江湾埋め立ての検証：黒江街並の秘密」海南市地籍調査課、二〇一一年
海南市歴史民俗資料館『紀州漆器のまち黒江：きて・みて・はっけん』海南市歴史民俗資料館、二〇一三年
財団法人観光資源保護財団『黒江の町並みと町家：漆器を生かした産業観光と町並み保存』財団法人観光資源保護財団、一九八四年
千森督子「近世から近代初期における紀州黒江の空間構成と漆器業」生活科学研究誌（居住環境分野）、第三巻、一～一〇頁、二〇〇四年
千森督子・谷直樹「黒江塗の製造家屋にみる住まい方の特徴と変容」日本家政学会、第五六巻四号、二五五～二六三頁、二〇〇五年

かつて漆の貯蔵庫として使われていた倉庫にて開催された写真展。写真展では漆の製造工程が紹介された。

column

野上谷のシュロと家庭用品

藤田和史

和歌山県北部の海南市東部および旧野上町《のかみちょう》・美里町《みさとちょう》など紀美野町《きみのちょう》の一部を含む一帯は野上谷と呼ばれ、海南の家庭用品産地の中核をなす地区である。野上谷を含む海草郡・伊都郡・有田郡の山中には、古くからシュロ（シューロ）が帰化自生していた。シュロに関しては、弘法大師が唐への留学から帰国した際に持ち帰った種子を植えたことから広まったとする伝説も残されているほど、和歌山県の北部ではなじみのある植物である。

シュロはヤシ科の樹木である。シュロの栽培には肥沃な腐食質を持つ黒みがかった砂質土壌で、緩斜面の方が生育に適しているとされる。一般に、シュロの生育には年平均気温一二度、冬期の平均気温一・八度程度が必要である。ただ、シュロは耐寒性に優れるため、水平分布としては本州でも東北地方南部までは露地で植栽できる。

写真１　有田川町清水区のシュロ畑
自宅裏の急斜面を利用して植栽されたシュロ畑。山間地ではこのような狭い土地も有効活用された。

垂直分布では、高野山付近を指標として考えると、標高七〇〇～五〇〇m付近に高距限界があるようである。なお、シュロは南方系の植物であるが、極端に湿潤な気候を嫌うため、高温多湿な紀伊半島南部では栽培が進まなかった。シュロは、植栽から一〇年程度経過すると、樹皮や葉の採取に適するものに成長する。春と秋の二期が樹

写真 2　採取されたシュロ樹皮

乾燥された後、不要部分を裁断して長さを整えたものが家庭用品企業に供給され、加工に回される。

写真 3　産地企業でのタワシ原料の推移

右からパーム、化繊、スポンジ。

皮の採取時期であり、両方で採取することもあったが、春のみの採取、秋のみの採取のどちらかが多かったという。山保田等山間部の各地で産出されたシュロ樹皮は、集荷に訪れる仲買を経て谷口の美里町神野市場《こうのいちば》へ、そして神野市場から日方街道を下って日方《ひかた》・名高《なたか》へと出荷された。

記録として確認できるのは江戸時代頃からであるが、地域の住民はシュロを栽培して年一～二回ほど樹皮や新葉を採取し、田縄や漁網など農林水産用のロープや箒等の家庭用品に加工して利用していた。『紀伊国名所図会』（一八一一年）にもその様子が残されており、「山保田荘（現在の有田川町清水区）中、諸村多く棕櫚を植ゑて、春秋その皮を剥いで諸国にひさく。年々この益少なからずに、肉桂に次いでの産物なり。」と記載されている。また、同時期に編纂された地誌書である『紀伊続風土記』（一八〇六年）においても「棕櫚各郡皆あり。中にも那賀郡野上荘山奥より在田郡山保田荘辺に多くうゑて、其皮のまま又縄となしたるを諸国へ多く出す。其利甚大なり。」とあり、紀州藩がシュロに注目していたことがうかがえる。

近代になってからもシュロは有用な特用林産物として、また換金作物として栽培・利用された。化学繊維のなかった時代において、シュロのロープは耐水性に優れるという素材特性から漁網・トロ箱用縄・船舶ロープとして、さらに袋・マットとして需要が急増した。需要の増加に対応してシュロの植林・増産運動も展開され、樹皮の生産量も増加した。この需要増加の影には、機械製縄の開始がある。二〇世紀初頭においては、製縄は手作業に頼ることが多かったようであるが、藁縄の編み機を改良したシュロ縄用の製縄機が開発され、生産性は飛躍的に向上したのである。この開発に尽力したのが、野上谷の谷口で山産物問屋を営んでいた山本勝之助（一八六二〜一九三九年）である。勝之助は製縄機の開発以外にも、産地組合組織の整備や農家への縄綯《なわな》い内職を薦め、産地全体の振興にも一役買っている。なお、勝之助の子孫は、現在も谷口で勝之助の名を冠した山産物問屋を経営している。

さて、このようなシュロの利用が家庭用品へと変貌を遂げるのは、主として第二次世界大戦後のことである。東京のタワシ製造業者が、戦争中に輸入が途絶したパーム繊維の代替品としてシュロを利用したことが知られ、それに着想を得た産地内の業者がタワシ生産に参入するようになった。シュロたわしはその後、化繊たわし、スポンジたわしへと素材を替え、現在に受け継がれている。さらに、タワシからブラシ、そしてそれらから派生した台所用品、バス用品、トイレ用品、洗濯用品へと「洗う」をキーワードとして、海南産地の生産者は製品分野を拡大させてきた。家庭用品は他社の製品と差別化を図ることが難しい商品群である一方で、産地内外、海外の生産者を含めて競争相手が多い産業である。海南産地は厳しい環境にさらされているが、消費者ニーズの高い商品・付加価値の高い商品の生産・開発を行うことで産地を維持している。何気なく利用している家庭用品であるが、次に購入される際には産地表示を気にかけてみてはいかがだろうか？

第2部

紀中

御坊のまちづくり

鈴木裕範

はじめに

御坊市は日高川が太平洋に流れ込むところに位置する小都市で、紀中地域と呼ばれる日高地方において政治、経済、文化の中心を占める。和歌山県においても特徴的な歴史と文化風土は、その地理的な位置による。

御坊市は鉄道や道路網が整備される以前、京阪神はもちろん和歌山市から行くにも、交通不便な土地であった。一般的には不便とみなされるその立地が、この町に独自の豊かな文化を育む。浄土真宗本願寺の日高別院は、寺内町《じないまち》の形成を促し、祈りの空間として宗教文化を根付かせた。海に面した土地は海運ビジネスを生み、江戸時代の御坊・日高地方は廻船によって大阪、江戸と結ばれていた。御坊人のあいだにある京都志向、東京志向は、そうした歴史と無関係ではないだろう。また、海に注ぐ日高川は大地を潤し醸造産業を育むとともに、上流から集まる木材や林産物が、地域の経済と暮らしを支えた。

御坊市は、文化が重層する町である。この町に立つと、古代、中世から近世、近現代に至る時間の流れと人間群像が見えてくる、垣間見せてくれるエピソードに事欠かない。地方創生が問われるいま、この町で御坊寺内町の歴史的町並みと伝統文化を活かすまちづくりが本格化してきた。

1 江戸に続く時間が見える町・御坊寺内町

御坊寺内町の発生と形成

御坊市の中心部にある浄土真宗本願寺日高別院、別名日高御坊は「御坊さん」「お御堂さん」と呼ばれて慕われてきた。御坊市の名は、日高別院がある御坊町に由来する。この別院を中心に形成されたのが、御坊寺内町である。

室町時代の一五二八（享禄元）年、この地方を治めていた紀伊亀山城主の湯川直光は、大坂摂津に出陣し、畿内の支配者三好長慶と戦い敗れる。その折、山科の本願寺第十世証如上人の助けを得て窮地を脱した直光は、報恩のしるしに吉原浦（現在美浜町吉原）に坊舎を建てた。これが日高別院の始まりとなる。吉原坊舎は、羽柴秀吉の紀州攻めによって焼失するが、一五九五（文禄四）年、紀伊国主浅野家重臣となる佐竹源太夫によって現在地

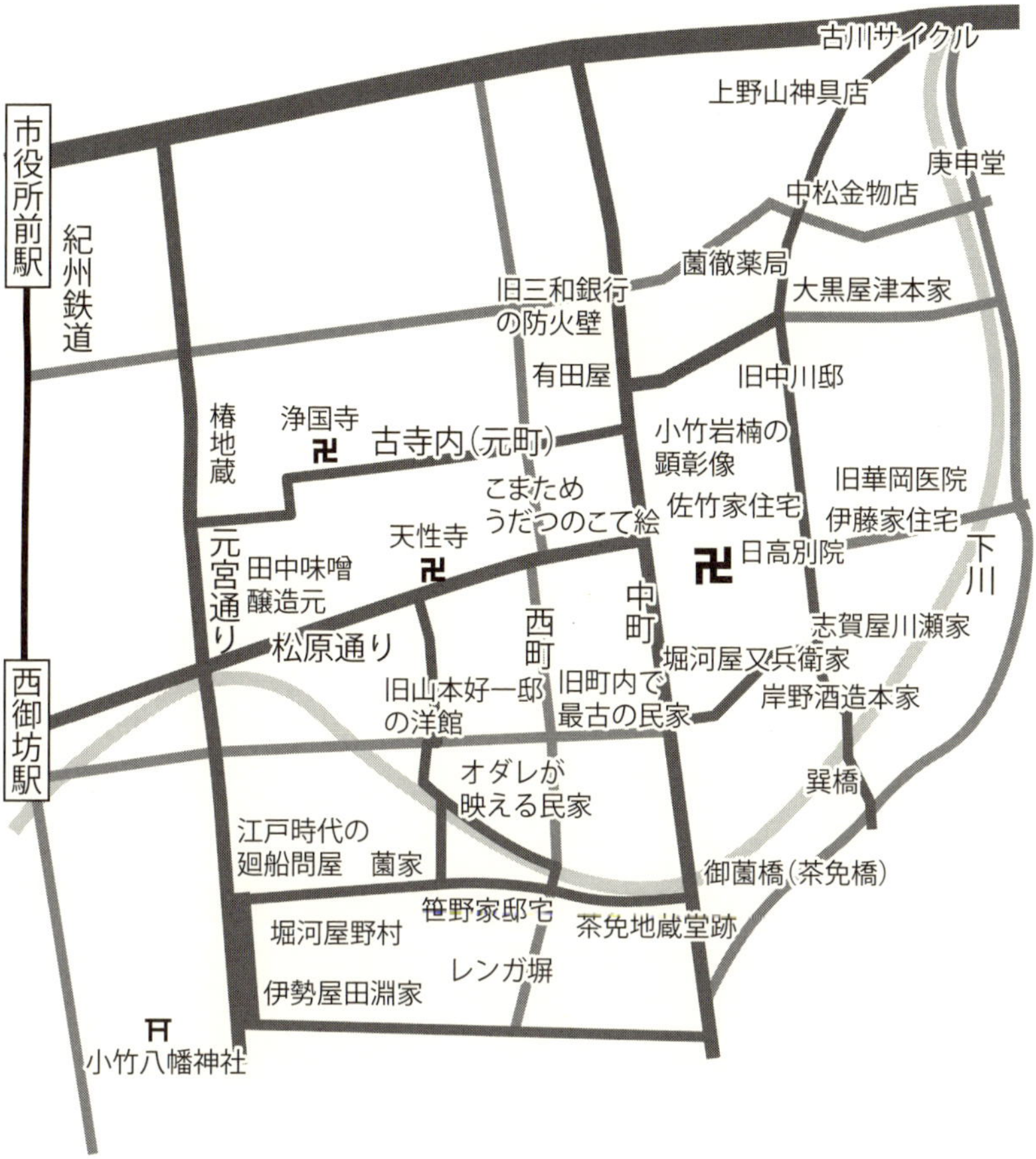
古川サイクル
上野山神具店
庚申堂
中松金物店
市役所前駅
紀州鉄道
薗徹薬局
旧三和銀行
の防火壁
大黒屋津本家
有田屋
旧中川邸
椿地蔵
浄国寺
古寺内(元町)
小竹岩楠の
顕彰像
旧華岡医院
こまため
うだつのこて絵
佐竹家住宅
伊藤家住宅
元宮通り
天性寺
日高別院
下川
田中味噌
醸造元
中町
西町
志賀屋川瀬家
松原通り
堀河屋又兵衛家
旧山本好一邸
の洋館
旧町内で
最古の民家
岸野酒造本家
西御坊駅
オダレが
映える民家
巽橋
江戸時代の
廻船問屋 薗家
御薗橋(茶免橋)
笹野家邸宅
茶免地蔵堂跡
堀河屋野村
レンガ塀
伊勢屋田淵家
小竹八幡神社

図１　寺内町マップ

に再建された。和歌山市には鷺ノ森別院があり、本願寺十一世顕如上人が一時期住し浄土真宗の本山となった歴史をもつ。紀州は、浄土真宗への信仰が篤い土地である。

寺内町は、中世末期に浄土真宗本願寺派寺院を中心に発生した集落で、濠や土塁を築いて外部からの攻撃に備え、独自の規律をもち自治を確立した都市、と概ねこのように定義される。奈良県橿原市今井町、大阪府富田林市富田林町は、国の重要伝統的建造物群保存地区に選定された景観で知られる。寺内町は、江戸時代に入ると性格を変え、「諸役御免の地」の農村地域として門徒や商工業者、農民らが集まり発展した在郷町で、御坊は江戸時代に繁栄した後期の寺内町である。

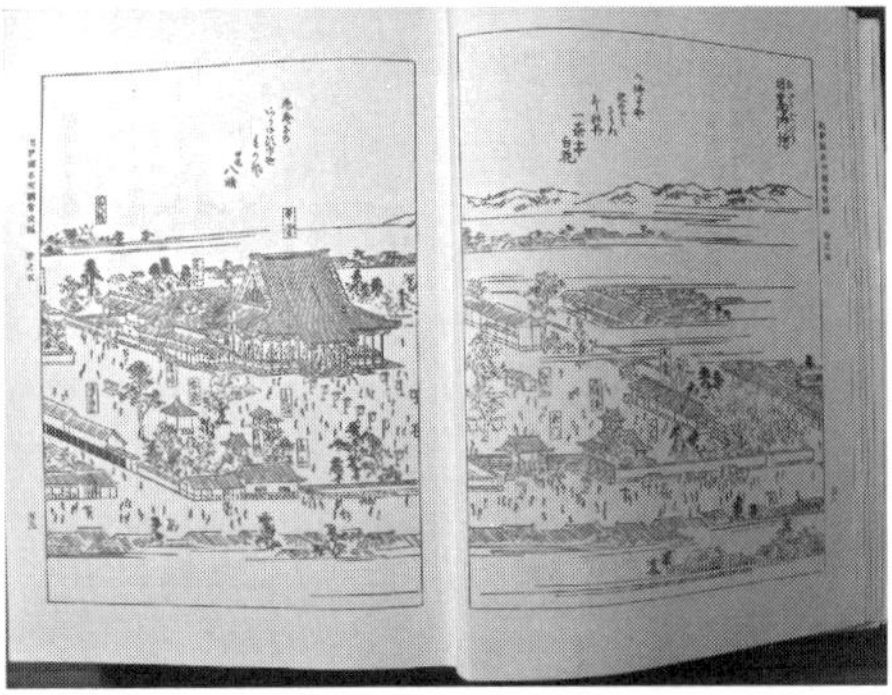
図2　『紀伊国名所図会』　日高御坊のにぎわい

東町の家並みが語る御坊寺内町

日高別院本堂は、江戸時代の一八二五（文政八）年建築の建物で、本瓦葺き、向拝《こうはい》付《つき》入母屋《いりもや》造《づく》りの御堂《みどう》である。本尊は阿弥陀如来、堂内を二〇〇年の時を超えた時間が流れる。

「村中に本願寺御坊あるを以て、村をも御坊と名（なづ）く。島村・薗村等に接して、商戸軒を連ね、市街をなして、郡中にてはこの邊（あたり）を繁昌の地とす」。江戸時代後期に編纂された『紀伊《きい》国名所《のくにめいしょ》図会《ずえ》』（以後『名所図会』）は御坊をこう記す。『名所図会』が描く日高別院は、本堂、諸堂が建ち並び、門前は参詣

写真1　日高別院と季節を伝える大銀杏

写真２　家幕が飾る東町の町並み

写真３　紅殻格子の家

客らでにぎわっている。表門と鐘楼と樹齢推定四〇〇年といわれる大銀杏は、今日も変わらずにある風景である。

御坊寺内町は、日高別院を中心とした御坊村に通称「西町」、「中町」、「東町」、「横町」、「南横町」「古寺内」と呼ばれる地区にわかれ、江戸時代には在郷町として繁栄し二三七軒八七〇人が暮らしていた（『紀伊続風土記《きいぞくふどき》』）。現在、御坊寺内町という場合、江戸時代の御坊村の範囲「下川が囲む四町四方」だけではなく小竹八幡《しのはちまん》神社がある新町（旧薗浦）などを含んだ御坊市街地の広い地域を指している。

『御坊市中心部の町並み景観―二〇〇六年度旧御坊町における町家外観調査報告書―』(1)によれば、七五〇軒の民家は江戸時代から明治・大正・昭和三〇年代までに建てられた家で、そのなかに江戸時代の木造建築が三七軒、明治時代のものも三〇軒近くあった。

御坊寺内町で江戸の面影を色濃く残すのは、東町の町並みである。木造、入母屋《いりもや》、本瓦葺の伝統的な民家、二階が低いつし二階、紅殻格子《べんがらごうし》や漆喰壁《しっくいかべ》、うだつ、虫籠窓《むしこまど》のある家が残る。江戸時代には「蝋燭《ろうそく》、酒、木材問屋や醸造業者、油屋、薬屋、旅籠が軒を並べていた」。現在、

（1）御坊市教育委員会が和歌山大学システム工学部に委託して調査、二〇〇七年三月にまとめたもの。

ここに東友《とうゆう》と東雲《しののめ》の二つの町内会があり、人びとの営みがある。『名所図会』の日高別院表門前を南北に伸びているのが、東町界隈である。通りは約五〇〇mほど、日高別院の巽（東南）の方角、下川に架かる巽橋から北に歩いてみよう。

巽橋のたもとにある岸野酒造本家は創業が江戸時代の寛永年間と伝わっており、通りに面した「店（見世）の間」は大正時代の伝統的な商家のたたずまいを伝える。日高川の伏流水が酒造りに適していた。志賀屋川瀬家は、江戸時代から明治時代にかけて御坊・日高地方を代表する蝋燭問屋だった。紀州は全国的にも屈指の蝋燭の生産地だった歴史をもつ。心もち背をかがめて出入りする障子戸の玄関が家に刻まれた長い時間を伝えている。東町のほぼ中央に建つ佐竹家と伊藤家は、いずれも林業家の邸宅として大正、明治時代に建った。軒先の雨除け板はこの地方ではオダレと呼ばれ、両家は登録有形文化財である。

東町と横町の境に建つ「なかがわ」は、林業家だった中川家の旧宅。入母屋屋根と庇が織りなす主屋《しゅおく》はまるで城郭のような、木造建築の粋を集めた昭和の建物で、登録文化財である。現在は、社会福祉法人和歌山県福祉事業団が購入してそば屋、ギャラリーを開設している。「なかがわ」の東にある土産物「小竹屋《しのや》」は、山林業小竹家の旧宅の一部を改装したもので、敷地内に立つ胸像の主は小竹岩楠《いわぐす》、南紀白浜温泉の開発者で知られる。ところで、横町には明治時代半ばから和菓子を作り続ける有田屋があり、右書きの看板、木製の陳列ケースが時代を感じさせる。日高、有田地方にある多くの神社や寺院の供物の落雁はこの店で作られている、季節の上生菓子は茶人らに人気がある。「なかがわ」の北にある薗徹《そのてつ》薬局は江戸時代から代々営む薬屋さんで、木製の金看板に特色がある。

寺内町の魅力をつくる要素に、露地《ろじ》と小路《しょうじ》がある。人びとの暮らしの匂いと息遣いを感

写真４　重厚なたたずまいの旧中川家住宅

じさせる、懐かしい時間が流れる空間である。寺内町を歩くと、そこここで姿を見せる下川は、かつては川舟が物資を運んで行き来した。全長四〇八〇m、二七の橋がある、寺内町には巽橋や茶免橋、東雲橋、戎橋、大黒橋などが架かる。橋の名に刻まれた、町の記憶がある。

小竹八幡神社がある新町は、紀州藩初代藩主徳川頼宣の別邸があった場所、大鳥居の前に建つのは近年廃業した伊勢屋の江戸時代の元酒蔵である。新町通りには、醤油醸造販売を営む旧家堀河屋野村家がある。紅殻色に塗られた江戸時代の店舗はいまも江戸期以来の仕込み蔵、作業場で、伝統的な醤油造りが行なわれており、登録有形文化財である。堀河屋から五〇mほどのところにある薗家は江戸時代の廻船問屋で、伝統的な和風建築でなまこ壁の蔵が美しい。中町通りにある林業家堀河屋又兵衛家は、江戸時代末期の建築である主屋と土蔵が登録有形文化財になっている。

寺内町へは、ＪＲ御坊駅から紀州鉄道[2]で市街地に向かい、西御坊駅で降りて松原通りから歩くのが一般的である。紀州鉄道を市役所前駅で降りて寺内町に至ることもでき、選ぶ道で町並みの印象が変わる。

（2）紀州鉄道株式会社（本社　東京都千代田区）が経営する鉄道。ＪR御坊駅と中心市街地にある西御坊駅を結ぶ営業距離二・七kmの西日本で一番短い鉄道。市民には「りんこう」の名で親しまれている。

2　御坊町に生きるコミュニティ

御坊祭　祭りの特色と構造

御坊祭は、毎年一〇月四、五日の二日間を中心に行われる小竹八幡神社の祭礼である。神社の祭神は、誉田別命《ほんだわけのみこと》、息長足姫命《おきながたらしひめ》、小竹《しの》大神《おおかみ》の神々。氏子は現在、御坊市中心市街地と御旅所のある美浜町濱之瀬を含む三〇〇〇世帯、一〇組の氏子組で構成されており、御坊祭ではそのうちの九組が現在芸能を奉納している。

祭は四日が宵宮、五日が本祭で、祭礼神事にはチェック柄の腰巻を巻いた「奴《やっこ》」装束の氏子組が神輿の渡御に参加し、御旅所や神社の境内で戯瓢《けほん》踊や奴踊、獅子舞などの芸能を奉納する。戯瓢踊は、花をあしらった傘と華麗な衣装を身に着けて瓢箪を持って踊る芸能である獅子舞屋台と四つ太鼓が町内に繰り出し、四つ太鼓は隈取り姿の少年四人が、太鼓台の上でアクロバティックに太鼓を打ち鳴らす。「人を見たけりゃ御坊（薗）祭」の言葉通り、大勢の市民や観光客らが繰り出し、歓喜と熱狂に包まれる。

御坊祭は、祭礼の伝統的な役割や慣習を伝える祭りである。氏子総代を頂点に行司・世話人・若頭・若衆と年齢に応じた、役割の階梯がある。厳格な規律をもち、たとえば氏子組で違いはあるが四つ太鼓の乗り子は小学生の男子児童、若衆に入る資格をもつのは社会人に限る、大学生は入れないなどがある。ここでは若者が長老を立て、長老が若者を引き立てる伝統が生きている。また、初めて祭りを迎える幼い子は、奴衣装に鉢巻姿で親に抱

写真5　小竹八幡神社社殿

かれて「渡初め」の行事に参加する。そうして祭りは引き継がれていく。

「御坊人の暦は、御坊祭を軸に回っている」といわれる。「祭り金太郎」と呼ばれる「超」「狂」の字がつく、祭り好きがいる、祭り会場の神社の境内は、十重二十重の人垣ができ、声援が飛ぶ。「人前で立派に演じて、認めてもらう」。見る、見られることが人を育てる、祭りの伝統的なコミュニティが生きている。

二〇〇八年にゼミナールで行った地域調査(3)で、商家の当主や経営者、女性など約三〇人にインタビューをした。そのとき住民が一様に口にしたのは、「人と人との絆の強さ」「人情の篤さ、支え合い」であった。醤油や味噌の貸し借りは当たり前、財布をもたずに買い物に行く奥さんがいた、おすそ分けは日常茶飯事で、気兼ねなく暮らせる雰囲気がある。「い

(3)　筆者が和歌山大学経済学部在籍中の二〇〇八年に寺内町で行なったフィールドワーク。地域住民へのインタビューは、同年一二月和歌山大学経済研究所の「地域研究　老舗の哲学・暮らしの思想～御坊市・寺内の魅力と可能性」にまとめている。

写真 6　御坊祭　各組の笠鉾が揃う

写真 7　御坊祭　四つ太鼓

写真 8　御坊祭　奴踊り

まのままの、よい町であり続けてほしい」。人間関係を大切にする、「ご町内」「共同体」の伝統が、この町にはいまも脈々と生きている。

御坊祭と発酵の食文化

一年に一度食べる御坊のご馳走がある。御坊祭の祭り寿司なれずしである。

なれずしは、背開きで二枚におろした塩鯖をすし飯にのせ、アセの葉(4)で巻いて桶や甕に漬け込み、一〇日から二週間程度重石をのせて発酵させたすしで、「紀州の腐《くさ》れずし」の代表にあげられるのはこのすしである。「腐れ」は「熟《な》れ」たの意味。家ごとに「わが家の味」があり、ご近所に配られる「やりずし」が、御坊祭のなれずしだった。なれずしは、新生姜と甘酒で味わう。甕のなかで発酵させた乳白色の甘酒がもつほのかな香りと甘さ、生姜の辛味がなれずしの発酵による臭みを和らげる。

「秋祭りに、何と貧しい」と東京の知り合いにいわれた旧家の奥さんがいる。その話に思う、「本当に貧しいだろうか」。約一カ月の時間と手間ひまをかけて作り、食する時と作法がある、これは和食文化の特徴である。御坊市内には、一年中なれずしを看板に掲げる店もある。紀州は、豊かな発酵の食文化を生んできた土地である。

老舗文化が息づく町

寺内町には、醸造業、和菓子、林業、文房具店、薬局さまざまな業態の老舗が、いまものれんをあげている。「一〇〇年店舗」が何軒もあり、江戸時代以来二〇〇年以上も続く商家が存在する。そして、いまも屋号で呼ばれる家がある。新町に堀河屋、伊勢屋、松原

(4) アセは温かい地方の海岸に自生する植物ダンチクのこと。和歌山県の中紀地方では、鯖ずしを巻くのにアセの葉を使う。

写真9　鯖のなれずし

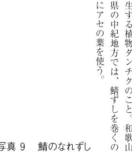

通りに岩国屋、東町には和泉屋、岸野屋、樽屋、外河屋、西川屋、志賀屋…。

東町の岸野酒造、薗徹薬局は、江戸時代に始まる酒の醸造元、薬局である。東町の北にある中松金物店は、一九〇六（明治三九）年から金物を販売してきており、ネジのような小さな部品類から建築資材まで扱い、地域の暮らしに寄り添ってきた。

新町は、江戸時代に大型の帆船を所有、大坂と江戸を結んで物資を運んだ紀州廻船《かいせん》の雄日高廻船発祥の地である。新町の堀河屋野村や中町の堀河屋は廻船業者として始まり、のち堀河屋野村は醤油・味噌製造に、中町の堀河屋は林業家に転じ今日に至っている。その歴史も江戸時代にある。径（金）山寺味噌と醤油は、御坊市の隣り町、由良町にある禅宗寺院興国寺《こうこくじ》で生まれ、御坊に伝わった。御坊には堀河屋のほかに、やまだや、野尻醤油、田中味噌など、いずれも一〇〇年以上続く醸造元がある。そのほか、隆文社は一八八七（明治一七）年創業の印刷所である。商家・旧家の家業をとおして、地域産業史を学べるのが、御坊寺内町でもある。

二一世紀の今日、三〇年以上つづけば「老舗」に数えられる時代である。老舗文化は、店と客の関係性の上に成立する。老舗の存在がつくり出す街の品格がある。多くの老舗の物語を現代という文脈のなかで読み解くことに、御坊のコミュニティとまちづくりを考えるもうひとつのヒントが潜んでいる。

3　御坊寺内町とまちづくり

御坊市の景観保全とまちづくり

御坊市の寺内町景観まちづくりは、二〇〇六(平成一八)年、市教育委員会が和歌山大学と共同で行なった「旧御坊町の町屋状況調査」に始まる。調査では、江戸時代から現在に続く特色ある家並みを確認するとともに、空き家問題など課題も明らかになった。

二〇一一(平成二三)年、昭和のすぐれた建築とされる横町の中川邸の売却、解体問題が表面化し、住民による御坊まちづくり委員会が発足する。行政による買い上げはならなかったものの、中川邸は売却後保存活用されることとなった。市教委はまちづくり委員会と協力し、登録有形文化財制度に関する学習会やアンケート調査を実施して、景観保存に乗り出した。二〇一四年一〇月、寺内町でその第一号として中町の堀河屋又兵衛家、新町の堀河屋野村家の主屋や店舗、蔵などが登録された。登録有形文化財は二〇一八年七月現在、七カ所二〇件となり、町並み景観の核になっている。市教委は景観行政の観点から、引き続き所有者の理解と協力を得て文化財登録を進めていく方針である。

御坊市は、二〇一六年一〇月、地方創生事業として中町商店街に御坊寺内町会館をオープンした。JAの旧施設を利用したもので、会館内には寺内町や御坊祭の祭礼具、かつて伝統工芸品だった御坊人形などを展示し、年間三〇〇〇人を超す観光客や市民が訪れている。また、小竹八幡神社前にはまちなみ駅ごぼうを開設し、来訪者のための駐車場とトイレを整備した。隣接して建つ伊勢屋の酒蔵は、二〇一七年秋に国の登録有形文化財に登録された。伊勢屋は御坊の旧家田淵家の屋号で、江戸時代から昭和の終わりまで酒を造り続けた。市商工観光行政は、寺内町を近年観光エリアに位置づけ、寺内町めぐりの観光マップ(5)を作成、観光ガイドを務める語り部の養成講座に力を入れている。

寺内町に関するまちづくり団体としては、御坊商工会議所に事務局を置いて地域活性化・観光推進委員会が二〇〇八年に設立、観光客向けの道しるべ標識や案内看板、日高別院と小竹八幡神社に由緒を書いた看板を立てている。そのほか、家具店だった町家を改修して情報発信施設を整備したNPOスサノヲ、歴史的建造物の保存などを目的に学習会を開いている御坊まちづくり委員会がある。また、下川の一斉清掃を年に一回ボランティアで行なっている有志グループがある。

まちづくりのあらたな主体と老舗・旧家の役割

二〇一四年五月、日高別院の書院で、伊万里焼の大皿の「皿見せ」と鯛麺《たいめん》料理を味わう催しが行われた。鯛麺料理は、大きな鯛の塩焼きと素麺を直径三〇cm以上もある伊万里焼の大皿でふるまう祝宴料理で、旧御坊町の商家の結婚式などで昭和の時代まで見られた風習である。鯛麺は瀬戸内海沿岸に伝わる食文化で、和歌山県では御坊のほかには見られない。今は忘れられつつある食文化をとおして寺内町の伝統文化を見直そうと、老舗呉服店の若い経営者と旧家の当主が「ごぼう商工祭(6)」の行事として企画した。当日は、一二軒から出品された三〇〇枚を超す江戸時代から明治、大正、昭和までの大皿が一堂に並び、訪れた市民は豪華な皿に目を見張り、鯛麺料理を味わった。商店主らのゆるやかな〝プロジェ

(5) 寺内町のまち歩きのためのマップとしては、御坊市商工振興課が作成した二種類の「寺内町散策マップ」がある、御坊駅、西御坊駅、寺内町会館などで入手できる。

(6) 商工業の発展・中心市街地の活性化を目的に、御坊商工会議所が二〇〇九年に長く途絶えていた商工祭を復活し、毎年六月に寺内町など旧御坊町を会場に多彩なイベントを開催している(二〇一七年から一〇月開催の予定)。

クトチーム〟は地元関係者の協力の輪を広げ、一五年に日高別院で茶会を開き一六年の「ごぼう商工祭」では、家紋（紋章）を染め抜いた「紋幕」が、東町をはじめ寺内町の町並みを飾った。老舗や旧家の当主、若い経営者らによる、町内、世代を超えたまちづくりの担い手として注目される。

東町の旧家の当主は茶道や芸術に造詣が深く、統一性と調和のある町並み景観の復活を訴える。「隗より始めよ」と伊万里焼や紋幕を出品し、各家々を回って理解を求め実現に尽力した。犬矢来《いぬやらい》は、提案を受けて、行政が東町の町並み景観事業に取り入れた。日高別院にちなんだ和菓子「お御堂さん」は、寺総代の熱意が地元和菓子屋を動かして生まれた。日高高校茶道部の高校生が、茶会でその菓子を使っている。地域の景観、伝統文化と観光をつなぎ、地域の活性化を図ろうとする取り組みである。老舗・旧家には、地域で尊敬される有力者が少なくなく、世話役としての地元の期待もある。今井町や富田林町は、旧家の当主や老舗の女性当主らが、キーパーソンになり、ＮＰＯなどとまちづくりに取り組んでいる。行政主導から行政と住民の協同のまちづくりに進めるか、御坊でも旧家当主らの役割がカギをにぎっている。

寺内町に吹く、新しい風がある。ふるさとに帰った若い世代の動きである。家業の表具師を継いだ青年は、別院本堂に紙と光によるアート空間をつくりだした。新町では商社勤務を経てＵターンした青年が、醤油・味噌製造の老舗の後継者として、こだわりの醤油を作っている。商工会議所青年部の会員たちも関心を寄せ始めた。空き家や空き地が少しずつ増え始めたいっぽうで、古民家を改修したり、蔵の漆喰を塗り替えた家もある。

御坊寺内町は、夢や希望を抱いて集まった無名の人々が、家業をおこし産業を起こし、

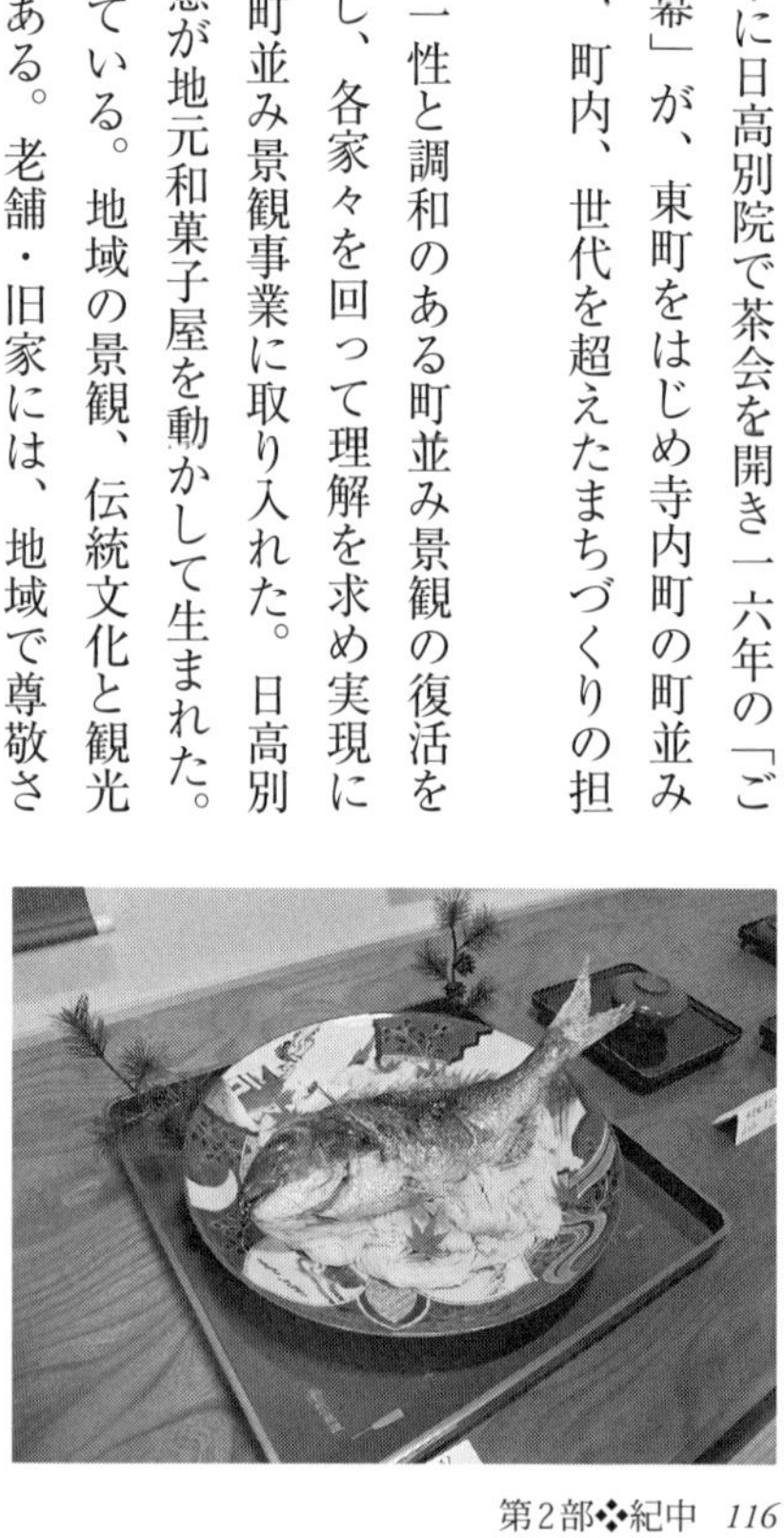

写真10　鯛麺料理と伊万里の大皿

繁栄を築いた町である。地方創生が叫ばれるいま、御坊に求められるのは「寺内町」の歴史と文化に学ぶまちづくりである。人が訪ねたくなる観光地、感動する町は、人が生き生きと暮らす町である。コミュニティが、地域の魅力を生み出す。御坊寺内町ならではのまちづくりは、祭りと老舗のある伝統文化をふまえた新たなコミュニティの構築にある。

写真11　昔からの製法を守る堀川屋野村

〔参考文献〕

『御坊市史第一巻通史編』御坊市、一九八一年

高市志友編著『紀伊国名所圖会（四）』歴史図書社、一九七〇年

上村雅洋「紀州廻船の繁栄と衰退」『和歌山の研究3近世・近代編』清文堂、一九七八年

御坊市文化遺産活用事業実行委員会『調査報告書　小竹八幡神社秋季祭礼（御坊祭）の映像に向けての調査』二〇一五年三月

和歌山大学経済学部鈴木研究室　地域研究「老舗の哲学・暮らしの思想―御坊市・寺内町の魅力と可能性―」二〇〇八年

御坊商工会議所・和歌山大学平成二一年度共同研究報告書『食と伝統を活かした寺内町活性化モデルの研究―伝統と創造の生活空間の構築―』御坊市商工会議所・国立大学法人和歌山大学、二〇一〇年

column

丹生神社の笑い祭

塙　幸枝

派手な出で立ちの「笑い男」が「世は楽じゃ、永楽じゃ」「笑え、笑え」と町を練り歩く――和歌山県の無形民俗文化財にも指定されている日高川町の「笑い祭」には、毎年多くの観光客が訪れる。近年では雑誌やテレビにも取り上げられ、祭の主役ともいえる笑い男は注目の的となっている。丹生《にう》神社の境内では笑い男のグッズなども売られている。

写真1　笑い男

笑い祭の歴史を紐解いてみると、いろいろなことがみえてくる。笑い祭は正式には「丹生祭」と呼ばれ、かつて四つの地区で別々に行われていた祭（「和佐の笑い祭」「山野の雀祭」「江川の奴祭」「松瀬の竹馬祭」）が統合されてできたという経緯をもつ。現在でもその工程には四つの祭の要素が含まれているが、（丹生祭が通称「笑い祭」と呼ばれていることからもわかるように）昨今ではそのなかの「笑い祭」だけが観光メディアや観光客のあいだで前景化される傾向にある。また笑い祭という名称は「落ち込んでいる丹生津《にうつ》媛命《ひめのみこと》（神様）を笑い男に扮した村人たちが笑いによって元気づけた」という神話に由来するが、観光客から次々にツーショット写真の撮影を求められる笑い男の姿をみていると、それが神様よりも観光客をもてなす存在へと変化しつつあるかのような印象を受ける。そのような観光化の流れは、ときに神事としての祭を妨げるものとして、祭の関係者からは懸念されたりもしている。

丹生神社では笑い祭に加え、あらたに「初詣初笑い神事」というイベントが開催されるようになった。このイベントは一〇月の笑い祭（本祭）から派生した企画で、二〇〇六年から毎年一月に招福開運を願っておこなわれている。初詣初笑い神事は（神事と銘打たれてはいるものの）笑い祭に比べ神事としての性質が薄いため、積極的に観光化しやすいという利点がある。その意味で、「観光客の誘致による地元の活性化」と「観光客の流入による本祭の混乱の回避」を両立するために、このイベントが一役買っているともいえる。

写真２　丹生神社境内の土産物販売

このような経緯をたどってみると、笑い祭の位置づけが時代とともに変化し、とくに観光メディアや観光客との関係のなかでそのかたちを変容させてきたことがわかる。笑い祭は地元の人々にとっても観光客にとっても伝統ある祭として認識されているが、その伝統性を何に見出すのかということは、それぞれの立場によって異なる。観光客にとっては、一月の初詣初笑い神事も一〇月の笑い祭と同様に伝統的価値のある祭として捉えることができるが、長年のあいだ祭に携わってきた人々にとっては、やはり一〇月の祭こそが本祭であり伝統的な神事として捉えられているという。笑い祭をめぐる現況は、そもそも「伝統性」や「真正性《オーセンティシティ》」がはじめから確固たるものとして存在しているわけではなく、人々の視線や様々な言説のなかで構築されるものであるということをあらわしているともいえるだろう。

〔参考文献〕

ブルーナー、E・M・「オーセンティックな複製としてのアブラハム・リンカーン——ポストモダニズム批判」遠藤英樹訳『奈良県立大学研究季報』第一二巻第二号、一〇三—一二九頁、二〇〇一年
笑い祭保存会編『笑い祭』笑い祭保存会、一九九四年

column

稲むらの火と防災

堀田祐三子

ＪＲ紀勢本線湯浅駅から南西へ歩いて一〇分足らず、二級河川広川を挟んだところに人口七〇〇〇人ほどのまち、広川町がある。広川町は、「稲むらの火」の物語の主人公五兵衛のモデルとして知られる濱口《はまぐち》梧陵《ごりょう》（濱口儀兵衛）生誕の地であり、物語の舞台でもある。

ところで、みなさんは「稲むらの火」の物語をご存知だろうか。和歌山県民であれば、おそらくだれもが知っている。世界でも知る人ぞ知る、津波の教訓を後世に伝える物語である。二〇〇四年インドネシアスマトラ沖地震や二〇一一年東日本大震災による津波被害を経て、津波防災対策・教育の重要性が以前に増して強調されるようになり、その認知度は国内外で高まっている。ちなみに、原作はラフカディオ・ハーン（小泉八雲）の小説「A Living God」。濱口梧陵の偉業をもとにして書かれ、これを中井常蔵が翻訳し、「稲むらの火」として世に知られるようになった。

前置きが長くなったが、稲むらの火の物語のあらすじは次のとおりである。地震に襲われた広村の民は一旦広八幡神社に避難するが、翌日さらに大きな地震と津波に見舞われる。川を遡上する津波や、繰り返し襲う押し波・引き波が、村に壊滅的な被害をもたらす。物語の主人公五兵衛は暗闇のなか逃げ遅れた村人が高台を目指して避難できるよう、稲むらに火をつけ、村人の命を救った。

濱口梧陵は醤油製造業濱口家の七代目当主。三五歳のときに、広村（現広川町）で、安政元年一一月四日（一八五四年一二月二三日）安政の東海地震（Ｍ八・四）、翌五日（一八五四年一二月二四日）の南海地震（Ｍ八・四）、津波に遭遇する。甚大な被害を受けた村のため、梧陵は、私財を投じ、被災後の炊き出しや被災者用家屋

写真１　防潮林　クロマツ

写真２　稲むらの火の館

の建設、農機具・漁具等の提供などを行う。さらには浜に防波堤を築く事業を起こし、村人を雇用することで人びとの生活再建と村の復興、その後の防災に貢献した。

堤防は、高さ五ｍ、根幅二〇ｍ、全長六〇〇ｍ。海側には防潮林としてクロマツが植えられている。今も広村堤防として残り、国指定史跡になっている。小高い堤防を松林越しに海を眺めながらぶらぶら歩けば、歴史を身近に感じることができる。

ぶらぶらついでに、広村堤防から稲むらの火の館まで足を延ばそう。ここには濱口梧陵記念館と津波防災教育センターが併設されている。記念館は、濱口家が広川町に寄贈した旧宅が使われており、濱口梧陵の生涯と偉業を伝える展示や日本庭園を楽しむことができる。津波防災教育センターには、防災体験室や津波シミュレーション、インドネシア・アチェ津波展示等があり、子どもから大人まで津波から命や暮らしを守るための知識が学べる。また、毎年秋には、参加者が松明を手に、津波避難の場所となった広八幡神社まで行進する「稲むらの火祭り」が開催されている。形のあるもの、ないもの、双方をもって、物語を語り継ぐことによって、津波の教訓が「防災」という堅苦しいものではなく、人びとの暮らしのなかの知恵・記憶として浸透し、継承されていくことになろう。

二〇一五年、第七〇回国連総会本会議において一一月五日が世界津波の日と制定された。今ではこの小さな町の小さな記念館に、世界各国から多くの来訪者が足を運ぶ。大災害時代を生きる自身の今に、過去の教訓を照合させ、そのことの意味を世界の人々と共有しあうことができる。

アメリカ村とカナダ移民

東　悦子

はじめに

御坊市は、紀中地方の中核都市である。熊野三山へ続く参詣道「熊野古道紀伊路」が市内を通り、地名のおこりである「御坊様」と呼ばれた「本願寺日高別院」を中心に栄えた寺内町を有している。また市の北部に白馬山脈、中央部には日高川が流れる。海沿いには風光明媚な海岸線が続き、その先は紀伊水道に面した日ノ御埼《ひのみさき》につづく。海迫り山迫るその地域には、かつて多くの村人が仕事を求めてカナダへと渡航した歴史がある。バスの路線をたどりつつ、その地の歴史の一端に触れてみよう。

1　御坊市から美浜町へ

御坊市へは、ＪＲ和歌山駅から紀勢本線（きのくに線）御坊行きで一時間程である。特急に乗車すれば約三〇分であるが、各駅停車でのんびりと景色を味わうのもよい。例えば、列車進行方向の左手、西側の山の中腹の木々の間に、西国三十三番第二番札所の紀三井寺の赤い伽藍が見える。そこは和歌山の開花宣言の目安となる標本木を有し、早咲きの桜の名所として知られている。桜の季節には緑の山一帯に淡い桃色模様が描かれる。また有名なみかん産地の有田市も通過し、秋にはたわわに実ったみかんが黄色いぼんぼりのようで愛らしい。

写真１　松林

さてＪＲ御坊駅[1]に到着したならば、御坊南海バス・日の岬パーク線に乗り、日高郡美浜町へは二〇分ほどで到着する。同線には終着地点の「海猫島」を含む二四のバス停がある。美浜町までの道々、車窓の風景が目を楽しませてくれる。御坊駅を出発したバスは御坊市街を通りぬけ、昔ながらの個人商店や民家の立ち並ぶあたりにさしかかり、しだいに緑の木々も多くなる。松林のトンネルを抜けるような気分を味わいつつ、海岸沿いの道へさしかかると、車窓から煙樹ヶ浜の海岸

（1）　鉄道好きなら一度は乗車したいだろうと思われる、日本最短のローカル線である紀州鉄道がＪＲ御坊駅と接続している。昭和三年、前進である御坊臨港鉄道が街の有志によって設立され、昭和六年に紀州鉄道となる。ＪＲ御坊駅０番線を始発駅とし西御坊駅まで営業キロは二・七㎞。受験生に縁起が良いと評判の学門駅を含む五つの駅がある。紀州鉄道http://www.kitetsu.co.jp/railway/index.html（最終検索日二〇一六年九月）。

美を眺められる。そして同時に、いくつかの興味深いバス停の名前に気づく。「御崎神社前《みさきじんじゃ》」「潮吹岩」「逢母《おいぼ》」「アメリカ村」そして終点の「海猫島」。いずれかのバス停で降り立ち散策してみれば、その地の歴史や風土に触れることができる。

松林の散策をするのであれば、まずバス停「和田」で降りてみる。徒歩一〇分程で煙樹海岸県立自然公園を訪れることができる。煙樹ヶ浜は全長約四・六㎞あり、西は紀伊水道に面し、日高川から日の岬へ向かって弓なりに延びる砂浜である。最も広いところでは幅約五〇〇mの松林が続く。かつて初代紀州藩主の徳川頼宣公が防潮林として植樹させ、伐採を禁じたことから、現在に至るまでほぼその姿をとどめ、松樹林をともなう海岸は日本の白砂青松一〇〇選に選ばれている。松林に囲まれた煙樹海岸キャンプ場もあり、夏は家族連れなどでにぎわいをみせ、観光閑散期も釣り人やのんびりと散策を楽しむ人の姿が見られる。

「和田」から数えて三つ目のバス停は「御崎神社前」である。御崎神社（美浜町和田一七八八）は、煙樹ヶ浜の西端の山裾に位置するが、元はその背後の宮の谷にあり、宮の谷には、現在も宮の段とよばれる社跡がある。八五九（貞観元）年、本社が現在地に遷座した。その時に姥目樫《うばめがし》の苗木数百本を植樹したそうだが、樹齢千百年を超えると推定される二株の姥目樫の老樹が、県指定文化財・天然記念物に指定されている。

その後、バスは「潮吹岩」（美浜町和田）へ向かう。車窓からその岩を見極めるのは難しいが、浸食作用による海食洞の一種で、高波や満潮時には圧力によって海水が狭い入り口から噴出し、鯨が潮を吹くようであることから、この名がついた。続くバス停は「逢母磯」そして「逢母」（美浜町三尾）であるが、その名は神功皇后にまつわる地名である。

写真 2　バス停「アメリカ村」

「アメリカ村」については後述するが、かつて多くの村民がカナダに移民した歴史を持つ美浜町三尾村の通称である。アメリカ村を通過すると終点の「海猫島」（美浜町三尾）に到着する。ウミネコの繁殖地弁天島は、高さが約三〇m、周囲は約二五〇mの島で最上部のやや平坦な所に弁財天を祀っている。海猫島とも呼ばれ、県指定文化財・天然記念物である。その名の通りウミネコの繁殖地で、ウミネコは毎年三月ごろに飛来し、四月から六月に産卵し育雛《いくすう》し、七月頃に離島するそうだ。

2　三尾のアメリカ村、カナダの三尾村

授業で「アメリカ村を知っていますか」と大学生に尋ねてみると、大勢の学生がうなずく。「それはどこにありますか」と聞くと、「大阪ミナミ」との答えが返る。「和歌山県にアメリカ村があるのを知っていますか」と問い直すと、ほとんどの学生はきょとんとする。現在では遠い記憶となってしまったが、かつて大勢の日本人が仕事を求めて海外へ雄飛した時代があった。日本人の海外への集団的移民は明治元年に始まったとされる。彼らはハワイのさとうきび農園での労働を目的とした契約移民たちであった。和歌山県は全国有数の移民送出県で、県民は仕事を求めてハワイをはじめ、アメリカ、カナダ、オーストラリア、ブラジルなどの世界各地へ渡航した。その人々の故郷である母村のひとつに、三尾のアメリカ村がある。その地は、明治の時代より村民の多くがカナダへ移民した。厳密にいえば、三尾のカナダ村と呼ぶような歴史を有する地域である。

写真３　カナダ移住百年の碑と工野儀兵衛顕彰碑

写真4　工野儀兵衛　顕彰碑

三尾村民の多くがカナダへ移民した背景はいかなるものであったのか。日本から最初にカナダへ渡った長崎県出身の長野萬蔵はカナダ移民の父として知られているが、和歌山県におけるカナダ移民の父は、三尾村の繁栄に貢献した工野儀兵《くのぎへ》衛《い》(一八五四―一九一六)である。儀兵衛は一八五四(安政元)年五月二三日、三尾村に生まれ、一四歳で京都の宮大工に弟子入りし、一九歳の時、三尾村に帰り棟梁として働きはじめた。

一八八三(明治一六)年頃、漁場争いや自然災害などにより追い詰められていた漁業を振興するため、三尾浦に防波堤を造るという計画があり、儀兵衛は入札に参加したが、工費の点で話がまとまらなかった。その頃、横浜に住みカナダ航路の貨物船の船員をしていた従兄弟の山下政吉から、カナダは漁業や農業でも有望との手紙が届き、一八八六年、儀兵衛は横浜に向かい、約三年の間にカナダ航路の船員などからカナダの状況、旅費、労働条件などを調査した。

一度帰郷した儀兵衛は、一八八八(明治二一)年三月に再び横浜へ向かい、同年八月英国貨物船アビシニア号で渡航し、九月五日にビクトリアに上陸後、バンクーバーを経由して、鮭漁業の基地であるスティブストン[2]に到着する。そこでフレーザー河に遡上する鮭の群れを目にした儀兵衛は、その漁場としての豊かさを手紙に書き送り、弟や親戚をはじめ

(2)　Stevestonは、スティヴストン、スティーブストンと表記される場合もある。

写真５　西洋風建築（野田邸）

友人などを呼び寄せた。それにより一八八九年に数名、その後毎年十数名、数十名と集団的に移民した。

一八九一（明治二四）年、儀兵衛は白人の事業主に呼び寄せを「依頼され、帰国後村民を連れて」カナダに戻り、保証人として仕事の世話をした。村では「連れもて行こら」（一緒に行こう）という言葉が流行したという。儀兵衛は「加奈陀三尾村人会」の設立（一九〇〇年）や「フレーザー河日本人漁業者団体」の結成にも尽力した。当時のB・C州漁業活動の六〇～七〇％は和歌山県人により営まれ、三尾出身者がその中心をなした。このようにして、スティブストンには「カナダの三尾村」が形成されていった。

一方、カナダから帰郷した人々は、英語混じりのことばで話し、西洋様式の生活も持ち帰った。三尾の民家が立ち並ぶ路地を散策してみれば、ペンキ塗りの板壁に白い窓枠が目をひく洋風の家にでくわす。大正時代に三尾村がアメリカ村と呼ばれるようになったといわれるが、その頃より昭和初期にかけて、このような洋風建築の家が建てられた。日本家屋の外壁の板は縦ばりであったのに対し、洋風建築の家の壁面をおおう板は横ばりで、ペンキ塗りの家もある。窓枠に白いペンキが施された様子は、平成の今にあってもモダンな雰囲気を漂わせている。屋内はというと、マントルピースをしつらえている家もあり、ちゃぶ台での食事が一般的であった時代に、テーブルで食事をし、ブレッドとコーヒーを朝食とする家庭もあった。またカナダに暮らす一世の親たちの多くは、子どもの教育は日本でうけさせたいという思いから、カナダ生まれの二世たちが、子ども時代の一定期間を親の故郷の三尾で、その地の子どもたちと学び舎を同じくした。その後、カナダへ戻っていった子どもたちは帰加二世と呼ばれた。このように三尾村は、他の村とは趣を異にする、西洋文化の雰囲気が漂っていた。当時はカナダへ行くのも、アメリカへ行くと表現されたようで、その地の様子は、近隣の村人にはアメリカのようだと感じられたようである。三尾村は通称「アメリカ村」と呼ばれる移民送出の村となった。

3　移民の足跡を訪ねて

戦前の移民先でのくらしや仕事の状況を今に伝えるのが、日の岬パークの敷地内に位置するアメリカ村カナダ資料館(3)である。一九七八（昭和五三）年、日高観光株式会社により創設され、その後、大杉グループが経営にあたっている。残念ながら二〇一五年より閉館中だが、だからこそ少々紹介しておきたい。同資料館は小山茂春氏を初代館長として開館し、一九九五（平成七）年、二代目館長の西浜久計氏により新資料などを加えて改築再オープンした。展示資料は、移民した人々からの寄贈によるもので、カナダで従事した漁業や林業などの用具、衣類や食器などの生活用品、パスポートや移民先の写真などである。展

（3）　建物の表示はカナダ資料館となっているが、故二代目館長は「アメリカ村カナダ移民資料館」と称すべきとした。

写真 6　アメリカ村カナダ資料館

写真 7　資料館内部

写真 8　資料館内部

示の品々を見ることによってカナダに渡った人々のくらしぶりや仕事が現実味を帯びて感じられる。さらには、戦争時の日系人収容に対する戦後補償の書類も展示され、第二次世界大戦時に初期移民や二世たちが敵性外国人として収容される状況にあったことが伝えられている。

さて移民として海を渡った人々と故郷とのつながりについても触れてみよう。海外へ移民した人々は、そこで得た賃金を故郷の家族へ送金している。三尾村における送金額は郡内でも飛びぬけて多かったといわれている。カナダからの送金は家族を豊かにし、郷里へも大いに貢献している。その足跡のひとつを知るために美浜町三尾にある浄土宗の龍谷山法善寺を訪ねてみた。法善寺の本堂を入るとすぐに目につくのが、一九八五年、本堂新築

(4)　法善寺・岡本淨氏が寄付者の人数と金額を確認されたものである。

写真 9　法善寺

の際の寄付者を記した木札である。興味深いことに、そこに記された寄付金額が「弗（ドル）」で記されている。カナダのバンクーバー、リッチモンド、トロントから一八三名、ロサンゼルスから五名の人々が、合計五九四四七弗を寄付している。[4] 一九八五年といえば戦後四〇年も経ているが、カナダの地に移住したのちも、三尾を出自とする人々が抱く故郷への思いは、かつての初期移民から脈々と受け継がれていると感じられる。

　移民した人々、またその人々を思う家族の思いや情景は俳句にも詠まれている。日の岬パークに並ぶ石碑には次の三首の句が刻まれている。

　カナダまで届けと草矢とばしけり　（翠静）
　菊枯る、ばかりアメリカ村は留守　（無漏子）
　更衣一人となりし老移民　（一男）

　また法善寺の境内には、一三基の句碑が建てられている。前住職・岡本鳳堂氏は無漏子の俳号をもつ、ホトトギス派の俳人で、昭和八年に師を中心に「藻の花」句会を組織し、その会員にはカナダの会員も含まれた。次の句は長くバンクーバーに住んだ読み手が、火

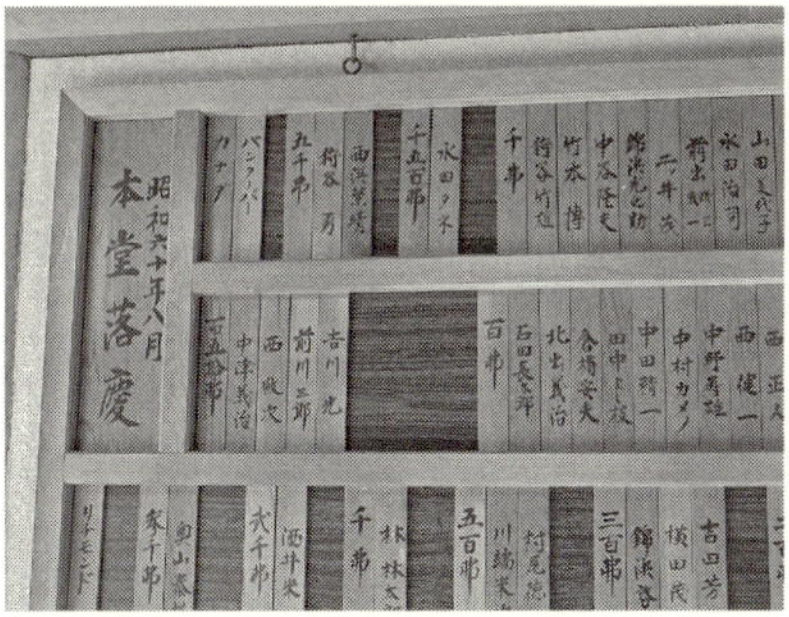

写真10　木札

写真11
法善寺
句碑

鉢にあたって暖をとりながら、娘の住むトロントの夜の灯を恋うている一句であるそうだ。

火桶抱く夜はトロントの灯を憶ふ（花笑）

4　戦後から現在そして未来へ

一九四一年一二月七日（カナダ時間）、真珠湾攻撃によって太平洋戦争が勃発した。カナダ連邦警察は日系コミュニティの指導者三八人を抑留し、B・C州の内陸山岳地帯のカナナスキス戦争捕虜収容所に収容した。カナダ政府は、日系人が操業していた漁船を差し押さえ、資産を凍結した。日本語学校の閉鎖や『大陸日報』などの邦字新聞の発刊を停止した。一九四二年二月二四日、政府は「行政命令第一四八六号」により、すべての日系カナダ人を敵性外国人として太平洋岸からの強制転住を宣言した。人々は内陸の収容所への移住か日本への帰国を選択しなければならず、これにより、戦前のスティブストンの日系コミュニティは消滅した。戦後、抑留から解放されスティブストンに戻った一部の人々を除き、人々はカナダ全土に移住した。また日本に帰国し

写真12　三尾

ていた人々の多くも、再びカナダへ移住した。

現在、日系コミュニティを支えている組織の一つとして県人会が挙げられるだろう。二〇一五年、B・C州和歌山県人会は創立五〇周年を迎えた。同会は一九六五年にバンクーバー在住の有志により、相互の親善と援助を目的として発足された。発足当時の会員数は四九家族であった。新年親睦会やピクニックなどを開催して会員の交流を図るとともに、周年記念行事の開催や記念誌の作成、あるいは里帰り旅行の企画・実施を通して、同会会員と和歌山県あるいは美浜町との人的交流を支えている。和歌山とカナダに暮らし、両国の文化に身をおいてきた人々は、両国の架け橋ともなってきた。現在、ビジネスや観光などを目的として、人々がグローバルに移動し、国境を越えての人的交流がより容易にできる時代になったが、日系社会の世代交代が進むと共に、カナダ生まれの三世や四世の人々と移民送出村の間における、言葉の壁や文化の壁は、以前より高くなっているかもしれない。B・C州和歌山県人会の次世代を担う若者や美浜町で育つ青少年たちが、工野儀兵衛の渡加に始まるカナダ移民の歴史を学び、彼らによって、過去から現在そして未来へと紡ぐ新たな交流が展開されることを願う。海迫り山迫る景色を味わいつつ、アメリカ村と呼ばれた美浜町を散策しながら、その地よりカナダ・スティブストンへとはるばる海を渡った人々に思いを馳せて、日本から海外への集団的移民がはじまった明治元年より現在にいたる百数十年におよぶ歴史の旅はいかがだろうか。

［謝辞］法善寺の岡本淨氏に貴重な資料を提供いただいた。ここに記して感謝したい。

〔参考文献〕
B・C州和歌山県人会創立五十周年記念誌編集委員会『創立五十周年誌1965-2015 感謝』二〇一五年
カナダ移住百周年誌編集委員会（編集）『カナダ移住百年誌』一九八九年
小山茂春『わがルーツ・アメリカ村』ミネルヴァ書房、一九八四年
美浜町史編集委員会『美浜町史』下巻 一九九一年
美浜町史編集委員会『美浜町史 史料』一九九一年
西浜久計「明治・大正・昭和 三尾・カナダ移民の足跡をたどる」『港町から』No.4 二六―二七頁、二〇一〇年
西浜久計「カナダ移民の父工野儀兵衛」『港町から』No.4 一二―一七頁、二〇一〇年
和歌山県『和歌山県移民史』一九五七年
〔参考URL〕
御坊市観光協会 http://gobokanko.com/（最終検索日二〇一六年九月）
紀三井寺 www.kimiidera.com/（最終検索日二〇一八年七月）
紀州鉄道株式会社 http://www.kitetsu.co.jp/70th1.htm（最終検索日二〇一六年九月）
美浜町 http://www.town.mihama.wakayama.jp/docs/2014011800038/（最終検索日二〇一六年九月）
和歌山県神社庁 http://www.wakayama-jinjacho.or.jp/jdb/sys/user/GetWjtTbl.php?JinjyaNo=6008)（最終検索日二〇一六年九月）
和歌山県 http://www.pref.wakayama.lg.jp/prefg/000200/guidebook/cities/gobo.html（最終検索日二〇一六年九月）

2018年7月14日「カナダミュージアム」(旧野田邸、カフェを併設したミュージアムとしてリノベーションされた。写真上)、「アメリカ村食堂すてぶすとん」(写真下左)、「ゲストハウス遊心庵」(写真下右)の3施設がグランドオープン。

column

海と和歌山

東　悦子

海は、紀伊半島の沿岸地域に暮らす人々にとっては通商路あるいはライフラインであった。また古より海と共に暮らす人々に豊かな自然の恵みを与えてきた。一方、時には猛威を振るい、災害や遭難を引き起こしもした。紀伊半島沿岸地域の人々は、和歌山発祥の文化とともに日本各地の漁場へと海を移動し、房総半島にしょうゆの醸造技術をもたらし、四国や九州に鰹節の製法を伝えている。

また海を舞台として、和歌山の人々はさまざまな形で世界の国々と接触の機会ももつこととなった。簡単ではあるが、その事例を紹介したい。

一七九一（寛政三）年三月二四日（旧暦）、鎖国下の日本において、二隻のアメリカ船が串本町沖大島近海に寄港している。レディ・ワシントン号とグレイス号で、ペリー来航の六二年も前のことであり、公文書に記録された最初の日米接触であるといわれる。この事実から串本町と和歌山県は、一九七三年に東牟婁郡串本町樫野に日米修好記念館を建設し、当時の資料などを展示している。

二〇一五年、日本とトルコは友好一二五周年を迎えた。同年封切られた映画「海難１８９０」を通して知る人も多いだろうが、オスマン帝国スルタンの命によって、最初の親善訪日使節団を載せた軍艦「エルトゥールル号」は、三か月の日本滞在ののち、母国への帰還のため現在の横須賀市を出航した。次の寄港地の神戸へと向かう途中、一八九〇（明治二三）年九月一六日、和歌山県串本町沖で台風接近による暴風雨にみまわれ座礁し大破している。このとき、乗組員六五六名のうち五八七名が亡くなったが、地元住民の献身的な救助活動によって六九名の将兵が救われ、トルコへ帰還している。串本町樫野とトルコのメルシン市に同じトルコ軍艦遭難慰霊碑が建立され、串本町では五年ごとに追悼式典が行われている。また慰霊碑の近くにトルコ記念館があり遭難したエルトゥールル号の模型および遺品などが展示され、当時の様子を知ることができる。

和歌山県沿岸部の中ほどに位置する日ノ御埼の沖合でも海難が起きている。このときにも命を賭して人命救助にあたった人々がいる。一九五七年二月一〇日午後九時頃、風速二〇mを超す風が吹く大荒れの天候のなか、日ノ御埼灯台の西の沖合で、徳島県の木材運搬船の機帆船「高砂丸」が火災を起こしていた。そこに神戸港へ航海中であったデンマーク船のエレン・マースク号がそれを発見し救助にあたった。大荒れの海上で救命艇は近づけず、高砂丸の風上から綱をつけたブイが投げ入れられたが、高砂丸の船員は救助される途中に海中へ転落した。それを見たヨハネス・クヌッセン機関長が飛び込んで救命ブイを渡そうとしたが、両人ともに波間に消えてしまったという。その翌日、クヌッセン機関長の遺体とマースク号の救命艇は日高町の田杭港周辺で発見された。

クヌッセン機関長顕彰碑

遺体が漂着した田杭地区では、クヌッセン機関長の供養塔を建て、住民が常に清掃し花を供えて慰霊の気持ちを捧げ続けているという。また、日ノ御埼の高台には、「クヌッセンの丘」と名付けられた場所があり、クヌッセン船長の胸像と顕彰碑が建立されている。毎年二月にヨハネス・クヌッセン遺徳顕彰会による慰霊献花が行われている。

海でつながる和歌山の沿岸地域と世界の様々な国とのつながりは、歴史的事実を今に伝える市町村の尽力や地域の人々の思いによって、現在、各国との交流へと展開している。世界各地へ移民した先人の足跡とともに、海とともに生きてきた人々の歴史が礎となり、今日の多様な国際交流があるといえるだろう。

〔参考文献〕
稲生淳『熊野　海が紡ぐ近代史』森話社、一六―五〇頁、二〇一五年
串本町観光協会南紀串本観光ガイド
http://www.kankou-kushimoto.jp/miryoku/torukokinenkan.html（最終検索日二〇一六年九月）
美浜町史編集委員会（編）『美浜町史　史料編』美浜町、一九四―一九五頁、一九八四年
美浜町　http://www.town.mihama.wakayama.jp/docs/2014011800038/（最終検索日二〇一六年九月）
庄司邦昭「悲劇の海を越えて……和歌山・紀伊半島の海難史をふり返る」『港町から』株式会社街から舎、九四―九七頁、二〇一〇年

紀州の棚田を守り継ぐ

——大浦由美

はじめに—紀州と棚田

棚田とは、傾斜地に階段状に拓かれた水田のことであり、日本の農山村地域に広く分布している。その歴史はきわめて長期に及ぶと考えられており、傾斜地での水田造成そのものは、弥生・古墳時代まで遡るといわれている[(1)]。水田開発は、その時々の人口や都市との関係、技術の発達などの影響を受けながら、長い時間をかけて重層的に形成される。また、畦畔や水路の維持管理、水の配分など、棚田での稲作農業は個人の力では成り立たず、地域社会による共同管理が必須である。そのため、各地域によって様々な「組織」や「慣行(しきたり)」が存在し、それらがむらの秩序を形成する柱となってきた。棚田の美しい景

(1) 中島峰広『日本の棚田』古今書院、七—一四頁、一九九九年、水野章二「棚田の歴史」棚田学会編『棚田学入門』勁草書房、一五頁、二〇一四年など参照。

観には、その土地特有の自然的条件および社会的条件の下での人々の営みの歴史が刻み込まれているのである。

さて、「棚田」という言葉の発祥が、実は紀州にあると考えられていることはご存知だろうか。傾斜地での水田は長い間、「山田」や「迫田」と呼ばれるのが一般的であったといわれている。(2) これに対して、「棚田」という言葉が記録された初期の文献については、次の二つがよく知られている。(3) ひとつは一三三八（建武五）年の「紀伊国志富田荘《しぶたのしょう》検注帳」である。これは、現在の和歌山県かつらぎ町東渋田において、高野山・大伝法院によって行われた耕地調査の台帳であり、そのなかの一区画を示す地名として「棚田」という言葉がみられる。もうひとつは、一四〇六（応永一三）年の「僧快全学道衆竪義料田注進状」（『大日本古文書高野山文書』）であり、紀伊国高野山領荒川荘（現・紀ノ川市桃山町元）にあった「棚田」という地名の由来に関して次のような記述がみられる。

> 一反　山崎　今ハタナ田ト云フ
> （中略）一反坪ハ上ミニ池アリ、池ノ水ヲ引ク也、根本ハ糯田ト名ク、今ハ山田ニテ棚ニ似タル故ニ、タナ田ト云（傍点は筆者）

山崎という集落にある一反の水田が「タナ田」と呼ばれており、上流のため池から水を引いている。元々は「糯田」（モチ米の田）であったが、今は「山田」で、棚に似ていることから「タナ田」というようになった、というのである。単なる一区画の水田の呼称の由来がこのように記録されているのは、当時はまだ「棚田」という言葉が一般的ではなかっ

（2）「『新編国家大観』（角川書店）の中で山田を詠んだ和歌は一三九三首に及ぶ」という。水野章二「棚田の歴史」棚田学会編『棚田学入門』勁草書房、二五頁、二〇一四年。

（3）高木徳郎「『棚田』地名の発祥地・紀州と紀州みかんが生んだ段々畑」『棚田ライステラス別冊・和歌山県の棚田・段々畑』全国棚田（千枚田）連絡協議会、四—六頁、二〇一三年。

たことを示しており、「棚田」という言葉の出現期の状況を物語る貴重な記録と考えられる。

このように、「棚田地名発祥の地」である紀州では、温暖で恵まれた気候の下、中世の時代にはすでに数多くの棚田が切り拓かれていたと考えられている。江戸時代に入ると、水利技術の発展とともに、山一面に拡がる大規模な棚田や段々畑も形成され、現代まで各地で守り継がれてきた。しかしながら、平地に比べて土地生産性が低く、大型農業機械の導入が困難で、水路や畦の管理に手間がかかる棚田は、戦後の農業近代化の過程において生産条件の悪い農地とみなされるようになり、いち早く他の作物への転作や休耕地化が進行した。現在では、中山間地の過疎化・高齢化の進行とともに、休耕地の増加も顕著になり、棚田とそれを支える農の営みは危機に瀕している。

その一方で、近年、棚田の環境が生物多様性や生態系の保全に果たしている重要な役割、あるいは歴史遺産、文化的景観としての価値など、現代社会における棚田の価値が再評価され、保全しようとする取り組みが全国各地でみられるようになった。

本章では、紀州を代表する棚田地域のひとつである和歌山県有田川町清水地区の二つの棚田を取り上げ、その歴史と保全の取り組みについて紹介する。有田川町は、二〇〇六年に吉備町・金屋町・清水町の三町が合併して誕生した。和歌山県のほぼ中央部に位置し、高野山を源流とする有田川が町の中央を東西に流れている。河岸段丘と沖積平野が発達している下流部はミカンの一大産地として知られ、山麓には江戸期に形成された壮大な段々畑の景観が広がっている。上流部の清水地区は平地が少なく、大部分を傾斜地の森林が占めており、有田川やその支流沿いのわずかな平地に棚田等の農地や集落が形成されている。

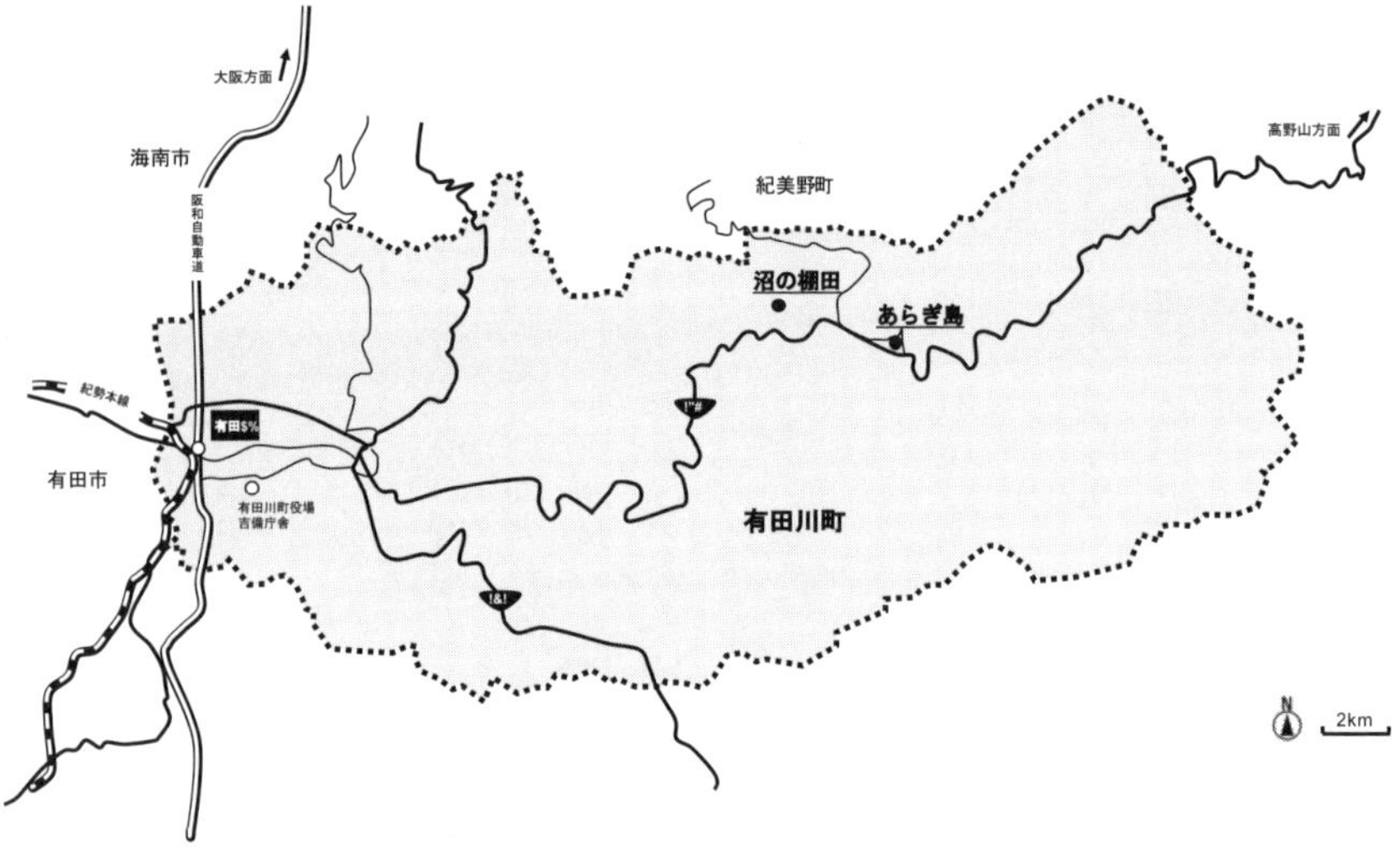

図１　有田川町全図

かつては農業を中心に、林業や日用品の原料となる棕櫚《しゅろ》皮生産、和紙生産などが営まれていたが、近年ではサンショウ（ぶどう山椒）の生産が盛んであり、日本一の生産量を誇っている。

町内にはこうした有田川流域に独特の地形や自然、そしてそれらを活用した人々の暮らしによって古来より形成されてきた良好な景観が比較的多く残されており、有田川町ではこれらを将来にわたって保全すべく、二〇一二年に「有田川町景観条例」を策定し、景観を大切にしたまちづくりに力を入れている。

1　あらぎ島の棚田保全：重要文化的景観を守り継ぐ取り組み

あらぎ島は、大きく蛇行する有田川の浸食作用によって形成された舌状の河岸段丘地形の呼称である。同心円状に弧を描く扇形の緩やかな斜面に、大小取り混ぜた五四枚の水田が複雑な形で組まれており、数ある棚田のなかでも稀有な美しさで知られる（写真1）。和歌山県内で唯一「日本の棚田百選」に認定されており、二〇一三年にはあらぎ島と周囲の景観が国の重要文化的景観に選定された。町の景観計画においては「景観重要地域」として位置づけられ、有田川町のみならず和歌山県を代表する景勝地のひとつとして保全の対象となっている。以下、「蘭島《あらぎしま》及び三田・清水の農山村景観保存計画」（二〇一三）を基に、あらぎ島の歴史を紐解いてみよう(4)。

写真1　あらぎ島（撮影：有田川町役場産業振興室）

有田川上流域は、高野七口のひとつである高野参詣道を通じて山上の寺院とも歴史的に繋がりの深い地域である。鎌倉時代には、農民が地頭の暴力を荘園領主に訴えた片仮名書きの申状

（4）有田川町教育委員会『蘭島及び三田・清水の農山村景観保存計画』二〇一三年。なお、本節の内容については、その多くの部分を本計画書に依拠している。

で知られる高野山領「阿弖河荘《あでがわのしょう》」が置かれていた。なかでもあらぎ島は高野参詣道と東西の「物流の道」である龍神街道との合流点に位置しており、古来より多くの人々が行き交う交通・軍事上の要衝であったと考えられている。

江戸時代に入ると、旧荘園一帯は山保田組《やまやすだぐみ》に再編され、その初代大庄屋として任命されたのが笠松左太夫である。左太夫は、当地における大規模な灌漑用水路の整備と新田開発に私財を投じて尽力した人物であり、また、あらぎ島に先んじて、その東側の小峠地区に新田を開発し、紙漉きを生業とする集落を築くなど、今日では工芸品として伝承される保《やす》田紙《だがみ》生産の基礎を築いたことでも知られる。左太夫は数多くの用水路の整備に携わったが、特に難工事であった久野弁天山の岩盤に水路を掘る際には、労働者が削った岩粉（砂利）一升と自分が持参した米一升を交換して報い、なんとか工事を進めさせたという逸話が伝えられている。

あらぎ島の新田開発は、一六五五（明暦元）年に、左太夫が、寺原村、西原村、湯子川村の村民に対し、水路の開設について許可を求めたことに始まる。その後、郡奉行所からも開発の許可を得て、一年余りかけて「上湯《うわゆ》」と呼ばれる用水路を開設した。有田川の支流である湯川川に設けられた井堰を取水口とする約三㎞の用水路で、あらぎ島の手前の分水工によって、近隣地区の水田にも分水している。一連の新田開発によって、あらぎ島周辺の米生産量は約一・五倍になったとの記録があり、左太夫は郷土の発展に心血を注いだ偉人として、今日もなお人々の尊敬を集めている。

上湯用水路は、かつての土水路（赤土を叩き締めた水路）からコンクリート水路に姿を変えているが、現在でもほぼそのままの経路で利用され、あらぎ島を含む約一五ヘクタールの水田を潤している。山を「タテ」に流れ下る谷川と違って、用水路は、等高線に沿うように、ゆるゆると「ヨコ」に流れていく。一定の緩勾配を維持するのは、なるべく水路を傷めないための工夫だが、それを約三㎞にもわたって、時に谷をまたぐ「掛樋」などの仕掛けも駆使しつつ、険しい山中に正確に築き上げた当時の測量技術・土木技術の確かさには目を見張るものがある（写真２）。

写真２　上湯用水路

　この用水の維持管理は、今も伝統的な水利組織に依っている。当地では用水路のことを「湯《ゆ》」、それを管理している水利組織を「田人《たど》」、そのリーダーを「田人親《たどおや》」または「部《ぶ》頭《とう》」という。あらぎ島を含む「上湯田人（上湯水利組合）」には約六〇戸の農家が属しており、田植え前の四月中旬に共同で溝さらえ（水路の掃除）を行っている。かつてはモッコで担いで運び入れた赤土で、水路を突き固める「はがね打ち」作業が必要であり、上湯の場合はそれに五日～七日も要したというが、現在はコンクリートで補強されたため、ほぼ一日の作業で済むようになった。その他に、日常的な水管理（樋門の開閉、大雨時の放流など）を行う役目が五～六人存在し、水量を安定的に保つための重要な役割を果たしている。(5)

　左太夫によって始められた一帯の新田開発は、一七〇〇年代初頭にはおおよそ完成され、それ以降、近代に至るまで顕著な開発は行われることがなかった。よって、あらぎ島を中心とする農村景観の原型はこの時期に成立したとい

（５）大西敏夫「あらぎ島における棚田の保全と管理」『経済理論』三七三号、六一―七六頁、二〇一三年。

えるが、これを大きく変化させるきっかけとなったのは、一九五三（昭和二八）年七月一八日に発生した集中豪雨による大水害（七・一八水害）であった。未明から早朝の数時間にわたって降り注いだ豪雨は、二四時間で五〇〇㎜を超える記録的な雨量となり、和歌山県内で死者・行方不明者が一〇〇〇人を超えるという未曾有の大災害となった。水害は有田川流域にも壊滅的な被害をもたらしたが、あらぎ島では、河川際の水田約一ヘクタールが、弧に沿ってぐるりとえぐり取られたように流出し、その部分は後の護岸工事によって完全に失われることになった。また、上流からの土石流で田が覆われ、流された民家のガラスの破片などが入り込んだために土の入れ替えが必要になり、復旧には大変な苦労があったという。周辺の水田も大規模に冠水し、復旧の過程で行われた圃場整備によってかつてのような棚田景観を失っていった。上湯用水路のコンクリート水路化も、この時の復旧工事の一環である。山林も大きな被害を受けたことを機に、当時の木材需要の高まりによる造林奨励政策も手伝って、里山として利用されていた雑木林（アサギ山）はスギ・ヒノキの人工林（クロキ山）へと姿を変えていった。

その一方で、この時に対岸の急斜面に生じた崩落は、あらぎ島を一望する視点場を私たちに提供することになった。現在の「あらぎ島展望台」がそれである。この崩落が起きる以前は、樹木が繁茂した急峻な崖で囲まれていたために、扇形に広がるあらぎ島全体を俯瞰できるような眺望を得ることはできなかった。現在、私たちが目にしているあらぎ島の景観は、大災害がもたらした偶然の産物であり、歴史的にみればごく最近になって獲得された「新しい景観」なのである。

こうして徐々にあらぎ島の独特な景観が知られるようになったが、とりわけ人々の関心を集めるようになったのは一九九〇年代以降のことである。一九九一年には「清水町名勝八景」のひとつに選定され、あらぎ島の景観は「町の顔」として広くPRされるようになった。さらに、折からの棚田ブームで、一九九〇年代中頃には年間数千人のアマチュアカメラマンが訪れる人気のスポットとなった。

その一方で、あらぎ島での耕作を巡っては、大きな問題が生じつつあった。元々、農地が狭く、機械化も困難な棚田での耕作は、平地の何倍もの労力がかかる。その上、あらぎ島は棚田への入り口となるくびれた部分の地形が険しく、車両が入れるような道がなかった。そのため、肥料なども手押しの一輪車で運ぶより他ないという状況であった。そこに耕作者の高齢化と後継者不足の問題が加わり、一九九五年頃には休耕する農家が現れ、景観にも影響が出始めたのである。あらぎ島の美しい景観を保全するためには、当地での耕作継続は絶対条件である。旧清水町と耕作者は話し合いを重ね、一九九六年に耕作者全員（六戸）による「あらぎ島景観保全保存会」（以下、「保存会」）が結成されるとともに、町は耕作者に対して一〇アールあたり三万円、「保存会」に年間一〇万円を補助するようになった。また、県も町の要請に応え、一九九七年にあらぎ島を周回する耕作道を整備した。これらの対策によって、一九九八年に全面作付けが復活し、あらぎ島は四年ぶりにかつての姿を取り戻したのだった。[6]

現在、あらぎ島の保全に関わる活動は、「保存会」を中心に、町行政（清水行政局）、（財）有田川町ふるさと開発公社（以下、「開発公社」）、町商工会など、主に旧清水町地区のまちぐるみで支えている。耕作は六戸の農家が行う他、一部の区画については、耕耘・代掻き、田植え、稲刈りなどの作業を地元商工会および商工会青年部が請け負っている。また、地

（6）朝日新聞一九九八年八月一二日和歌山版。

写真３　あらぎ島イルミテラス（撮影：有田川町役場産業振興室）

元小中高生の稲作体験学習を受け入れるとともに、一九九八年から開発公社とＪＡ和歌山県中央会（二〇一一年度からはＪＡありだ）の主催で、「親子稲作体験in清水あらぎ島」を開催している。和歌山県の市部（和歌山市、海南市等）や大阪府南部からの都市住民を中心に、毎年およそ一〇〇名が現地を訪れ、田植えおよび稲刈り作業を体験する。あらぎ島の美しい景観を支える水田耕作の一端を体験する機会を都市住民や地元の子どもたちに提供することで、農業や農村への理解を深め、棚田保全への関心を高めてもらうことがねらいであるが、体験に訪れた子どもたちを前にすると「日頃は堅物のメンバーの顔もゆるむ(7)」とのことで、耕作者にとっても楽しみで、やりがいを感じる機会になっているようだ。

また、二〇〇七年から、約一七〇〇本の竹灯籠によって棚田をライトアップする「キャンドルライトイルミネーションinあらぎ島」が地元商工会青年部有志によって開催されるようになった。一夜限りのイベントではあるが、ろうそくの火に照らされて浮かび上がる棚田の幻想的な姿を眺めに毎年多くの見物客が訪れている(8)。二〇一四年からは、同様のイベントとして「あらぎ島イルミテラス」が加わった（写真３）。一二月初旬から約二ヶ月間、ＬＥＤソーラーライトが棚田に設置され、日没後からおよそ三時間、約三〇〇〇個の光に

(7)　二〇一三年に実施した「保存会」代表へのヒアリング調査結果より引用。田口貴浩「棚田保全の在り方についての考察—和歌山県有田川町の棚田を事例として」和歌山大学観光学部卒業論文、二一—二二頁、二〇一三年。

(8)　「キャンドルライトイルミネーションinあらぎ島」は、秋篠宮悠仁親王殿下の高祖父にあたる川島庄一郎氏が旧清水町出身であることから、悠仁親王殿下の誕生を祝うイベントとして毎年九月六日に開催されるようになった。

よって描き出される棚田の夜景を楽しむことができる。これらのイベントは、日中とはまたひと味違う美しさであらぎ島の棚田の魅力を地域内外に発信することに役立っている。

さらに、四月中旬に開催される有田川町清水行政局主催の「棚田ウォークinあらぎ島」[9]は、あらぎ島と周辺の地域を散策しながら、当地の歴史と文化に触れる約七㎞のガイドウォークである。地元食材を活用した昼食、「体験交流工房わらし」での保田紙を使ったうちわ作り、当地の風習のひとつである餅撒き会式の体験なども組み込まれ、あらぎ島の文化的景観をまるごと体感できる内容となっている。

棚田を耕作する農家を支援するためには、農作物の付加価値を高める取り組みも重要である。あらぎ島で生産されるお米は、量的にも少なく、ほとんどが自家消費されていたが、二〇一三年に重要文化的景観に選定されたことを機に活用が検討され、現在では「開発公社」を通じて三合一袋五〇〇円で限定販売されている。「あらぎの里」など町内の道の駅や観光施設などで購入することができ、売上金の一部は棚田保全活動に活用されている。

このように、「保存会」の結成以降、棚田の景観保全を支える耕作者と関係組織との連携・協力体制や保全の仕組みが徐々に整えられてきた。あらぎ島での水田耕作は途切れることなく継続し、美しい景観を保っている。しかしながら、耕作者の高齢化はもうひと段階進んでおり、平均年齢は八〇歳にさしかかっている。水田耕作の次世代へのスムーズな継承、および「保存会」自体の継承は依然として大きな課題である。また、あらぎ島だけでなく、周囲の農村風景を含めた一体性のある景観の保全が必要であり、そのためには周辺地域の農業の存続、ひいては暮らしの存続もまた必須条件であるが、ここでも農家の減少と兼業化、農業に従事する人の減少と高齢化の進行は続いている。あらぎ島以外の周辺の農地の

(9) 参加には事前申込が必要である(先着三〇名)。三月中旬に受付が開始されるので、有田川町観光協会や、有田川町役場のホームページで確認してほしい。

管理や保全も含めて、地域の営み全体を支えるような体制の構築を目指し、耕作者、地域住民、行政など関係者の努力が続けられている。

2　沼の棚田保全：大学生との交流による地域活性化への取り組み

和歌山県有田川町沼地区は、標高二五〇～六〇〇ｍの山間に位置する。国道四八〇号線沿いのバス停「沼口」から葛折りの山道を五㎞ほど上るか、もしくは県道一九号線を経由して県道一八〇号線を西に進んで、標高五〇〇ｍ前後にある西番集落あたりまでたどり着くと、南向きの斜面に拓かれた堂々たる棚田を一望することができる（写真4）。斜度三分の一～五分の一[10]という急斜面に、地形に沿ってカーブを描く幅の狭い水田が階段状に連なっている。地元の人たちはこの土地を、「脛で鼻をかむようなところ」と表現する。下の田で作業をしている人がひょいと顔を上げると、上の田で作業している人の脛が顔の目の前にくる、という意味だが、実際には段差が一ｍ以上ある箇所も多く、傾斜のきつさはそれ以上である。一九五〇年代までは約三〇ヘクタールあった棚田も、現在では約五ヘクタール、その他にサンショウなどの段々畑に転作された農地が約七ヘクタールと、当時の半分以下の耕作規模になっているが、それでもなお、棚田の枚数、面積ともに有田川町随一の規模を誇る。メインルートである国道から離れ、あらぎ島のように景勝地として知られることもなく、近年まで特に保全の対象とも認識されてこなかった普段着の棚田であるが、二〇一三年の「第一九回全国棚田（千枚田）サミット」の開催をきっかけに、その価

(10)「斜度三分の一」とは、水平距離三ｍにつき一ｍ高くなる傾斜のことである。

値が再認識されつつある。

　沼地区もまた、高野山とのつながりの深い土地である。沼の棚田が背にする堂鳴海山《どうなるみ》（標高八六九ｍ）の山上には、一〇世紀初頭から古代寺院が開かれていたといわれており、平安期に遡る仏像などの什物が有田川流域一帯の寺院に多数伝わっている。また、最も有田川に近い川端集落には、高野街道を通りかかった弘法大師にお茶を差し上げてもてなしたところ、良い茶と良い水に恵まれるようになったという、いわゆる「弘法清水」に類する伝説が残されている。当地では元々茶の木が自生しており、現在でも畦などに植えた茶の木から摘んで番茶を生産している農家が多いが、なかでも川端集落のお茶は質が良いと地元の人にも一目置かれている。ほとんどが自家用であるが、最近では近隣の農産物直売所に少量ながら出荷されることもある。

写真４　沼の棚田

　沼の棚田は、古くから高い生産量を誇る一等田として知られていた。慶長検地（一六〇一年）に基づいて作成された「紀伊州御検地高目録」（一六一三年）では、村高として約三一二石が計上されており、江戸時代が始まる頃にはすでに約七八〇俵の米が生産されていたことがわかる。[11] しかしながら、水源が限られているにもかかわらず田の枚数が多い当地では、常に水不

（11）石井里津子「活性化のきっかけを探る―和歌山県有田川町沼地区を訪ねて」『棚田ライステラス』全国棚田（千枚田）連絡協議会、六一号、一二一―一三頁、二〇一二年。

足で喧嘩が絶えなかった。こうした状況を抜本的に改善すべく水利システムの改革に着手したのが、当時の庄屋、沼外記右衛門《ぬまげきえもん》である。外記右衛門は、一七八一年に「宮本谷川」と「本田谷川」の二本の谷川から水を引く大小四〇余りの溝（水路）を建設し、それぞれの水田の土質や面積、収穫高、湧き水の状況などに応じて分水工の高さや幅をミリ単位で精密に定めた「溝帳（分水計口極帳）」に基づいて水を公平に分配する巧みな水利システムを築き上げた。「溝帳」は各溝の「溝親（溝の管理責任者）」に代々引き継がれ、当地の分水に関わる法律として厳守されてきた。現在も使われている溝は六本で、所々ビニールパイプやコンクリート製の水路に置き換わっているが、基本的に当時の規定に従って分水されている。分水工（分水目盛切込板）も時代とともに鉄板などで作られるようになり、昔ながらの木製のものは大江溝にただ一カ所残されるのみである（写真5）。

なお、「溝親」は各戸の持ち回りではなく、その溝の末端の水田を耕作する家が代々務めることになっている。そうすれば水は上流から溝の末端まで行き渡ることになり、結果的に溝を利用する棚田全体を良好に維持管理することにつながるからだ。これもまた、末端まで平等に水を分配するための組織的な工夫のひとつである。

こうして一七〇〇年代後半に行われた外記右衛門による一連の水利改革は「沼の水分け」と呼ばれ、水喧嘩も収まって安定的に米が生産されるようになったという。地元の人々は外記右衛門を「分水翁」と称し、今日までその功績を讃えている（写真6）。

その後、おそらく一九五〇年代頃まで、沼の棚田の「耕して天に至る」光景は、ほとんど変わることがなかったと思われる。約三〇ヘクタールの棚田での稲作を中心に、タワシや箒の原料となる棕櫚皮、和紙の原料となるコウゾの生産の他、養蚕、畜産などが営まれ

写真５　木製分水工

写真６　沼外記右衛門　頌徳碑

てきた。しかし、ここでも七・一八水害をきっかけに、棚田面積は減少の一途を辿り、スギ林や、和歌山県内では比較的冷涼な気候を活かした高原トマトなどの畑作に転換されてきた。また、農山村および農業を取り巻く経済情勢の変化により、当地においても一九七〇年頃から二〇年毎に半減するペースで激しい人口減少に見舞われ、高齢化も進んでいる。こうした状況を踏まえて、一九八〇年代以降は、軽量で作業がしやすく、単価も高いサンショウへの転作が進み、現在では和歌山県の生産量日本一を支える主力の産地となっている。

現在、沼地区では四四戸、約七〇名が暮らし、うち販売農家は約二〇戸である。棚田での耕作を中心的に担っているのは十数名で、そのうちの半数以上は、自ら所有する耕地の他、高齢化等で先に耕作できなくなった所有者の耕地まで借り受け、可能な限り棚田での耕作を守り継いでいる。しかしながら、主たる耕作者の平均年齢は七五歳を超えつつあることに加え、後継者の見通しが立っていない世帯がほとんどであり、広大な棚田の先行きが不安視される状況になっている。

こうしたなかで、沼地区が棚田保全に向けた第一歩を踏み出すきっかけとなったのは、有田川町が「第一九回全国棚田（千枚田）サミット」の開催地となったこと、そして沼地区がその現地見学会の候補地のひとつに選定されたことであった。二〇一〇年八月にサミット開催を想定した「棚田モニターツアー」が開催されることになり、和歌山県農業農村整備課の仲介によって、当時の和歌山大学観光学部生二三名がモニターとして参加した。このときの交流が縁となり、翌年の二〇一一年に、地元の「沼の農業を守る会」が受入組織となって、観光学部学生有志による棚田保全活動団体「棚田ふぁむ」が結成された。以来、沼地区を大学生が継続的に訪れるようになり、月に一〜二回のペースで棚田での農業や地域活動を支援する活動を行っている。活動に際しては、和歌山市内からの交通手段の確保や事務的な手続きなどの面で、県庁や有田川町役場から支援を受けている。活動内容としては、当地の農業の現状を踏まえ、棚田での水田耕作に限らず、サンショウの収穫支援なども行っている。サンショウは収穫時期が短く、最盛期の人手の確保には各農家が頭を悩ませてきたため、学生による支援は貴重な労力として農家に歓迎されるとともに、親しく交流する機会としても喜ばれている。

また、沼地区には数多くの伝統的な行事が残されており、そのたびに「餅投げ（餅撒き）」を行う風習がある。なかでも氏神の白山神社の秋祭りでは、一九五〇年代中頃まで、若者が餅を一杯に詰めた半切り桶を、急斜面の参道から担ぎ上げて奉納していた。重い桶を担いで、唄を歌いながら登ってくる行列を、途中で邪魔しようと待ち伏せしている若者がいて喧嘩騒ぎが始まったりするような、活気のある祭だったという。しかしながらその後、若者の数が減り、高齢化も進んだことから、いつしか軽トラックで脇道から運び入れて奉納するという簡易な方法をとるようになっていた。しかし、「棚田ふぁむ」の活動が始まったことを機に、学生たちが餅を担いで登ることで、往時のような参道からの賑やかな奉納が約五〇年ぶりに復活されることになった。それ以来、秋祭りへの学生の参加は恒例行事となっている。

その他、沼の棚田を広くPRし、保全に役立たせようとする活動も行っている。例年一一月下旬に開催される和歌山大学の大学祭において、収穫した棚田米のおにぎりや沼産の野菜を使った豚汁、自家製番茶などを販売しているほか、農産物直売所に出荷される野菜や加工品等に貼る「沼産」を表示するシールや当地を紹介するパンフレットを製作し、農産物の販売促進につなげようとする取り組みにも着手しはじめた（写真7）。陽当たりの良い広々とした斜面で育つ米や野菜のおいしさは折り紙付きで、かつての一等田の面目躍如である。「JAありだファーマーズマーケットありだっこ」などでみかけたら是非手に取ってみてほしい。

写真７　農産物直売所・沼産品コーナーの様子

(注) シールのデザインは変更される可能性がある。

「棚田ふぁむ」の活動開始から七年が過ぎた今日、高齢化や後継者確保の問題は依然として深刻な状況にあるが、学生が定期的に訪れることで、「地域が明るく元気になった」という地元の声も聞かれるようになった。また、学生との交流の場が、近年ではすっかり少なくなっていた地域内での住民同士の交流の場ともなり、集落機能の維持にもつながっている。さらに、農機具を新しく更新するなど、農業の継続に対する意欲の向上がうかがえる農家も出てきている。[12] 他方、学生も複数年度にわたって継続的に交流を続けるうちに、沼地区に強い愛着をもつようになってきた。活動日以外にも地域を訪れたり、卒業後もSNSを通じて活動の関係者とほどよく関わりを維持し、交流会などの際に顔を出すOB・OGも珍しくない。

今後は、行政による支援から段階的に自立し、地域住民がより主体となった「地域づくり」活動への発展を目指すこと、そして、活動に参加する農家を増やし、高齢メンバーの負担を軽減しながら息の長い活動にしていくことが大きな課題となっている。

おわりに

ここまで有田川上流部の二つの棚田について、歴史を辿りつつ、現在の保全の取り組みについて紹介してきた。その独特な景観がいち早く注目され、全国的に知名度が高く、国の重要文化的景観にも選定されたあらぎ島の棚田と、生活の場としての利用を主としてきた沼の棚田では、保全活動の発展段階やその過程に大きな違いがあるものの、どちらの棚田も耕作者の高齢化と農地・農業の継承に不安を抱えていること、そして次世代へと守り継ぐためには、周辺地域を含む農業と農山村の暮らし全体を維持する取り組みが必要とされている点では共通している。また、地域全体として、さらなる人口減少と高齢化は避けられず、都市住民との交流や、地方大学との連携などを含む、地域外との連携・協力もこ

（12） 詳細は本書コラム「都市農山村交流の「鏡効果」―「棚田ふぁむ」の活動から」を参照のこと。

れまで以上に重要になってくるだろう。
左太夫のあらぎ島開発からおよそ三六〇年、外記右衛門の「沼の水分け」からはおよそ二三〇年。先人の不断の努力によって営々と守り継がれてきた棚田という歴史的資産を継承する主役は、いうまでもなくその地域に暮らす人々である。しかし、「棚田のある景観」、ひいてはそれを支える農山村の暮らしと営みを次世代に残せるかどうかという問題は、その美しさや歴史的・文化的価値に共感する「私たち」の問題としても捉えてみる必要があるのではないか。当地を訪れ、美しい棚田の景観を堪能した際には、是非、これらを守り継ぐ取り組みにも関心を寄せてほしい。

〔参考文献〕
中島峰広『日本の棚田』古今書院、一九九九年
中島峰広『棚田その守り人』古今書院、二〇一二年
有田川町教育委員会『蘭島及び三田・清水の農山村景観保存計画』二〇一三年
棚田学会編『棚田学入門』勁草書房、二〇一四年

column

都市農村交流の「鏡効果」
——「棚田ふぁむ」の活動から——

藤井　至・大浦由美

過疎化や高齢化が一層深刻化する農山村の厳しい状況は、いまや「限界集落」や「地方消滅」などのセンセーショナルな表現で語られることも多い。こうした問題状況を小田切は「人」「土地」「むら」の三つの空洞化として整理している[1]。まずは高度経済成長期における農村から都市への人口流出による地域内人口の著しい減少の後、高齢化の進行とともに「自然減」にウェートを移しながら「人の空洞化」が進み、次いで農林業の担い手不足による耕作放棄地の増大や林地荒廃の進行といった「土地の空洞化」が顕在化する。さらにこの二つの空洞化が進むと、寄合回数の減少など、集落活動の減少による集落機能の停滞という「むらの空洞化」に至る。いわゆる「限界集落化」はこの延長線上に生じる事態であるが、そこに影響を及ぼすのは、これら三つの空洞化の深層で進行する第四の空洞化、すなわち、地域住民がそこに住み続ける意義や誇りを見失う「誇りの空洞化」である。よって、こうした「空洞化」の問題を抱える地域が、地域づくりへの第一歩を踏み出すためには、まずは自分たちの地域の価値を見直し、失われた「誇り」を取り戻すための取り組みが重要となる。その際に、大きな役割を果たすといわれているのが都市農村交流であり、その働きは「鏡効果」と呼ばれている。

先ほどの有田川町沼地区での「棚田ふぁむ」の活動を例に説明しよう[2]。二〇一一年に活動を受け入れる以前は、住民の高齢化が目立ち始め、毎年恒例だった区の親睦旅行も中止となり、住民同士の交流も少なくなっていた。また、最寄りのJA支所が閉鎖されて人の往来が少なくなり、地域がどんどん寂しくなっていったという。まさに「空洞化」が目に見えて進行していた様子がうかがえる。これに対して、活動開始から四年目に地元の主要メンバーに対して行ったヒアリング調査では、活動受入後の地元の変化について「地域が明るく元気になったように感じる」という意見が多く聞かれた。それとともに、活動三年目あたりから、古くなっていた農機具や軽トラックを買い換えたり、新たに農地を借り受けて作付面積を増やしたりする農家が複数現れていたことが明らかとなった。自分たちが「なにもなくて寂しいところ」だと思っている地域や、そこで当たり前のように行ってきた生業が、どうも学生たちには「価値あるもの」として見えている。なんでもないと思っていた棚田の風景が、学生たちには「素晴らしいもの」に見えている。学生たちの目を通して（＝鏡に映して）あらためて地域を眺めると、これまでみえなかった地域の「明るい」部分や、まだまだ自分たちに「元気さ」や「誇れるもの」が残されていることに気付く。こうして発揮された「鏡効果」が、当地で農業を継続することへの意欲を後押しし、農機具の更新や作付面積の増大などの具体的な行動として表れたと考えることができるのである。

田植え時のひとこま。地元農家の指導に笑顔で応える学生

一方で、この効果は学生に対しても発揮される。「棚田＝美しいから価値がある」「農山村＝過疎や高齢化で困っているから支援すべき」といった単純な思いで活動に参加した学生も、地元農家と直に交流を重ねることで次第に、営々と棚田を切り拓いてきた先人たちの知恵と努力、これらを受け継ぎ、数々の管理作業を担う農家の苦労、暮らしの不便さや厳しさの一方で、豊かな食文化や祭りなどの楽しみもあることなど、地元農家の姿に映し出される農山村本来の価値、そして農業や農山村が直面している問題の複雑さに気付いていく。こうした経験が時に学生の進路に影響を与え、有田川町役場に就職し、行政の一員として地域を支えるという選択をした学生もいる。

このように、都市農村交流の「鏡効果」は、地域の価値の再発見と「誇り」の再生に留まらず、次世代を担う若者たちや都市住民の意識変化にも影響している。農山村の「空洞化」に凝縮される諸問題を、「他人事」ではなく「自分事」として捉え、行動しようとする若者を育むこともまた、都市農村交流とその「鏡効果」に期待される役割なのである。

〔注〕
（1）小田切徳美『農山村再生―「限界集落」を超えて』岩波書店、三―七頁、二〇〇九年
（2）大浦由美「和歌山大学観光学部『棚田ふぁむ』による棚田保全活動の展開」『棚田学会誌』No.18、六―一三頁、二〇一七年

column

広川町津木地区における新たなつながりの創出

上野山裕士

和歌山県中部に位置する広川町は、海や山、川という豊かな自然に恵まれた地域で、121頁で取り上げた「稲むらの火」で知られる濱口梧陵の生誕地でもある。広川町というと、「稲むらの火」のほか、「広川ビーチ」、「西広海岸」など、沿岸部のイメージが強い地域であるが、ここで取り上げる津木地区は山間部に位置している。

津木地区では、地域住民と学生とが地域活性化を目的とした活動を二〇一四年から行っている。その具体的な活動は、地域主催イベントのサポート、学生主催イベントの実施、地域特産品を用いた商品開発、地域の観光資源である花畑の維持管理活動などさまざまである。第1部のコラム（82頁）で取り上げた紀美野町上神野地区と同様に、継続的な関わりに基づく地域と学生との信頼関係の醸成は本地域でもみられ、二〇一七年度までの四年間の活動のなかで、学生は地域活性化のためのよきパートナーとなりつつある。

写真１　地域主催イベントにおいて学生が企画した来場者参加型のプログラム

上記に加え、同地域では、学生の存在が「地域における新たなつながりの創出」に寄与していた。日本の農山漁村では、昔からの顔見知りの関係に基づく強固なコミュニティが形成されている場合が多い。このようなコミュニティは、共有された規範や価値観による相互扶助のネットワークを形成することやひとつの物事に取り組むうえで非常に有用である。一方で、地域内に限定されたつながりは、知見や発想の固定化、ともすれば地域を変革していくことへの抵抗（保守性）や、地域外からの視点の排除（排他性）へとつながる危険性がある。津木地区においてこのような保守性や排他性がみられたというわけではないが、観光資源の効果的な活用方法や地域外へのPR方法について苦慮し、観光学部地域インターンシップに応募したという経緯を踏まえれば、地域内のつながりを中心とした地域活性化の取り組みに限界を感じていたようだ。その意味で、学生の参画は、前述の通り、学生主催イベント実施や特産品開発など、地域活性化に新たな風を吹き込んだといえる。

　だが、ここでいう「新たなつながり」は、大学生の発想そのもののみを指すのではない。学生の存在は、地域活性化に取り組む主体間の交流を活性化させ、また地域住民の活動へのモチベーションを高める役割を担ってい

写真 2　地域の特産品であるつゆあかねジャム、シロップを活用して学生が考案したスイーツ

写真 3　市駅“グリーングリーン”プロジェクトにて地域特産品を販売する学生たち

た。前者について、地域の人びとにとって子どもや孫の世代にあたる大学生たちは声をかけやすい／かけてあげたい存在であり、学生を中心に会話が盛り上がる場面が多くみられた。さらには学生との会話を起点に主体間の会話が活発化するなど、学生が主体間の交流を促進させる触媒となっているようであった。また、後者については、学生たちが地域の自然や食材を楽しむ様子を眺めて地域の人びとが笑顔になる場面がみられたこと、「学生がせっかく地域に来てくれているから」、「学生が頑張ってくれているから」という意見が住民から多く聞かれたことなどが具体例として挙げられる。

以上のように、津木地区において、学生の活動、そして存在そのものが「地域における新たなつながりの創出」に寄与していた。今後は、「地域におけるつながり」をさらに拡大させることにより（たとえば、防災や福祉、教育とも連携しながら）、より広い視野で地域活性化に取り組むことが期待される。

有田ミカンの産地展開と今日

辻　和良

はじめに

「温州ミカンの親が紀州ミカンとクネンボ（九年母）であることをＤＮＡ鑑定で推定しました」

農研機構が二〇一六年一二月七日に発表した内容が、翌日の日本農業新聞に掲載された。(1) この記事のなかで、紀州ミカンが種子親でクネンボが花粉親であると推定している。温州ミカンは国内の柑橘出荷量の七割を占める重要な柑橘で日本原産とされてきたが、親は明らかではなかった。紀州ミカンは中国から伝わってきた柑橘で、小ミカンとも呼ばれ、香りと食味に優れるが果実が小さい（写真1）。クネンボはインドシナ原産といわれ、沖縄

（1）日本農業新聞、二〇一六年一二月八日の記事による。

写真1　紀州ミカン
（写真提供　和歌山県有田振興局）

写真2　明治初期のミカン園風景『紀州柑橘録』（明治15年刊行）
紀州有田郡道村（現在の和歌山県有田市道）柑橘園之真景

を経て九州に伝わったされる。果実は大きく味は濃厚だが、特有の香りがある。ともに、江戸時代に主要な柑橘として生産されていたといわれる。

このなかに登場する「紀州ミカン」は、かつて紀伊国屋文左衛門が有田から江戸に運んだことのある柑橘である。「沖の暗いのに　白帆がみえる　あれは紀ノ国　ミカン船」と有名になった紀伊国屋文左衛門と紀州ミカンであるが、紀州ミカンは現在ではほとんど栽培されていない。和歌山県内では正月に縁起物として飾るところもある程度である。

有田地域は現在では温州ミカンの産地であるが、かつて明治中期までは紀州ミカンの産地であった。そして、有田地域のミカン産地の風景は江戸時代にすでに現在と変わらないものができていたと推測される。一八八一（明治一二）年に有田地域の柑橘類栽培状況調査のために訪れた福羽逸人は『紀州柑橘録』[(2)]を記した。その『紀州柑橘録』のなかに紀州有田郡道村（現在の和歌山県有田市道）の風景が描かれている（写真2）。その風景は急傾斜地に石垣が築かれ、等高線状の段々畑にミカンの樹が植えられて

（2）福羽逸人『紀州柑橘録』農商務省農務局、一八八四年。

いるようにみえる。

ここでは和歌山県内柑橘産地（特に有田地域を中心に）に関する文献の整理と官庁統計などの分析を通じて、急傾斜地に古くから立地した柑橘産地の展開の過程を概観するとともに、現在の有田ミカン産地の新しい動きなどを紹介したい。

1　有田地域の概要

有田地域は、有田市、湯浅町、広川町、有田川町の一市三町からなり、有田川両岸の傾斜地を中心に、四〇〇年以上の歴史と伝統を誇る有田ミカンの産地が形成されている（写真3）。同地域の二〇一五年産温州ミカン栽培面積は三八八一ヘクタールで、全国生産量の約一割を生産しており、二〇〇六年一〇月には地域団体商標「有田みかん」の認定も受けている。

耕地面積は五七六八ヘクタール（二〇一五年）で、そのうち樹園地が五〇一一ヘクタールと八七%を占め、果樹栽培に特化した地域である。また、農業産出額二二七億八〇〇〇万円のうち、果実が七九%を占めている。

有田地域の総農家数は四四一九戸（二〇一五年）で、うち販売農家は三五二五戸（全体の八〇%）である。販売農家のうち一八〇五戸が専業農家で、専業農家率は五一%と高い。また、二〇一五年の農業従事者は九一八五人で、二〇〇五年からの一〇年間で約二八〇〇人が減少している。また、二〇一五年の農業従事者のうち六五歳以

写真3　現在の有田ミカン産地
有田市宮原から紀伊水道を望む。（写真提供　和歌山県有田振興局）

表1　温州ミカン産地の消長

単位：ha

順位	1900年 (柑橘総面積)		1951年 (柑橘総面積)		1975年 温州 (全国169,400)		1985年 温州 (全国112,500)		2015年 温州 (全国44,600)	
	産地	面積	産地	面積	産地	面積	産地	面積	産地	面積
1位	和歌山	2,878	静岡	7,987	愛媛	22,100	愛媛	14,200	和歌山	7,800
2	大阪	2,052	愛媛	5,728	静岡	17,800	静岡	12,000	愛媛	6,280
3	京都	1,177	和歌山	5,636	佐賀	14,800	和歌山	11,200	静岡	5,280
4	静岡	915	広島	3,243	長崎	14,500	佐賀	9,810	熊本	4,240
5	山口	528	神奈川	2,277	和歌山	13,100	長崎	9,450	長崎	3,180
6	熊本	493	鹿児島	2,189	熊本	13,000	熊本	9,370	佐賀	2,620
7	大分	186	佐賀	1,958	大分	9,500	大分	5,790	広島	2,070
8	兵庫	154	山口	1,858	福岡	9,090	広島	5,670	愛知	1,440
9	徳島	135	熊本	1,692	広島	8,070	福岡	5,570	福岡	1,410
10	宮崎	132	大分	1,595	宮崎	6,730	鹿児島	3,510	神奈川	1,280

資料：1900年～1975年「和歌山のかんきつ」、和歌山県かんきつ400年事業運営委員会（1979年）
1985年～2015年「作物統計」農林水産省（各年版）
注：上位10府県を示している。

上が全体の四一％を占めており高齢化が進んでいる。

2　柑橘産地の立地条件

柑橘産地の多くは、明治期には大都市近郊地域に立地していた（表1）。明治後期には和歌山県、大阪府、京都府が巨大な人口と購買力をもつ大都市の周辺部で産地となっており、現在主産地となっている静岡県、熊本県などの栽培面積は当時では一〇〇〇ヘクタール未満であったし、愛媛県は全国一〇位以下であった。その後、国民経済の発達とともに需要も増加し、古くからの立地地域を中心に全国的に拡大した。

温州ミカンの立地は気象、地質・土壌等の自然的条件に大きく制約されている。気象条件をみると、例えば和歌山県の採用している適地判定の基準[3]では、温州ミカンの適地は、平均気温一六℃以上、収穫期までの最低極温マイナス三℃の地域であり、一一月から収穫期までに凍霜害を受けないこととなっている。また、和歌山県の地質系統は紀ノ川右岸の中央構造線をはじめ、有田川右岸の御荷鉾線など、東西に走る断層によって区分されている。このため、南北方向に地質・土壌が変わり、気温が南高北低であるため地域ごとに柑橘類の栽培品種や管理法、果実品質について異なっている。このうち有田川右岸の山麓、左岸下流の山地に分布する秩父系古生層に属する土壌は、石礫が多く通気、排水・保水性とも良好である。この地域の温州ミカンは果皮色が濃紅で、濃厚な味の果実が産出される。有田地方のなかでももっとも古くから産地を形成してきた。

(3)『和歌山県果樹振興計画書』和歌山県、二〇一六年三月作成による。

3　戦前期における温州ミカン産地の形成・展開

我が国の果樹経営の展開は好況期の外延的拡大と不況期の集中的かつ体系的な技術革新を特徴とし、これらが繰り返されながら生産水準を高めてきた[4]。和歌山県および有田地域の柑橘産地の展開を栽培面積、収穫量、単収の推移と栽培技術、出荷販売方法などの変遷に基づき時代区分を行った。図1は和歌山県と有田地域における温州ミカンの栽培面積などの推移を示している。同図をみながら、ミカン産地の展開を辿っていきたい。

(4)　磯辺俊彦「果樹農業発達のあゆみと課題」(果樹農業発達史編集委員会編『果樹農業発達史』)三―四頁、農林統計協会、一九七二年。

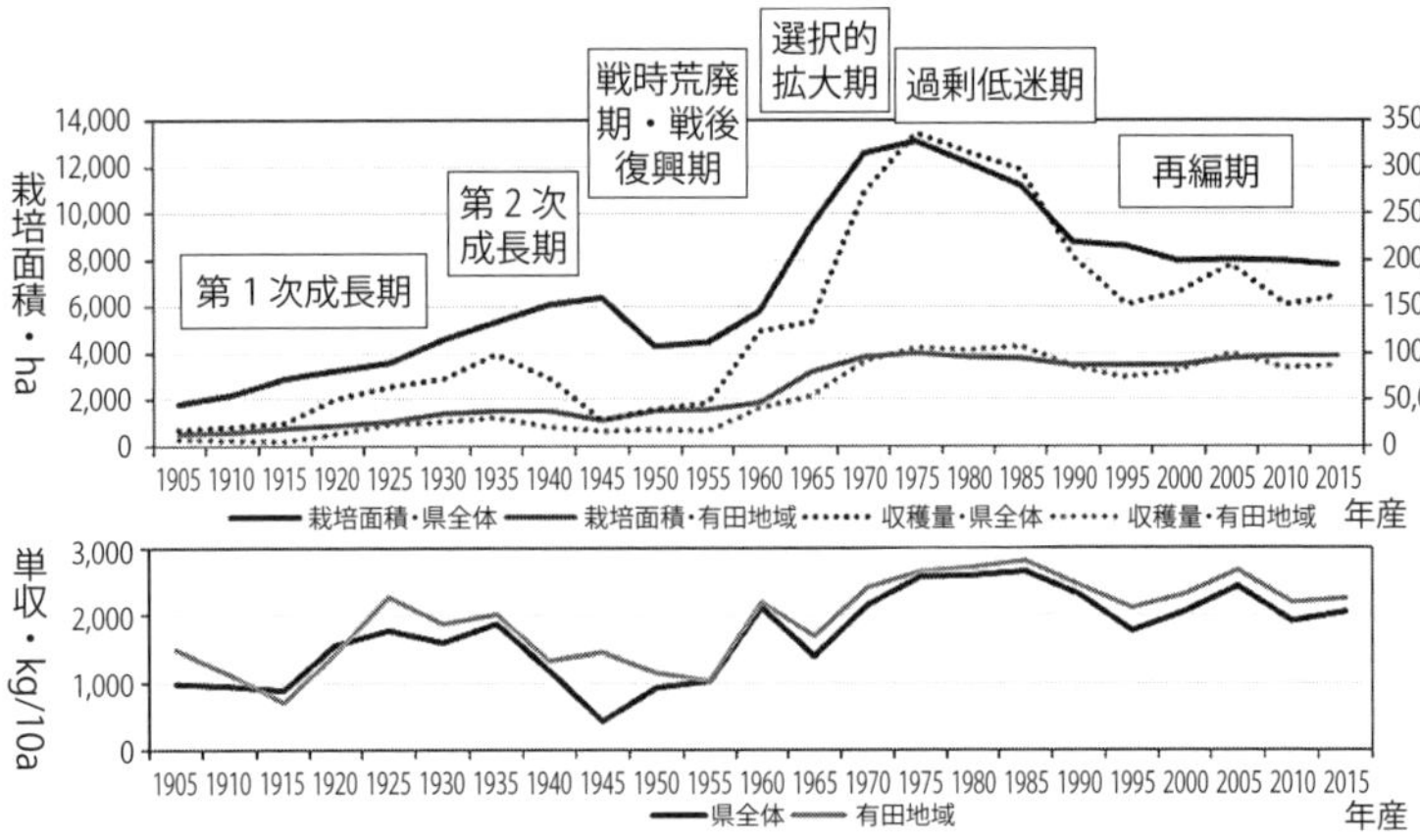

図1　和歌山県における温州ミカン栽培面積と収穫量の推移

資料：1905～1980年「和歌山県農業80年の歩み」和歌山県農業試験場（1982年）
1985～2005年「農林水産統計年報」近畿農政局和歌山統計事務所（各年版）
2010～2015年「作物統計」農林水産省および和歌山県農林水産部資料
注：単収は10ａ当たり収量＝収穫量÷栽培面積で計算している。

温州ミカン導入以前：明治以前

江戸時代には有田地域を中心に商品生産としての紀州ミカン、八代、柑子などの経済栽培を行っており、温州ミカンはほとんど栽培されていなかった。

有田地域は江戸時代に既に紀州ミカンの産地として全国的に有名になっていた。また、「蜜柑方」という共同出荷組織がすでに形成されており、藩外への販売を担当していた。紀州ミカンの藩外への移出は、慶長年間の頃から上方（大坂・堺・伏見）へ、寛文年間の頃から尾張（名古屋）へ行われたと記録が残っている。さらに一六三四（寛永一一）年には、藤兵衛（蜜柑藤と呼ばれる。旧宮原村滝川原の住人）が蜜柑籠四〇〇ばかりをはじめて江戸に送ったこと、それからも送り続けたことが記録されている。また、紀伊国屋文左衛門が嵐をついて紀州ミカンを江戸に送って成功したのはこの三〇年後のことといわれる。(5)蜜柑方が形成されるのは先に述べた藤兵衛の江戸出荷創始から間もなくのことである。

導入期：明治初期―明治中期

温州ミカンの経済栽培が始まるのは明治初期である。その当時、栽培技術は未発達のため柑橘類全体の一〇アール当たり収量は一トンに達せず、収穫量の増加幅も小さかった。まだ、この時期の栽培の中心品目は依然として紀州ミカンであるが、注目すべきことは、先述の『紀州柑橘録』によると、有田地域では一八八一（明治一二）年、すでに一二〇〇ヘクタールの栽培面積に達し全国的な産地となっていたことである。福羽逸人は『紀州柑橘録』のなかに、「今を距る七〇年前温州みかんの種を植え、漸次果実を結ぶに至り衆人すこぶる美果なるを認識し、繁殖するもの益々多く、新たに開園する者で温州みかんを植えない者はいない。今後、紀州の柑橘園の増加によって温州の産出が増えることは疑いなし」と記している。当時の有田のなかでも温州ミカン作の中心となっていた地域は、現在でも優良な果実を生産する地域である。

第一次成長期：明治中期―一九三二（昭和七）年

温州ミカンの栽培面積が紀州ミカンを超えて伸びるのは明治中期以降である。温州ミカンの一〇アール当たり収量は、本期終わりごろには県平均で約一・五トンの水準で推移しており、有田地方ではすでに二トンの水準に達している。(6)これは、先述した自然的適地条

（5）毎日新聞社編『和歌山のミカン』三八―八五頁、一九六八年。

（6）岩崎良雄『和歌山県柑橘業の概要』紀州柑橘同業組合、一九三九年、および和歌山県農業試験場『和歌山県農業八〇年のあゆみ』一九八二年のデータをもとに一〇アール当たり収量を求めた。

写真4　大正時代の選果荷造り風景
（写真提供　和歌山県果樹園芸課）

件に加え栽培技術水準が高いこと、明治初期に植栽された園地が結果期に達したためと考えられる。

本期における技術的特徴をあげると、防除技術（青酸ガス燻蒸、手押し噴霧器等の導入）、剪定技術（間引き、短縮方法の導入）、施肥技術（小肥から増肥）等が普及したことである(7)。また、栽培品種も温州ミカンでは従来からの摂津系に加え尾張系が導入されている。出荷販売面での特徴は、鉄道の発達により従来からの海上輸送に変わり陸上輸送へと転換されたことと、海外市場（北米、旧朝鮮、旧関東州）への進出を果たしたことである。和歌山県農会では生産指導とともに販売の組織化も奨励し、大正末期以降には本格的な共選共販が誕生している（写真4）。

大正中期から昭和初期にかけての全国的な経済不況はミカン作の成長を圧迫した。しかし、和歌山県では大正中期に栽培面積の停滞傾向がみられるものの大正後期以降、温州ミカンは依然増加を続けている。これは栽培技術、貯蔵技術、輸送技術の発達、普及に負うところが大きいと思われる。また、輸出ミカンをめぐって栽培農家と産地商人との間にトラブルが絶えず、共選共販組織が形成されている。和歌山県の柑橘産地が大正中期から昭和初期にかけての不況期にも成長を続けたのは、栽培技術や出荷組織等の革新を実現し、生産性の向上と販売面での有利性を確保したことが大きな要因であると考えられる。

（7）岩崎良雄『前掲書』および中西英雄『紀州有田柑橘発達史』、一九二六年による。

第二次成長期：一九三三（昭和八）年―一九四三（昭和一八）年

長期の不況を脱してミカン部門は成長を続けているが、寒害の影響等により隔年結果[8]が拡大している。このことから、栽培技術の革新、普及により地域間の収量差はなくなったとはいえ、隔年結果を縮小するまでには至らなかったといえる。後半では戦時経済へ移行したことと新植が続いたことで、単収は低下傾向である。

農家が栽培作物を選択し成長発展しようとする場合、最も敏感に反応するのは当該作物の一〇アール当たり収益である。温州ミカン作と水稲作の収益性を比較すると、本期後半で温州ミカンの一〇アール当たり粗収益が水稲を大きく上回っており、ミカン以外の作物が植えられない傾斜地への新植が非常に有利であったことがうかがえる。[9]

戦時荒廃期：一九四四（昭和一九）年―一九四六（昭和二一）年

柑橘園の強制伐採、カンショ・麦畑への転換や出兵による労働力不足、肥料・農薬等の生産資材不足から温州ミカン栽培面積は著しく減少し、収量も低下している。しかし、労働力、生産資材が不足していたこの時期においても有田地域は自然的適地条件により高い収量を維持している。

4　戦後における柑橘産地の展開

戦後の特徴は、構造改善事業等の主産地形成政策の実施により柑橘作経営は労働節減、

（8）　隔年結果とは果樹において果実が多くなる年と少ない年とが交互に現れる生理現象である。果樹のなかでも柑橘類などに強く現れ、特に温州ミカンでは干ばつ等の気象災害が発生した場合に翌年以降にしばしば隔年結果する傾向が助長される。出荷量が多くなるオモテ年には市場価格が暴落し、採算水準を大幅に割り込むことがある。

（9）　和歌山県農業試験場『前掲書』と共栄柑橘出荷組合『五十五年史』、一九八一年のデータをもとに試算した。一九三八年以降で温州ミカンの収益性が水稲を上回っている。

資本集約化へと進んだことである。しかし、市場が飽和状態に達すると産地内部に様々な問題を露呈するに至った。

戦後復興期：一九四七（昭和二二）年—一九六〇（昭和三五）年

和歌山県の施策として第一次果樹復興五カ年計画（一九四七年）、次いで第二次（一九五二年）、第三次（一九五七年）と果樹振興五カ年計画が取り組まれた。この結果、収穫量では一九五八年に、栽培面積では一九六二年に戦前期の最高水準にまで回復していることから、本期は戦前期に続く第三次成長期といえる。

一九五〇年代後半には全国的なミカンブームが始まり、新植はもちろん新産地の開発が急速に進んでいる。温州ミカン作と水稲作の収益性に差があったことと、一九五三年に県内一円に大水害が発生したこともあって、和歌山県では復旧工事後、水田転換ミカン園が増加した。ミカン作と水稲作の収益性を比較すると、第二次成長期に引きつづいてミカン作部門は水稲作に比べて非常に高い収益性を維持している。

選択的拡大期：一九六一（昭和三六）年—一九七一（昭和四六）年

高度経済成長に伴う都市への人口集中、消費の拡大を背景に農業基本法、果樹農業振興特別措置法が制定され果樹生産が振興された。本期は政府の主産地形成政策がとられたことで前期に比べて急激な成長を遂げている。畑地転換や原野開墾のほかに、水田からミカン園への転換が最も多く、その主な転換品目は有田地方では温州ミカン、紀ノ川中流域ではハッサクが中心であった。これらの転換面積は一九六〇年からの一〇年間に約四〇〇〇ヘクタールにものぼり、この間に多くの農家は水田作との複合経営から柑橘単一経営へと転換している。[10]

構造改善事業により農道、共同かん水施設、大型選果場、貯蔵施設の整備が実施されるとともに、農協合併により大規模共選が誕生している。しかし、排水良好な傾斜地で産するミカンと肥沃で通気、排水条件の不良な水田で産するものとは品質的に異なっている。また、傾斜地の開墾も進み標高差、方位差を伴って園地の分散が拡大したことも産地内での果実の品質差を大きくしている。これらに共選規模が拡大したことも重なって、質的に異なるものを一括した出荷体制は一九七二年以降の品質重視の展開に問題を残す結果となった。また、省力化して規模拡大が進むにつれて、堆肥の施用、敷きわら、深耕といった地力維持、樹勢維持技術が農家のなかから失われていった。[11]

過剰低迷期：一九七二(昭和四七)年―一九九〇(平成二)年

一九六八年には温州ミカンの全国生産量が二〇〇万トン台に入り、ミカン部門の成長にも限界がみえはじめた。さらに、一九七二年には三〇〇万トンを大幅に上回り、生産過剰が明らかになった。自然的適地の有田地域に対して限界地近くに位置する産地では温州ミカンの価格水準は六割から七割まで低下しており、産地間の価格差が拡大している。

低成長時代の果実消費はミカン集中から品目別分散、多品種少量消費、高級品消費へと変化したことに特徴があるとされる。[12] 産地では摘果や品種・樹種転換による生産調整と量から質への転換を図ってきたが、前期に増殖した園地が成園化するに伴い、一〇アール当たり収量はほとんどの産地で二トンを上回った。有田はこの時期においても県内産地のな

(10) 和歌山県かんきつ四〇〇年記念事業運営委員会『和歌山のかんきつ』一九七九年による。

(11) 和歌山県果樹園芸試験場資料による。一九六〇年代後半に行われた栄養診断事業と七〇年代末から八〇年代に行われた土壌環境基礎調査等のデータに基づいている。

(12) 麻野尚延『みかん産業と農協』六―八頁、農林統計協会、一九八七年。

かで最も高い単収を維持している。一九八四年には地力、樹勢の低下が顕在化し大幅に減収するとともに隔年結果の幅を拡大した。

一九八四年には日米合意によるオレンジ・オレンジ果汁の輸入枠拡大が進み、一九八八年にはオレンジ・オレンジ果汁の貿易自由化が決定された。国内対策として「かんきつ園地再編対策事業」(一九八八年産から三年間実施)により全国で温州ミカン園二万二〇〇〇ヘクタール、その他柑橘園地四〇〇〇ヘクタールを目標に他品目への転換または廃園化が進められ、和歌山県では温州ミカンと中晩柑類合わせて二九七五ヘクタールの園地を転換した。

この時期からミカンの産地間競争が「高品質商品生産・高価格実現競争」へと新たな局面を迎えている。[13] 県農協連合会が中心となり差別化商品として一九八三年には「味一みかん」、一九八八年には「完熟みかん」、一九九一年には「味一アルファみかん」の開発が図られた。「味一みかん」は糖度一二度以上、「味一アルファみかん」はマルチ栽培の園地による商品に限り糖度一三度以上(いずれも酸度〇・七〜一・〇%)の商品に対して表示できるものであり、栽培園地の登録を前提としている。また、「完熟みかん」は早生温州ミカンの完熟出荷に対して表示するもので、ありだ農協は糖度一一度以上の果実に対して表示している。このように、品質競争が激しくなり、対応できない産地は縮小していった。

再編期:一九九一(平成三)年—現在

一九九一年にはオレンジ生鮮果実が、翌一九九二年にはオレンジ果汁が相次いで輸入自由化された。一九九五年にはWTO(世界貿易機関)体制が確立し、我が国の農産物は国

(13) 細野賢治『ミカン産地の形成と展開—有田ミカンの伝統と革新—』九三—九七頁、農林統計出版、二〇〇九年。

際的な産地間競争にさらされることとなった。果実市場についてみると、安価な輸入果実は外食や加工原料などの業務需要を中心にシェアを拡大し、果汁市場も現在では完全に輸入果汁によって価格が規定されるようになった(14)。

　また、一九八六年一二月から一九九一年二月までの間、わが国はバブル経済という好景気に沸き、果実消費も高級品志向に向かった。その後バブル崩壊とともに嗜好品である果実の消費量は減少へと進んだ。しかも、低価格な輸入果実の増加に伴い、国産果実は高品質生産による差別化が進められ、その結果、生産条件の良くない後発産地や品質競争についていけない産地は淘汰される形となった。表2は、生産量がピークにあった一九七五年の温州ミカン栽培面積上位一〇県について、一〇年後の一九八五年までと、さらに三〇年後の二〇一五年までの温州ミカン栽培面積の変化を示している。一九七五年から一九八五年にかけて全国では三四%の減少率となっているが、和歌山県では一五%であり、減少率が低い。さらに、一九八五年から二〇一五年までの減少率をみると、全国では六〇%

表2　過剰低迷期から再編期における温州ミカン主産県の動向

単位：ha、%

産地	栽培面積			減少率	
	1975年	1985年	2015年	1975年～85年	1985年～2015年
全国	169,400	112,500	44,600	33.6	60.4
愛媛	22,100	14,200	6,280	35.7	55.8
静岡	17,800	12,000	5,280	32.6	56.0
佐賀	14,800	9,810	2,620	33.7	73.3
長崎	14,500	9,450	3,180	34.8	66.3
和歌山	13,100	11,200	7,800	14.5	30.4
熊本	13,000	9,370	4,240	27.9	54.7
大分	9,500	5,790	785	39.1	86.4
福岡	9,090	5,570	1,410	38.7	74.7
広島	8,070	5,670	2,070	29.7	63.5
宮崎	6,730	3,260	736	51.6	77.4

資料：農林水産省「作物統計」各年版
注：1975年の上位10県について示している。

(14) 細野賢治『前掲書』一七―一八頁。

減少しているが、和歌山県では三〇％と主産県のなかでは最も低い。同時期の有田地域の栽培面積の推移をみると、一時期わずかに減少するが、二〇一五年においても一九七五年当時と変わらない状態に維持されている。

この時期には農協の経営合理化を目的に広域合併が進められた。和歌山県においても一九八八年に開催された第一九回和歌山県農協大会で、県内にあった五〇農協を八農協とする構想が提唱された。この構想に基づき、一九九二年には「紀の里農協」が、一九九三年には「わかやま農協」が誕生し、その後も続いて県内各地で広域合併農協が生まれている。一九九九年には、有田地域の六農協が合併し「ありだ農協」が誕生した。

二〇〇四年には、旧有田川農協管内の直営型農協共販組織が核となり、四つの共販組織が合併し、出荷者五五〇戸、温州ミカン年間出荷量一・五万トンの農協直営共販組織が運営を開始している。このように、これまで集落を単位として運営されてきた共選共販組織が、生産者の高齢化や施設の老朽化などの理由により、大型共販組織へと合併が進んでいる。

この時期の技術の重点は、品質向上を目的としたマルチ栽培や隔年結果抑制のための摘果技術等におかれている。また、産地の選果場では、果実をＣＣＤカメラで撮影し、コンピュータにより形、大きさ、色を測定することで等階級を判別するカラーグレーダーと、果実を破壊せずに糖度などの内部品質を測定する非破壊センサー、いわゆる光センサーを装備した自動選果機の導入が急速に進んだ。

5　有田ミカン産地の新しい動き

最近の有田地域におけるミカン農業の新しい動きとして次の三点をあげたい。

一つめは、先に述べた共選共販組織の合併と品質評価機能を組み入れた選果システムの導入である。かつて有田地域では集落共選と呼ばれる小さい選果場が多数存在した。しかし、生産者の高齢化、選果施設の老朽化が進むなかで多くの小規模共選は廃止して農協の運営する大規模共選へと統合が進められた。その一つが、ありだ農協が運営しているAQ中央選果場である（写真5）。

JAありだAQ中央選果場は、三つの共選場がそれまであった農協直営の選果場と合併して誕生している。名称になっているAQ（Arida Quality）は有田ミカンの品質を保証することと「A級（最高級）」、「永久」の意味も込められている。カラーグレーザー（外観測定）と光センサー（糖酸測定）、腐敗感知センサーが組み入れられた選果機によって自動的に選果作業が行われるほか、ミカンコンテナの搬入やラインへの投入、出荷作業に至るまで自動化されている（写真6）。現在、この選果場に出荷する生産者は五三七人（二〇一七年）で、年によって変動はあるが、年間平均一万四〇〇〇トンの温州ミカンと一三〇〇トンの晩柑類が選果されている。

二つめは、産地を守ろうとする農業生産法人や集落共選組織が個性的な取り組みを開始していることである。有田地域では、大型共選への統合が進む一方で、個性

写真6　自動化された選果ライン
（JAありだAQ中央選果場）

写真5　JAありだAQ中央選果場

写真7　（株）早和果樹園の自社農園とメンバー
（写真提供　（株）早和果樹園）

写真8　開発されたミカン加工品
（写真提供　（株）早和果樹園）

的な商品開発を進めることによって生き残りを図ろうとする動きも存在する。その一つが次に紹介する「株式会社　早和果樹園」（以下、早和果樹園と略する）である。

　早和果樹園の従業員数（二〇一八年）は役員を含め七二名で、四割は二〇歳代という非常に若い会社である（写真7）。高級ミカンジュース「味一しぼり」や「てまりみかん」などの特色あるミカン加工品の開発と販売（六次産業化）と、温州ミカンの果実生産・販売を行っている。ミカン果実の生産・販売では「味こいみかん」、「とれたて家族」、「味まろみかん」等の自社ブランド商品とともに「まるどりみかん」[15]にも取り組んでいる[16]。

　早和果樹園は一九七九年に七戸の農家で設立した早和共同選果組合を、二〇〇〇年に法人化し「有限会社　早和果樹園」としたことから始まる。ミカン果実の生産だけではなく二〇〇四年に味一ミカンを搾った「味一しぼり」を開発し、商談会やイベントへの出展、試飲販売などによって販路を広げた。その後、ゼリー、ジャム、みかんポン酢など、毎年新しい商品を開発している（写真8）。

　早和果樹園では、これまで自分達が栽培してきた園地

(15)　「まるどりみかん」は、マルチ栽培に必要な水分と肥料分が供給できるドリップチューブを組み合わせた「マルドリ方式」（農研機構　西日本農業研究センターの開発）によって栽培されたミカンである。この「マルドリ方式」は、二〇〇三年に早和果樹園が県内で初めて導入した。

(16)　神谷桂・辻和良「みかん産地の新しい担い手―高品質にこだわる和歌山県・早和果樹園―」『やっぱりおもろい！　関西農業』九九―一一一頁、昭和堂、二〇一二年。

を自社農園として会社が管理するとともに、後継者がいない高齢農家の園地を借り受けて規模拡大を図り、現在、自社のミカン栽培面積は八・〇ヘクタール（二〇一七年）に達している。しかし、自社生産だけでは加工原料用ミカンが不足するため、周辺農家や地域の共選場から購入している。また、これまで搾汁は県内の缶詰工場に依頼していたが、新たに搾汁工場を建設し、二〇一五年一一月から自社で搾汁も開始している。年間売上高は九億三五〇〇万円（二〇一七年六月末）であり、六次産業化による加工製品の販売が伸びてきているという。

さらに、二〇一五年三月に共選組合に携わってきた七戸のシニア女性による子会社「㈱早和なでしこ」を設立している。主な業務は、早和果樹園のサポートのほか、直売店経営、搾汁後の皮を乾燥させた商品企画、社内食堂の経営などで、高齢者がいきいきと働ける環境づくりに取り組んでいる[17]。

三つめは、三ヘクタールを超える大規模な経営が徐々に増加していることである。二〇〇〇年農林業センサスによると、有田地域の三ヘクタールを上回る規模の農家は七〇戸であったが、二〇一〇年には一〇三戸、二〇一五年には一一三戸に増加している[18]。

傾斜地に立地したミカン農業は、規模が零細で、整枝・剪定や摘果をはじめ手作業で行う管理作業の多くは技能的な性格が強く、労働集約的に展開してきた。また、水稲や野菜栽培では機械化が進んだが、ミカン栽培では傾斜地の多い立地条件から機械化が遅れている。このため、これまでミカン栽培では専従者一人当たり一ヘクタールが最適な規模とされてきた。夫婦二人の専業農家では二ヘクタール程度が適正な規模で、これを超えて大規模になると栽培管理が粗放になることから、果実品質の低下につながり収益も低下する。

（17）近畿農政局、「「ディスカバー農山漁村（むら）の宝」第2回選定地区訪問「株式会社 早和果樹園」（和歌山県有田市）」。http://www.maff.go.jp/kinki/keikaku/nousonshinkou/kasseika/dis.html を参照されたい。

（18）ミカン生産の多い有田市と有田郡のなかで樹園地率が九〇％を超える湯浅町と平成の合併前の吉備町、金屋町（現在、有田川町）の合計値である。

写真9　園内道が整備され作業性の良い園地
傾斜も緩く、等高線状に園内道が整備されている。（写真提供　和歌山県有田振興局）

このため大規模経営の形成は遅れていた。最近では、こうした中規模経営の壁を越えるため、園地整備と機械化などによる省力化を積極的に進め、品質低下を避けながら、規模の限界を引き上げる方向に徐々にではあるが動こうとしている。急傾斜地でのミカン栽培の省力化には限界があることから、緩傾斜地や平坦地を利用して規模拡大を図る経営が出現している（写真9）[19]。

(19)　辻和良「大規模ミカン経営の可能性」『和歌山の果樹』二〇一七年三月号、和歌山県農業協同組合連合会。

おわりに

産地は容易に形成できるものではない。自然的適地条件があり、それを活かして栽培する人がいて、また産地を動かす人や仕組みがあってはじめて産地となる。そして産地外部と産地内部の生産、流通、販売、政策などの条件変化を受けて、生産品目・品種や生産技術、生産・販売組織、出荷・販売方法を変更しながら維持・発展している。もし、産地がこれら諸条件の変化に柔軟に対応できない場合は衰退することになる[20]。

(20)　こうした園芸産地の展開・再編のメカニズムに関しては、大西敏夫・辻和良・橋本卓爾編著『園芸産地の展開と再編』農林統計協会、二〇〇一年を参照されたい。

有田地域は四〇〇年を超える歴史ある産地である。これまで多くの人々の手によって新しい品種や栽培技術が導入され、また、出荷・販売方法や産地の仕組みを組み換えながら、高品質なミカンの生産・出荷を続けてきた。昔から続く産地の営みを想像しながら、有田川の両岸に広がるミカン産地をたずねてみることを勧める。

〔参考文献〕
大西敏夫・辻和良・橋本卓爾編著『園芸産地の展開と再編』農林統計協会、二〇〇一年
川久保篤志『戦後日本における柑橘産地の展開と再編』農林統計協会、二〇〇七年
細野賢治『ミカン産地の形成と展開―有田ミカンの伝統と革新―』農林統計出版、二〇〇九年

column

和歌山の山椒

荒木良一

和歌山県の山椒は全国一位の生産量を誇り、国内の生産量の七割を占めている。一般に山椒は佃煮やちりめん山椒あるいは鰻の蒲焼きにふりかける粉山椒として目に触れる機会が多いので、産地はそれらの名物を売りにしている他府県であるというイメージが先行し、和歌山県が一位というのは意外に思われる方が多いだろう。しかし、山椒はミカン科の植物であると一言添えると、少し納得してもらえるに違いない。

和歌山県が生産する山椒の多くはぶどう山椒と呼ばれる山椒であり、果実がブドウの房のように実り、肉厚で良品とされている（写真1）。このぶどう山椒は和歌山県の有田川町遠井《とい》地区（旧清水町）にルーツがある。現在のところ、約一八〇年前の江戸時代後期ごろにぶどう山椒の記述があることが認められており、この辺りに自生していた山椒の枝変わりによって、ぶどう山椒が生まれたと考えられている。枝変わりとは、ある枝の成長点に生じた突然変異をきっかけに、その成長点から新たな特徴（遺伝形質）を持った枝葉や、花、果実が生じる現象を意味する。枝変わりした枝を挿し木や接ぎ木し成長させれば、元の植物と特徴（遺伝形質）が異なる別な個体として扱うことができる。山椒は挿し木や接ぎ木をすることで、良質な特徴を持つ枝変わりした枝を挿し木して生育させると同じ特徴を持ったクローン（遺伝的に同じ個体）を増やすことができる。したがって、現在私たちが目にしているぶどう山椒は一八〇年以上前に偶然に生まれた山椒のクローンかもしれない。こうして脈々と受け継がれてきた和歌山の山椒であるが、近年はその農家の高齢化問題が言われて久しい。傾斜が急な斜面で栽培されている山椒は手作業で収穫する必要があり（写真2）、新たな担い手が必要である。自然のいたずらによって生まれ、現在まで大切に守り育ててきたぶどう山椒を是非とも後世に伝えたいものである。

ところで、和歌山県以外にも山椒は日本各地で栽培されている。それぞれの場所や利用目的に適した山椒が栽培されているが、育種（遺伝的な改良）がほとんど行われていないので、品種・系統の数は多くない。日本で栽培されている山椒はぶどう山椒以外に、朝倉山椒（兵庫県）や高原山椒（岐阜県）が有名である。これらの山椒は同じ山椒ではあるが、姿形が細かく違ったり、成分等が違ったりする。じっくり山椒を観察すると、幹や枝にミカンの木にもよく見られるトゲがあるものがある。朝倉山椒はトゲがない点が一つの特徴である。

山椒は香りや辛味が特徴的なスパイスである。山椒の実を口に入れたり葉を手のひらに乗せて叩いたりすると辛味と舌先の痺れや爽やかな香りが感じられるが、それぞれの程度は前述した山椒の種類ごとに異なる。現在までに、主な香りの成分（香気成分）は柑橘類に含まれるリモネンであり、辛味・痺れの成分はサンショオールであることが明らかとなっている。サンショオールは分解されやすいので、年代物の粉山椒では香りだけ山椒の気分を味わうことになる。ここまで興味を持って読んでくださった皆さんには、新鮮な山椒を口にしてシビレてもらいたいものである。

学生に山椒について聞いてみると、良い反応は返ってこない。山椒は若い世代には評判がよろしくないようである。従来の山椒を使った加工品は佃煮やちりめん山椒といったものが大半で、どこか田舎の味というイメージが漂うようであり、この点が若者の心を掴んでいない理由ではないだろう

写真 1　実山椒として利用する時期のぶどう山椒

写真 2　ぶどう山椒の収穫の様子（2016年 5 月中旬）

かと考えている。今後は若い人への訴求効果が高い商品作りが山椒の需要を高めて、山椒農家の高齢化問題を解決する糸口になることを期待している。

〔参考文献〕

真野隆司 編『育てて楽しむサンショウ　栽培・利用加工』創森社、二〇一六年

南部・田辺地域の梅

藤田武弘

はじめに

梅生産における和歌山のポテンシャル

梅は日本人の心に深く関わり愛されてきたとされ、古くは『万葉集』でも数多く梅を素材とする歌が詠まれている。そして、その花は季節の観賞用として、また実の多くは梅酒や梅干として食用に供されるなど、いまなお私たちの生活と密接に関わっている。梅の多くは地方の自生品種で、日本全国に三〇〇種類以上あると言われているが、商品作物として全国に栽培されている品種は数少ない。

その中でも最も栽培面積が多いのが「南高（なんこう）」で全体の四九％を占めるが、そのうちの八割が和歌山県に集中している。第二位の「白加賀《しらかが》」が同一八％（主産地は群馬県）、第三位の「竜峡小梅《りゅうきょうこうめ》」が同四％（主産地は長野県）と比較して和歌山県が突出している。(1) さらに、これを収穫量でみると、全国の梅収穫量約八万トンのうち、和歌山県の占有率は約七万トンと九〇％余であり、群馬県（同四％）、奈良県（同三％）、長野県（同三％）を圧倒して卓越した地位を占めていることが分かる。これは、和歌山県の主力品種「南高」が、他品種と比較して大粒で果肉が多く、かつ多収性の（反当収量が高い）品種であることが深く影響している。

スーパー品種「南高（なんこう）」の誕生

南部・田辺地域は、和歌山県の梅生産における主力産地であるが、古くは江戸時代に当時の田辺藩が痩せ地の利用方法として梅栽培を推奨したとも伝えられており、梅干が特産物として江戸表に送られていたという記録も残されている。また、軍用品として梅干への需要が高まる明治後期には、梅を塩漬加工して販売する製造業者も同地域に誕生した。さらに、大正から昭和初期には、農家が自ら「一次加工（加工原料としての塩漬梅：白干梅の製造）」を行う動きが拡がるなど、まさに現在の梅関連産業の土台が築かれつつあった。

しかし、和歌山県が現在のような梅主産地、さらには梅関連産業の集積地となるに至った要因として最も大きいのは、優良品種「南高」を選定したことであろう。一般に農作物の生産過程においては、交配と選抜を繰り返して品種改良が行われるが、生果での消費に適さない梅の場合には、粒の大きさと種を除く果肉（可食部）の多さが、優良品種であることの重要な条件となる。

（1） 農林水産省「特産果樹生産動態等調査（平成二六年産）」より。

写真１　南高梅

戦後の食料不足が緩和し始めた一九五〇年、上南部村（現みなべ町）に発足した「梅優良品種選定会」が、地元南部高校園芸科の協力を得て、村内で栽培されていた優良品種から五年の歳月をかけて選抜したのが「南高」である。名前の由来には諸説あるが、大粒で美しい紅のかかる梅を発見した高田貞楠の梅（南部の高田梅）と選定調査に協力した南部高校の双方の略称になぞらえて「南高」と命名されたと考えるのが筋が通っているように思える。大粒で果肉が多く、果皮が柔らかいことから加工に適性を有し、加えて和歌山県の梅生産量を全国平均の二倍以上に高めたスーパー品種「南高」はこのように生まれたのである。

　さて、以上に紹介した和歌山県南部・田辺地域における梅の「物語」に関心を持たれた向きに足を運ぶようお勧めしたいのは、みなべ町谷口にある「道の駅みなべうめ振興館」である。[2] とくに梅に関わる資料展示は、梅を「人物・歴史・文学・栄養学・環境・民俗」など多様な視点で捉えた工夫が施されており興味深い。様々な梅関連商品の展示販売コーナーも設けられており、一見の価値ありのスポットである。

（2）みなべ町（二〇〇四年一〇月に南部町と南部川村が合併）が有する梅に関する情報発信拠点施設。入場料は無料。

1　梅の生産・消費・流通特性

梅の生産特性

梅は古くからわが国で栽培されてきた果樹であるが、次のような生産特性を有している。その一つは、梅は気候と土壌に対する適応範囲が広く、全国全ての都道府県で栽培されているが、もともと自家で加工し消費する自給農産物の性格が強く、商品化している産地が限られていることである。また、散在樹として植栽されている場合が多く、園地としてまとまって栽培されているのは主産地に限定されている。

二つには、梅の開花期が低温の時期にあたり凍霜害や低温による影響をしばしば受けるため、梅の果実生産は不安定で、豊凶差が著しいことである。梅の開花期は年によって大きく変動し、開花期が早い場合は一般的に不作の傾向が強い。この原因は開花期に直接的な気象被害を受けやすいことと、低温期にあたるため蜜蜂などの訪花昆虫の活動がにぶく受粉がうまくできないこと等による(3)。

梅の消費特性

梅消費の大きな特徴は、生果で消費されず必ず加工用原料として消費されることである。消費者がスーパー等から購入した青梅は、梅酒、梅ジュース、梅干、梅漬等に自家加工され家庭で消費される。加工業者が仕入れた梅（青梅、加工用生梅、白干梅）の加工方法は、

（3）　とりわけ、和歌山県の主力品種である「南高」は、自家受粉はしないことから、「小梅」や「小粒南高」などの授粉樹と交配させる必要があり、「南高」の園地には約三割の割合で他の授粉樹が植栽されている。蜜蜂の巣箱設置は、花粉を効率的に運ばせることで着果率を上げる必要から不可欠となっている。

梅干などの漬物、梅酒・梅ジュース・梅シロップなどの飲料、梅調味料、梅菓子など極めて多様である。また、梅は健康食品としての需要が強い。最近の研究では、梅およびその加工製品は抗酸化作用、抗ガン作用、動脈硬化抑制作用などを有することが明らかにされており、健康食品として注目されている。

梅の流通特性

このように梅は、複数の消費形態をもつことから複数の流通経路で流通している。国内産梅の流通は、①青梅（生果）としての流通（家庭用と加工業務用原料生梅を含む）、②農家で塩漬（一次加工）後、天日で干された白干梅の流通、の二つに大別できる[4]。

青梅の場合には、全国各地の消費地卸売市場への出荷が中心となるため、農協の共同販売が基本形態となる。それ以降は、一般の青果物と同様のルートで消費者に渡り、各家庭で梅干・梅酒などに加工され消費される。青梅での流通比率は低く、主産地である南部・田辺地域の場合、卸売市場に出荷される割合は収穫量の約三〇％とされるが、近年では益々低下傾向にある。

一方、白干梅などの加工梅の場合には、南部・田辺地域に本社工場を持つ梅加工業者が生産者から直接あるいは産地仲買人（ブローカー）を経由して購入した原料を、梅酒・エキス・梅肉・梅干・菓子・飲料などに加工し販売するのが基本形態である。それら加工品は、問屋等から小売業者を経由して消費者に渡るが、その他にも通信販売による宅配や観光客向けの土産物店・直売店での販売など多様な流通チャネルが構築されている。

ところで、梅は塩漬けし白干梅に加工することで貯蔵性が著しく高まる（加工原料とし

（4）　園地での完熟後に落下した生果を園地の傾斜を利用したネットで収穫し、直ちに各農家等の倉庫で約二〇％の塩分割合で一カ月ほど漬け込んだ梅を、七月下旬頃から天気の安定を待って日光で三～四日程度干し上げ（天日干し）たものが「白干梅」とされ、各種調味加工梅干の原料となる。

写真 2　南部・田辺地域の夏の風物詩「土用干し」

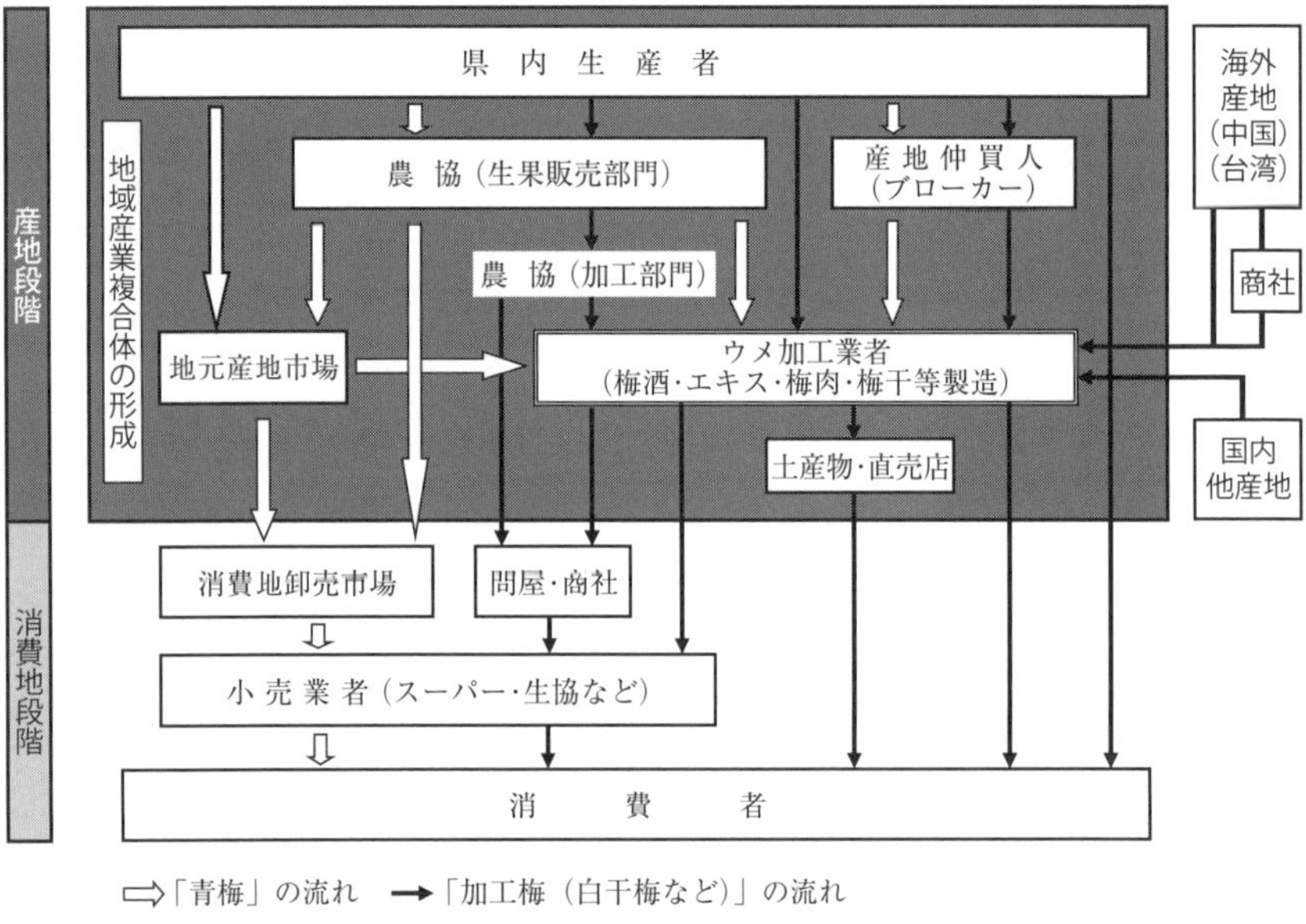

図 1　南部・田辺地域における梅の流通チャネル

資料：現地でのヒアリング調査を基に筆者が作成。

ての品質は二〜三年の間は劣化しないとされている）ことから、農家段階において青梅の卸売市場価格、白干梅の原料取引相場の双方をにらみ合わせた複数年での出荷調整が可能となる等の流通特性を備えている。その結果として、一般に多くの農家が直面する「豊作貧乏」などの事態を回避することが容易になるに留まらず、白干梅製造に主軸を置く農家の場合には投機的な出荷行動も可能となっている。

2　地方創生の期待を担う梅関連産業

高まる「六次産業化」への期待

近年、疲弊する農山村地域の活性化を目的として、「地域資源の見直し」や「農工商連携」等が注目を集めている。「農工商連携」は、「農業の六次産業化」を政策的に支援する国の推進方策であるが、実際に農業・農村の現場ではまさに「プロダクトアウト」から「マーケットイン」への発想の変化を伴う多角化・複合化と称すべき動きが拡がっている。[5]

実際に、戦後しばらくは「一・五次産業」と揶揄された農家女性や高齢者を担い手とする農産加工・農産物直売などの取り組みは、いまや農家・農村レストランの開設、棚田・果樹園等のオーナー制度の実施、体験教育旅行の受け皿としての農家民泊の導入など、交流をキーワードとする着地型農村ビジネス（「六次産業」）へと多角的・複合的に展開し始めている。

翻って南部・田辺地域の梅についてみると、個別経営単位での「六次産業化」の動きは

（5）「プロダクトアウト」は、企業が商品開発や生産・販売活動を行う上で、作り手の技術など提供側からの発想を優先させる方法で、「作ったものを売る」という考え方がこれに相当する。一方、「マーケットイン」は、ニーズを優先し、顧客目線で商品の企画・開発を行い提供する方法で、「売れるものを作る」という考え方を指す。ともに、マーケティング用語であるが、農業・農村の現場では、従来型の農協・流通業者依存から脱却した直売所出荷や消費者へのインターネット直販など、自ら価格形成に関与しようとする取組が拡がっている。

もちろんのこと、梅の生産・加工・流通、さらには観光に携わる関連産業とその担い手の多くが地域内部に存在し、各々の経済活動において相互に連携・結合した関係（「地域産業複合体」）を形成している点が特徴である。

梅関連産業の担い手と地域経済

ここでは、消費者が普段あまり意識することがない南部・田辺地域における梅関連産業と地域経済との関わりについて、前出の図（図1）を手掛かりに簡単に紹介しておこう。

①梅生産農家

同地域の農家約三五〇〇戸の九割以上が梅を栽培している（二〇一〇年）。既にみたように多くの農家が梅の一次加工（白干梅の製造）を担っているという意味において、経営内部における農工連携が構築されている。ちなみに和歌山県の梅産出額一〇三億円のうち同地域内の生産額は八割を占める（二〇一五年）。

②梅加工業者

主として梅干を製造する梅干製造業者とその他製品（梅酒、梅ジュース、梅菓子等）に主力を置く業者に区分される。前者については、商品規格の統一や消費拡大PR、研修会の開催等に共同で取り組む「県漬物協同組合連合会」傘下業者約八〇社が同地域内に本社工場を設置しているほか、組合未加入の小規模業者も約一五〇社存在する。業者の経営規模は様々であり、生産者が自家農園で生産した梅の加工・販売までを一貫して取り組むようになった家族経営型の小規模業者から、複数の製造工場や研究施設を擁するほか、主要販売地域に営業所を展開するなど、地元を中心にパート労働を含む数百名規模の地域雇用を吸収する年間販売額五〇億円超の大規模業者までが含まれる。

③産地仲買人（ブローカー）

農家段階で一次加工原料が製造されるとはいえ、規格化された大量の加工原料を必要とする梅加工業者にとって、投機的な経営行動をとる生産農家との取引のみでは原料の安定確保はおぼつかない。産地仲買人は、生産者から買い付けた白干梅を、取引先の梅加工業者が必要とする大きさや品質、数量に再調整して販売する役割を担っている。これについても梅加工業者との価格交渉の窓口となる「紀州梅干仲買人組合」が組織されており約四〇業者が加入しているが、そのほとんどは家族経営である。

④農協

同地域には、梅を取り扱う総合農協が二つ（JA紀州、JA紀南）あるが、県農協連合会の青梅販売実績のうち約八割を二農協が占めることは容易に想像できる。むしろここで特徴的なことは、後者の総合農協組織内に全国的にも珍しい加工事業部が設置され、梅価格の安定化ならびに梅生産者の所得安定に資するために、農協自らが出荷調整を行い価格主導力を発揮するなど、梅加工業者（自社ブランドでの商品製造）と産地仲買人（梅加工業者への転売により白干梅を需給調整）の双方の役割を果たしていることである。

⑤地元産地市場

梅主産地である同地域の青梅販売は、主として農協の共同販売により全国各地の消費地卸売市場に出荷されることから、地元産地市場には同地域の個人出荷やブランド力に劣る県内他産地からの出荷が中心となる。ちなみに、同市場の販売実績約五八億円のうち青梅の占める割合は約六％である（二〇〇二年）。

⑥広義の梅関連業者

以上の梅関連業者の経済活動を繋ぐ広義の梅関連業者として、「農業機械・生産資材取扱業者」、「印刷業者（同地域内約二〇社の大半が、梅関連の化粧箱、包装紙、ダイレクトメール関連の印刷を最重要視）」、「容器・段ボール製造業者（同地域内五社が、梅干製造用の各種タンク、白干梅用の原料樽、梅干商品容器、配送用段ボール等の製造が主力）」、「運輸業（同地域内約五〇社が梅関連業者と強い繋がりあり）」、「生産資材・調味資材販売業（梅干製造に必要な調味液、塩、砂糖、アルコール等）」がある。

「世界農業遺産」認定への期待

世界農業遺産（GIAHS：Globally Important Agricultural Heritage Systems）は、生物多様性、文化、優れた景観等が一体となって保全・活用される世界的に重要な農業システムをFAO（国連食糧農業機関）が認定するものである。二〇一六年一月現在、世界一五カ国三六地域、日本では「みなべ・田辺の梅システム」を含めた八地域（新潟県、石川県、静岡県、熊本県、大分県、岐阜県、宮崎県、和歌山県）が認定されている。

認定地域には、保全のための具体的な行動計画を策定し、伝統的な農業・農法や豊かな生物多様性を次世代に確実に継承していくことが求められる一方で、地域の人々に誇りと自信をもたらすとともに、農産物のブランド化や観光客誘致を通じた地域経済の活性化が期待されている。

南部・田辺地域における「梅システム」の存在は、当該地域の住民の生活を支えるとともに、特徴的な生物多様性を有する生態系と優れた景観を保全してきた。しかし近年では、低価格の中国産梅加工品の増加や消費低迷による販売価格の低下、食生活の多様化・簡素化に伴う青梅・梅干の家庭内需要の減退、さらには木炭需要の減少を契機とする薪炭林の管理技術の後退など、「梅システム」の持続性を取り巻く環境が大きく激変しつつある。

認定によって期待される効果として、①梅の販売促進（産地の歴史や物語性、梅のもつ健康機能性によるブランド力強化と販路拡大）、②観光振興（世界遺産「熊野古道」や温泉など固有の地域資源と組み合わせた着地型観光プログラムの開発）、③システム継承者の育成（「梅システム」の保全・活用に取り組むための地域住民や若者層に対する意識啓発と人材育成）、④国際貢献（海外へのノウハウ提供や技術支援、さらにはそれを通じた新たな梅消費需要の拡大）などがある。

〔参考文献〕

橋本卓爾・大西敏夫・辻和良・藤田武弘編著『地域産業複合体の形成と展開―ウメ産業をめぐる新たな動向―』農林統計協会、二〇〇五年を参照。
斎藤修『食料産業クラスターと地域ブランド』農文協、二〇〇七年

column

世界農業遺産

原　祐二

みなべ・田辺の梅システムは、二〇一五年一二月に、国連FAOから世界農業遺産に認定された。そもそも世界農業遺産とは、国連食糧農業機関（FAO）が二〇〇二年から開始した地域認定制度で、地域社会による持続可能な環境の利活用により進化してきた、世界的にも重要な生物多様性を含有した特徴的な土地利用システムとランドスケープを認定するものである。二〇一七年一〇月現在、日本では八地域が認定されている。著者も微力ながら有識者として、みなべ・田辺の梅システムの国連FAOへの英文申請や英語発表などに関わらせていただいた。申請プロセスの中で感じたことは、当該地域では梅生産が中核的な産業であるものの、尾根部の薪炭林、斜面の梅林と谷底平野の水田など多様な土地利用が水や人を介してつながっており、ニホンミツバチをはじめ多くの生物がその土地利用システムに順応して地域社会と共進化してきたということである。認定された梅システムとは、正にそうした土地利用システム・ランドスケープ全体であり、その意味で当地は地域全体が見所だといえよう。

まずは梅システム全体を見渡したいという方は、国連FAOへの申請書でも中核サイトとして位置づけた紀州石神田辺梅林を訪問されてはいかがだろうか。ここでは明瞭に、尾根部の薪炭林、斜面の梅林、そして集落や田畑という土地利用の配列を眺望できる（写真1）。もちろん梅の花が咲き乱れる観梅期（写真2）は最高のランドスケープを堪能できるが、その他の季節であっても、ニホンミツバチの巣箱や梅を干す農家の方々など、無限ともいえるシステム構成要素に日常的に出会うことができる。そして、訪れるのであれば、日帰りもいいが是非一泊いただき、夕暮れから夜のカエルや虫の声も堪能いただきたい。地元宿泊施設の「鶴の湯」では、正に尾根部の薪炭林で生産された薪を温泉ボイラーに活用しており（写真3）、温泉につかりながら梅システムを支える林業家の方々と歴史に想いをはせることになるだろう。

もし本格的に梅システムについて現地で学びたいという方は、和歌山大学南紀熊野サテライトが開講している開放科目「世界農業遺産」を受講されてはいかがだろうか。この授業では、地元協議会の全面的な支援のもと、システムを構成する梅林と薪炭林両方で、植生管理や生態系調査を実地で学ぶことができる。また、地元の方々との交流を通して、地域文化への理解も深まる。受講に向けた詳細はサテライトのホームページにも記載されているので、是非受講し、将来の農業遺産語り部を目指していただければ幸いである。

写真１　紀州石神田辺梅林眺望

写真２　梅の花が咲き乱れる観梅期

写真３　薪炭林で生産された薪を使用する温泉ボイラー

〔参考文献〕
原祐二・三瓶由紀「みなべ・田辺の梅システム―そのランドスケープの特徴と動態的保全に向けた取り組み」『ランドスケープ研究』八一―三、二八二～二八三頁、二〇一七年
和歌山大学　南紀熊野サテライト　学部開放授業　http://www.wakayama-u.ac.jp/nanki-kumano/class/undergraduate/

第3部

紀南

南紀白浜温泉の形成

神田孝治

はじめに

一九三二年六月、『白浜湯崎を語る会』という座談会が大阪毎日新聞社主催で開催された。ここで話題となった白浜湯崎とは、図1の名所案内の中ほどに記された「白浜」、そしてその南西に位置する「湯崎」という二つの温泉場の総称である。この温泉場は、和歌山県の南方、田辺の南に位置する半島部にあり、大阪から南下し続けた鉄道路線が「白浜口」駅〈図1右下〉に一九三三年一二月に到達すると、図1の中央下に記されているように、大阪から約三時間で接続されることになった。そのため、かかる鉄道到達を目前に控えたこの座談会は、白浜湯崎に近代都市大阪に住まう人々をいかに惹きつけるかが議論される

図 1　白濱湯崎温泉附近名所遊覽案内圖

場となっていた。

その席上で、大阪市在住の実業家である田中吉太郎は、大阪在住者にとっての白浜湯崎の魅力を次のように述べている。

> われわれ都会人は日夜経済上その他の問題で頭を悩まされている、都会人はまさに精神病にならうとしている、この都会人を健全にするものは、医者もあらう、薬もあらうが、まづこの温泉を最上のものと考へる…当地は実に都会人のお乳母さんであり都会人の後見人であり都会人の母としての使命を完全に有する温泉として賞賛するものであります。(1)

「都会人はまさに精神病にならうと

(1)『大阪毎日新聞和歌山版』一九三一年六月二一日。

している」とする田中は、精神を癒すために温泉を求め、都会人にとっての「お乳母さん」、「後見人」、「母」であると白浜湯崎を賞賛した。大阪人の田中にとっての白浜湯崎とは、急激な工業都市化で精神的に疲れを感じさせる大阪とは対照的な、精神に癒しを与えてくれる場所だったのである。これと同様の点が、一九三三年に出版された白浜湯崎の案内書でも指摘されている。

清浄な空気と太陽の紫外線から遮断され騒音と煤煙の下でビヂネスビヂネスと仕事の重壓の下で働いてゐる人々にとつては真に人生の楽園である。激しい現代の思想の渦巻の中に居る私達には少なからぬ驚異でありそれだけに白浜湯崎といふ処が都会の刺激に疲れ切つて居る人の心をどれだけ撫でさすつてくれるかが考へさせられるのである。(2)

「騒音」、「ビジネス」、「煤煙」の大阪と、「清浄な空気と太陽の紫外線」にあふれた「人生の楽園」白浜湯崎。このような対照的な場所イメージこそが、精神病める大阪人にとっての憧れの場所、白浜湯崎を成立させていたのである。

こうした同地の魅力について考えた場合、興味深いものとして温泉地名の変化がある。当時の新聞記事や観光パンフレットを見ると、先の座談会では「白浜湯崎」と総称されていた温泉地名が、鉄道到達以降は次第に「白浜」、さらには「南紀白浜」という総称で呼ばれるようになっていたことが確認される。そして逆に遡ってみると、大正中期から昭和一桁前半は「湯崎白浜」の名が散見され、明治期には白浜の名はなく「湯崎」温泉という

(2) 原静村『日本一の温泉郷 白浜湯崎の美を語る』南海新聞社、一九三三年。

記述しか見当たらない。つまり同地は、近代リゾートとして発展するにつれて、「湯崎」から「白浜」、さらには「南紀白浜」へとその呼び名が変容していったのである。

　そこで本章では、こうした温泉地名の変化に注目しつつ、南紀白浜温泉の形成過程について考察することにしたい。

1　湯崎温泉から白浜温泉へ

湯崎の温泉地としての歴史は非常に古く、すでに日本書紀の有間皇子の条（六五七年）に「牟婁の温湯」として記載されている。喜田貞吉[3]の指摘に従えば、具体的には湯崎側の海中に突き出た半島にある温泉「崎の湯」（図1左下）がこの「牟婁の温湯」ということになる。万葉集や続日本書紀に「紀の温湯」や「武漏温泉」などの別称でも登場し、斉明、天智、持統、文武の四帝が行幸したとされるこの温泉は[4]、有馬や道後と共に日本三古湯にも数えられている。

　江戸期には、「牟婁の温湯」が湧出していた地域には鉛山《かなやま》村が、白良浜（図1中央左、図2）近辺には瀬戸村が形成されていた。この両村は海防の要地であるという理由で、紀州藩に属する周参見《すさみ》代官所の支配下におかれて

図2　白良浜

（3）喜田貞吉「史的三名湯」『旅と伝説』七、一九三二年。
（4）雑賀貞次郎編『白浜・湯崎温泉叢書　歴史文献篇』南紀の温泉社、一九三三年。

いた。そのため歴代の紀州藩主が秘密裏の海軍演習のために通算二〇回以上も訪れて入湯し、[5]紀州藩の侍女や文人なども多数足を運んでいた。[6]しかしながら、日本三古湯に数えられた時代と比べればその地位は大きく低下しており、一六二七年の『諸国温泉効能鑑』では全国第三二番目と低位にランクされ、「紀州田辺の湯」、「湯崎温泉」、「鉛山温泉」などと温泉名も統一されていなかった。田辺近郊の人々が農閑期に一～二週間湯治する地元の温泉場というのが実状であったと考えられる。[7]

明治時代中期になると、共同汽船が一八八七年に大阪―熱田間、大阪商船が一八九九年に大阪―田辺間に就航したため、京阪神の都市から観光客が訪れはじめるようになった。この頃になると湯崎温泉の名称が定着し、大阪をはじめとする都市住民向けに旅行案内書も書かれている。例えば、一九〇八年に刊行された湯崎温泉の旅行案内書では、[8]同地の温泉は優れたアルカリ泉で治療効果が高いこと、湯崎七湯[9]と「平民的家庭的」な一七軒の旅館があり、「素朴な村民」の住まう田舎の温泉場であることなどが記されている。

ただし、温泉地としての発展は、鉛山村のみであり、瀬戸村は地形の関係から温泉が自然湧出しなかったため、半漁半農の寒村であった。こうしたなかで瀬戸村は、一七七一年と一八八二年の二度にわたり温泉権をめぐって鉛山村と争ったが、結果的にその権利を手中におさめることはできなかった。そして、かかる争いから生じた対立感情は、一八八九年に瀬戸鉛山村になってからも続くことになる。このような地域の状況において、御坊市の実業家である小竹岩楠《しの》が、瀬戸地区の大地主であった芝田与七より温泉掘削権を譲渡され、同地で温泉開発をはじめることになったのである。

小竹は、一九一九年五月に資本金五〇万円で白良浜土地建物株式会社（以下、白浜土地と

（5）雑賀貞次郎『白浜温泉史』白浜町役場観光課、一九六一年。
（6）白浜町史編さん委員会『白浜町史　本編上巻』白浜町、一九八六年。
（7）前掲（5）参照。
（8）毛利清雅『湯崎温泉案内』牟婁新報社、一九〇八年。
（9）「崎の湯」を含めた、「元の湯」、「館の湯」、「疝気湯」、「浜の湯」、「マブの湯」、「阿波湯」という湯崎にある七つの外湯の総称である。

略す）を設立し、旧瀬戸村の土地約八万坪を買収して温泉別荘地開発を開始した。この白浜土地の開発は、その設立が和歌山市での紀勢鉄道西線着工の年であること、そして大阪商船と同時に南海・阪和両電鉄が資本参加して宣伝のバックアップをしたことから、鉄道の南下を見込み、大阪を中心とした都市からの観光客誘致を当初から企図して始められたと考えられる。実際にその事業内容も、社名を白良浜土地建物（一九一九年）→白浜温泉自動車（一九二三年）→白浜温泉土地建物（一九三一年）→白浜温泉土地（一九三二年）へと変更しているように、建物経営→温泉・自動車経営→温泉・土地・（建物）経営へと、鉄道の敷設状況に対応させつつ総合的に展開している。[10]また温泉場の売り出し名となった「白浜」も、一九二一年に白浜土地の依頼で杉村楚人冠らが考案した「白良」の名が普及する前に、同じ頃に南海電車が慣用化した「白良浜」の略称「白浜」が浸透したこと、そして白浜土地が追認する形でその名を一九二三年から社名に掲げたことで定着している。[11]すなわち「白浜」という名は、鉄道会社とそれに歩調を合わせた土地会社によって、大阪を中心とした都市住民の感性を考慮に入れつつ生み出された近代期の産物だったのである。

白浜土地の事業の基本となる土地開発計画については、国立公園計画にも深く関わった本多静六によって一九二一年一二月に作成されている。[12]この計画の作成にあたり本多が注目したのは白良浜であり、彼は「東洋第一の海水浴場」と賞賛する遼東半島膠洲湾青島の海水浴場との地形的類似から、同地の海水浴場としての可能性を指摘している。ここで彼は、図3に見られるようなドイツ人が創出した青島海水浴場の近代的諸設備を参考に、白良浜に脱衣場や水被り場を、そして海岸の洋式ホテルや音楽堂といった近代的周辺施設を提起している。さらにいくつかの欧米のリゾートを参考に、室内遊泳場を備えた公共大温

(10) 湯川宗城『明光バス三十年史』明光バス株式会社、一九五八年。

(11) 当初の土地会社の案では「新湯崎」温泉の名前も出ていたが、瀬戸地区住民の感情を考慮して却下されている。

(12) 本多静六「紀州白良温泉場白良浜土地建物株式会社経営地設計図説明書」雑賀貞次郎編『白浜・湯崎温泉叢書　科学文献篇』南紀の温泉社、一九三二年。

図3　青島海水浴場

浴場、洋式建築群、天然植物園、水族館、教育動物園などの諸施設を提言している。このような本多の計画は、「都人士招致」を念頭に置いて発表されてはいたが、同時に「娯楽慰安の内に国民趣味の向上と一国文化、衛生、保健の進歩発達を助長せしむるの方針」でなされたものであり、ドイツが創り出した海浜リゾート青島を参考にしながら、国民教化の側面も視野に入れた近代的リゾート開発計画であったといえる。

白浜土地は本多の土地開発計画における道路網をほぼ踏襲しつつ、別荘地中心のまさにリゾート開発を行った。具体的にその事業を概観すると、一九二三年までは、温泉掘削事業と幹線道路の工事を順次行う傍ら、「白浜館」という大阪あめりか屋建築の和洋折衷の豪奢な近代旅館や、三棟の貸別荘、そして芸妓置屋を創設していたことが確認できる。白良浜については、一九二三年に地元に賠償金を払うことで白砂採取を禁止して保護したが、海水浴場とするよりも、まずは温泉源と位置づけており、一九二一年に人工掘削によって白良浜沖に掘り当てられた銀砂湯は、白浜館に温泉を供給すると同時に、湯崎とは異なる新しい温泉場の象徴となった（図4左）。こうしたなかで、伝統ある湯崎の隣にある新興温泉地として同地は知られるようになり、総称としてしばしば「湯崎白浜」が用いられるようになったのである。

この白浜と湯崎の関係が逆転する契機となったのが、一九二九年六月一日の天皇行幸で

図 4　銀砂湯とサンドスキー

あった。小竹の政治力によって実現したとされる天皇行幸の主要な目的地は、図1の左上にある一九二二年創設の京都帝国大学臨海研究所[13]だった。こうしたなかで、実際に天皇が通った道も、白浜土地の経営地内ばかりで、湯崎温泉は外されていた。そのため、この天皇行幸の新聞報道によって京阪神の都市住民に「白浜」の名が知られるようになった。また白浜土地は、天皇行幸を契機として、大衆向けの娯楽施設創設を活発化させていった。特に白良浜は、一九二九年夏に海水浴場が[14]、一九三一年に北側にベビーゴルフ場が、一九三二年に南側に日本で二番目のサンドスキー場（図4右）が創設されるなど、まさに同地における娯楽の中心地となっていった。加えて、洋風のモダンなイメージを強調し、カフェーや浴場を供えた大衆向け娯楽場「白浜ホール」も一九三三年に建設されている。こうしたなかで、白浜温泉と湯崎温泉をあわせて「白浜湯崎」と呼ぶようになっていったのである。

さらに、一九三三年の駅名決定の際には、「白浜口」とするのか「湯崎口」とするのかで村を挙げて大論争になったが、白浜土地の小竹岩楠と湯崎出身の村長の政治力の差で「白浜口」に決着がついたとされる。それから次第に「白浜湯崎」から「白浜」と同地は呼ばれるようになり、皇紀二六〇〇年を記念した一九四〇年の町政施行時には、先の湯崎出身の村長の手で「町名は駅名の時にすでにきまつたようなものだ[15]」として白浜町に決定され、

（13）　白浜土地を招き入れた芝田与七の発案で瀬戸部会が中心となり誘致を成功させており、全国二番目となる大学付属水族館を有していた。

（14）　翌年には本多の海水浴施設の提起にあるように脱衣場や温泉シャワーを設置し、その後も飛び込み台、パラソル、滑り台などといった設備を整えていった。

（15）　『紀州政経新聞』一九五七年八月一三日。

湯崎の名は表舞台から姿を消すことになったのである。

2 白浜のイメージと南紀白浜温泉の誕生

「白浜」という温泉地名は、先述のように近代的な温泉開発の過程にともない生じたものであるが、それが受け入れられ、流通した背景の一つに、その語が喚起するイメージがあったと考えられる。特に注目されるのが「白さ」のイメージであり、例えば、洋画家の鍋井克之は、「近代女性」を例に挙げながら白さに憧れる近代的感性の生成について論じ、「白良浜」や「コンクリートの御幸道路」などの存在を指摘するなかで、「白濱もこの白の魅力のおかげで流行の仲間入りをする資格を得た」と論じている。[16] こうした白さのイメージは、一九三四年に北原白秋が「白良の、ましらの濱、まこと白きかも。…」と詠んだように、「白浜」の名の由来となった万葉集の時代からその白さが讃えられていた白良浜を中心として当時しばしば強調されていた。例えば、一九三三年に大阪毎日新聞に連載された牧逸馬《まきいつま》著の恋愛小説「新しき天」では、次のような描写がなされている。

万葉にうたはれた白良濱だ。ふたりは、庭づたひに、海岸へ出てみた。『まあ！　何てきれいな砂！　まつ白なー。』と南海子は、よろこびの声をあげて、一握りの砂を手にすくつた。『とても細いのね。おしろひのようですわ。』ほんとに、驚異的に白い砂だ。それがしつとり湿りをふくんで、遠く、白布をひろげたようにつづいてゐる。

（16）鍋井克之「明朗白濱」『海』四六、一九三五年。

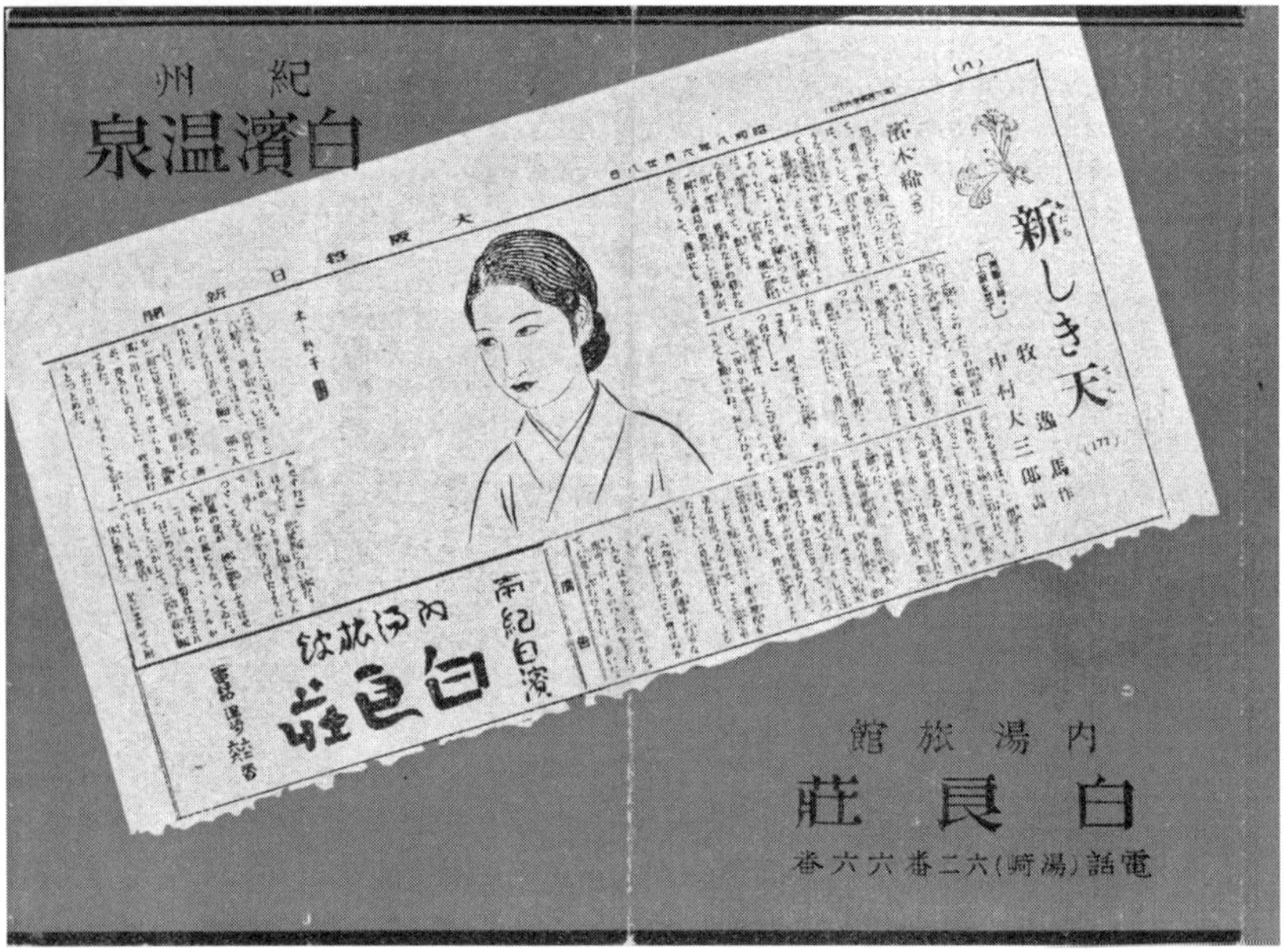

図 5　旅館案内掲載の「新しき天」の記事

図 6　千畳敷の女性イメージ
（女性裸婦像の彫刻）

…二人は、今までのトラブルから、はじめて完全に切りはなされたような気がして、二匹の若い駒のように、快活だ。[17]

白良浜の白さを強調したこの小説の反響は大きく、その記事は旅館のパンフレット（図5）にも掲載されている。また北尾鐐之助は、一九三三年に発表した紀行文のなかで、「いままでは、岩や波の景色よりも、宿の浴衣に、細帯で草履を穿いた若い女の、白い裸足や、美しい腰の線を、観察することに興味がもてるやうなところになつてゐる[18]」と白浜の千畳敷（図6）について語り、都市から訪れる若い女性の多さと同時に、今度は白浜の近代女性の肌の白さを消費する男性のまなざしについて語っている。白良浜の白さとそれに憧れる近代女性の白さ、といった白浜におけるいくつかの白さが、白浜の人気を生み出す一因であったことがわかる。

この白さの魅力の背景として、「新しき天」において、主人公達が白良浜で「今までのトラブルから、はじめて完全に切りはなされたような気」になり、その後「遠く逃げて来てゐる気持」になって白浜で数日を過ごしたように、白さが日常の都市と対照的な非日常のイメージを喚起していたことが挙げられよう。当時、東洋のマンチェスターと呼ばれていた大阪と対比されるこの白浜のイメージは、「名物の銀砂が年一年白さを失つて来た、夥しい来遊客が靴やフェルト草履の裏に都會の俗塵をくつつけて来ては白浜へ置いてゆくようです[19]」と表現されたように、都市の汚濁を浄化するものとしても捉えられていた。さらに、田中吉太郎が白浜を都会人にとっての「母」といったように、白浜の白さと近代女性のイメージの結びつきも、労働の都市大阪の男性的イメージに対する魅力的な女性のイ

(17)『大阪毎日新聞』一九三三年六月二八日。

(18) 北尾鐐之助『近畿景観　第四編紀伊伊賀』創元社、一九三三年。

(19)『大阪毎日新聞和歌山版』一九三三年一二月一七日。

メージを生み出していたと考えられる。このように白浜は、その白さのイメージによって、近代都市大阪と対照的な憧れの空間となったのである。

また鍋井が指摘した「コンクリートの御幸道路」に代表される白浜の近代的空間の明るさも、「日本に温泉も多いが之れ位明朗颯爽たる温泉場は二つとはあるまい[20]」などと賞讃されていたが、これは西洋的なイメージとも親和的なものになっていた。実際に、白浜土地による近代的な開発は、海水浴場、ゴルフ場、テニスコートといった洋風のスポーツ施設創設や、「仏蘭西料理」や「欧米カフェー情緒横溢[21]」したテラスなどの洋風のイメージを強調する白浜ホールの建設といった、西洋的な空間を創出するものとなっていた。こうしたなかで、一九三五年の新聞記事では「牧逸馬が新しき天で主人公の信也と南海子を千畳敷の岸壁に立たせて『南海さんあの海の彼方がアメリカですよ』などといはせたばかりにその直後から情死者が激増」したこと、すなわちアメリカと天国での自由への憧れが重なり合う中で「京阪神の青春の男女」が「『新しい天』をこの地に求め、たまきはる命を捨てにくる者の跡を絶たない」状況になっていたことを伝えている[22]。近代的な空間である白浜は、西洋との境界的な空間になっていたのである。

しかしながら、「都会をまねて及ばざる如き植民式のものを作って何を売りものにしようというのか[23]」と、近代的開発は都市との差異を減衰させるものとして批判される対象にもなっていた。地理学者の小川琢治も「海岸を埋立てたり海岸にコンクリート作りの殺風景なドライヴウエイをつくる如きは観光地としては萬止むを得ざる限りは慎んで貰ひたい。白濱地方の特色は海岸の風光だ、この地方の特色を破壊して何を観せやうと云ふのだ[24]。」と、近代的開発による自然破壊を批判していた。また、一九三三年二月に白浜土

(20)『行楽週報』一九三六年一月五日。

(21) 一九三五年発行と推定される、白浜温泉土地株式会社発行のパンフレット「温泉と食堂　白浜温泉土地株式会社直営白浜ホール」における記述。

(22)『大阪毎日新聞和歌山版』一九三五年八月八日。

(23) 湯川宗城『明光バス三十年史』明光バス株式会社、一九五八年。

(24)『熊野太陽』一九三三年七月一日。

図７　白浜の建築

図８　浜木綿

地の依頼で白浜における建築方針を調査・発表した京都帝国大学工学博士の武田五一らは、「四角な箱をならべたやうな洋風建築、殊に博覧会のバラックのやうな感じのする軒のないあのカフエーや商店の建物は著しく白浜の自然と不調和なもので、心ある人に誠にいやな感じを與へる」とし、「概して白浜にはやはり日本風の建築がふさわしい[25]」との意見を述べていた。実際に、当時のいくつかの写真や絵はがきを見ると、白浜一帯の建築物の多くは和風の伝統的建築物であったことが確認できる（図７）。

　こうしたなかで、都市との対象性をつくりだし、他の観光地と差別化するために、特に鉄道到達以降に強調されたのが南国のイメージであった。例えば一九三三年の旅行案内書においては、「近代人のさんざい哲学というものは売るべからざる肉の切売りを熱望するお客さんが多い位はわきまえてゐる」情熱的で奔放な芸者や、「グロとエロの一大展覧会場化してゐる天下の一奇観」と表現される開放的な露天風

（25）『熊野太陽』一九三三年二月二二日。

呂の原始的かつ南国的情景が描写され[26]、実際にある新地の宣伝では「情艶いと濃やかな南国美人のサービスで都会の粋客を充分満喫[27]」させることが強調されていた[28]。さらに、白浜に群生する白い浜木綿（図8）が「南国乙女の純情さをシムボライズ」するとされたように[29]、白さを南国イメージと結びつけるなかで、純真な女性のイメージも創出されていたのである。また「紀伊半島の南端には直に暖流黒潮が迫るから、冬でも暖く、南国的情調が漂ひ、降水量も多く、頗る健康地である[30]」という宣伝にあるように、南国イメージは都市の悪環境から逃れた健康地神話の創出にも一役かっていた。特に鉄道会社は、南海・阪和両電鉄が「南紀楽園」、大阪鉄道局が「南国の匂ひ溢れた明朗な南紀の海浜の温泉境[31]」などと、南国イメージやその明るさを盛んに宣伝し、時に忌避される近代的な白さとは異なる魅力的なイメージを創り出していった。なかでも海水浴場にビーチハウスを創設（一九三四年[32]）した大阪鉄道局は、「ま夏の都会生活が、一つの重荷となつてくる七月、紺碧の水平線の見へる風景は何より、民衆的な爽涼地帯であり、夏の保健地[33]」であるとし、南国のイメージと白良浜を結びつけることで、夏のビーチリゾートとして白浜を売り出していった。

そしてこのような南国イメージを強調すべく、鉄道到達前後からは、榕樹《ようじゅ》や檳榔樹《びんろうじゅ》の植樹といった南国景観化が計画・事業化されていたことが確認できる。またこうした南国景観化を推進する事業は、一九三八年に大浦熱帯動植物園を設立するなど、一九三二年に設立された大阪資本の白浜温泉土地倶楽部が大きな役割を果たすなかで推進されていった。以上のような南国イメージの流布と南国景観化事業をうけ、一九三五年前後から同地は次第に「南紀白浜」と呼ばれるようになり、南国の明るいイメージによって、都市とは対照

（26）前掲（2）参照。
（27）並木茂『旅は紀州路』旅は紀州路社、一九三五年。
（28）実際に当時の白浜には、一九三五年の段階で、芸妓検番が三ヶ所、カフェーが一八ヶ所あり、芸妓八九人、酌婦一二人、女給一一二人、仲居二四八人が働いていた。
（29）前掲（2）参照。
（30）白浜湯崎観光協会編『熊野観光と白浜湯崎』白浜湯崎観光協会、一九四一年。
（31）大阪鉄道局運輸課旅客掛『風景と温泉の南紀めぐり』大阪鉄道局、一九三五年。
（32）白良浜の下水設備が不備であったため臨海研究所裏の海水浴場に設置されたこの施設は、戦後は白良浜に移転されている。
（33）大阪鉄道局『観光ニュース』一九三五年七月号。

的な憧れの空間として発展していったのである。

〔参考文献〕

神田孝治『観光空間の生産と地理的想像力』ナカニシヤ出版、二〇一二年

column

白浜温泉の地域活性化へ向けた取組み
―番所山フィールドミュージアム―

谷脇幹雄

和歌山県を代表する観光地である「白浜温泉」の臨海地区は、円月島《えんげつとう》をはじめ、京都大学水族館、グラスボート、スキューバダイビング等多くの観光資源を有し、かつては、新婚旅行、団体旅行のメッカとして栄えた地区である。

その西北端に突き出した小さな半島が、「番所崎《ばんしょざき》」であり、その名前は、一六四三（寛永二〇）年紀州藩が、この地に遠見番所《とおみばんしょ》を置き藩の与力が交代で見張りにあたったことに由来する。

また、一六五〇（慶安三）年番所崎の付け根の部分に初代藩主頼宣《よりのぶ》公の指示で藩主の別邸が建築され、のちに「暴れん坊将軍」と呼ばれる八代将軍吉宗（当時頼方）も幾度となく来遊されている。江戸へ行ってからも、思い出す紀州の海はこの地であっただろう。

番所山は、かつては島であったが潮流の働きで砂が堆積し陸続きになり、陸繋島（トンボロ）という地形になった。すぐ南に隣接する円月島（高嶋）は、東西三五m、南北一三〇m、高さ二五mの小さな島で国の天然記念物、南紀熊野ジオパークのジオサイトでもある。

かつて地域住民が弁当を持って出かけた「のんき」と言われる行楽の場であった番所山に、一九三三（昭和八）年に植物園が開設され、亜熱帯植物温室や動物園を増設し白浜観光の中心地となっていた。

動植物園が閉鎖され、一時寂れていたこの地を、海と山が一体となった自然学習の場として見直し、自然観察路や駐車場、トイレを整備し、素晴らしい景観を活かす計画が地域から提案され、県の自然公園施設整備の補助金を得て白浜町が整備をおこなった。また、南方熊楠《みなかたくまぐす》の最も有名な著作である「十二支考」にちなみチェーンソーアート世界チャンピオンの城所ケイジ氏の作品が野外展示されている。

番所山の標高三一・七mの地点には三角点があり、海と山とが一体となった生き物の観察にとても適した場所である。南方系の珍しい植物や大型のシダ植物や樹木が繁茂し、まるで鬱蒼としたジャングルを歩いているような気分になる。

樹木の葉の上では昆虫やカタツムリが休んでいることがあり、落ち葉が積もった場所には南方熊楠が研究した生き物、キノコや粘菌（変形菌）が活動している。ムラサキオカヤドカリやベンケイガニに出会うこともよくある。海岸に降りると潮だまり（タイドプール）で多くの生き物が観察できるとともに、自然のものからごみなどの人工物までさまざまな漂着物を探しながら歩く「ビーチコーミング」でとっておきの宝物が発見できるかもしれない。

写真 1　番所崎の航空写真

写真 2　南方熊楠記念館（新館外観）

写真 3　南方熊楠記念館（館内）

山頂部には、和歌山県が生んだ世界的博物学者であり民俗学者であり、今や世界的なキーワードになっている「エコロジー」の考え方を一〇〇年以上前に提唱するとともに、自然保護活動の先駆けと言われる「神社合祀反対運動」を展開した「南方熊楠」を紹介する「南方熊楠記念館」があり、屋上からの紀伊水道、熊野の山々の展望はなにびとにも感動を与える（新館は二〇一七（平成二九）年三月オープン）。

また、昭和天皇の御製「雨にけふる神島を見て紀伊の国の生みし南方熊楠を思ふ」の歌碑も見逃せない。麓にある「京都大学白浜水族館」も含め、まさに半日ゆっくり学び・楽しめる「番所山フィールドミュージアム」であろう。

明治紀南の神社合祀反対運動
——南方熊楠の「自然保護」——

田村義也

はじめに——自然保護の先駆者？

南方熊楠は、日本における自然保護運動の先駆といわれることがある。

たしかに彼は、一九一一年前後に、「神社合祀反対運動」といわれる社会運動に精力的にとりくみ、その過程でいくつかの意見書（もっとも知られているのは、柳田国男によって小冊子に印刷配布された「南方二書」）を記した。また、田辺湾にうかぶ神島《かしま》の伐採反対と神社林保全の運動は、二〇年近くのちの一九三五年に至って、国指定天然記念物指定というかたちで結実している。

ただし正確にいえば、彼が取り組んだのは、明治政府による「神社合祀」政策への反対活動である。それは、明治末の一九〇九年から一九一二年にかけてをピークとする、彼の社会参加であった。その過程で、今日彼の主著のひとつと目される「南方二書」のような意見書が記され、そこで彼は、自然の生態系を保全し、希少生物の消滅を防ぐことを提唱した。

本稿では、彼が精力的に「神社合祀反対運動」に乗り出していった動機をなした、生物学者としての彼の活動と体験をご紹介したい。

1　南方熊楠の前半生

南方熊楠の「自然保護」論と活動を見る前提として、はじめに南方熊楠という人について概括的な紹介をしておきたい。

南方熊楠（一八六七〜一九四一）は、明治・大正・昭和戦前期を生きた学者で、和歌山城下に生まれ育ち、二〇歳から三三歳までの自己形成期を米英で過ごした。帰国後の後半生は紀南の勝浦町、那智村、そして田辺町で暮らし、県外へは殆ど出ずに過ごした人物である。そして彼は、研究資料の収集をし、英語と日本語で著作をする日々を晩年まで送ったという意味ではまぎれもなく「学者」なのだが、しかしどういった学者であったのか、そして学界に対してどのような貢献をしたのかについて、いまだに明瞭な人物像が描かれていない、ふしぎな人物である。

新設の小学校（雄《お》小学校、鍾秀学校）で初等教育を受けたあと、やはり創立されたばかり

写真１　南方熊楠が撮影させた、神島の鳥瞰写真（南方熊楠顕彰館提供）

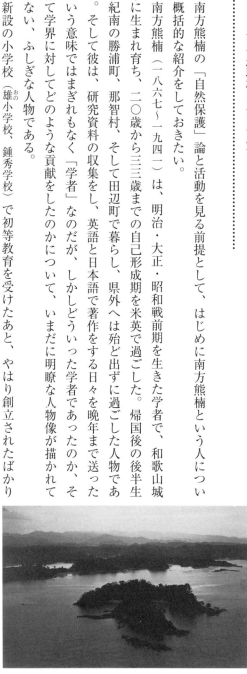

写真２　神社合祀反対運動のために撮らせた、いわゆる「林中裸像」（1910年、南方熊楠顕彰館提供）

の和歌山中学に学び、卒業後上京。東京大学予備門に入学し、全国から集まった同年生まれの秀才たちと交友（夏目漱石や正岡子規を含め）するも、二年で退学し、帰郷後の一八八六年暮れに一九歳でアメリカへ私費留学（サンフランシスコに到着したのは翌一八八七年一月）、その後五年間アメリカ国内を転々とした後、ロンドンへ移って八年間滞在、二〇代のすべてと三〇代のはじめを米英で過ごして一九〇〇年に帰国、というのが、彼の前半生である。

南方熊楠は、イギリスに渡って二年めの一八九三年に、科学雑誌『ネイチャー』に研究ノート「東洋の星座」を投稿して、英語圏での学界誌デビューを果たした。その後一九〇〇年にロンドンを発って帰国するまでに、四〇編以上の研究ノートを『ネイチャー』誌と『ノーツ・アンド・クエリーズ』誌に掲載している。これは、充分尊敬にあたいする、顕著な実績といってよいだろう。

これら、南方熊楠の著述家人生における最初期の公刊著作は、ひとことで言えば「東西文明間の比較科学史」を主題とするものであった。第一投稿「東洋の星座」は、古代中国とインドの星座の体系を比較し紹介したものだったし、それに続くノートは、擬態や保護色といった進化論的に説明出来る生物の形態についての、古代中国の観察事例を紹介するものであって、いずれも和漢の古典から、近代科学史の文脈において興味ある事例をとりあげるという方法論のものである。その頃の英語での著述の意図について南方は、後年の自伝的回想のなかで「東洋にも（西洋一汎の思うところに反して、近古までは欧州に恥じざる科学が、今日より見れば幼稚未熟ながらも）ありたることを西人に知らしむることに勖《つと》めたり」と述べている。(1) 近代西洋科学が長足の進歩を遂げつつあることを認めつつ、振り返って近代より前の時代にあっては、東洋が西洋に劣ってはいなかった、という東洋人としての矜持が、二〇代での英語著作の根底にあったことを、この回想は伝えている。

こうして、二六歳の年以降順調に積み上げられた彼の学術的なキャリアは、しかしながら三三歳となった一九〇〇年までで中断を余儀なくされる。私費留学だった彼の滞在費用は、父の死没（アメリカからイギリスへの船中にあった一八九二年八月のことだった）ののちは、相続遺産によるしかなく、相当額をロンドンで受け取ったところで実家からの送金が途絶えたのである。自力でロンドン滞在を続ける途を切り拓くことが、結局出来なかった彼は、帰国しても家族に理解者はなく、都落ちのように和歌山から紀南の勝浦へ移り、やがて一九〇一年からは那智大社への参詣道のほとりに居を定める。一九〇四年まで続いた、彼の那智時代である。

この那智時代に、南方は人文系の文献研究と、生物科学系の野外採集の双方において、好奇心を全面的に開花させることになった。

生物研究に関しては、ロンドンを去るに際して南方は、大英博物館（自然史）の藻類学者ジョージ・マレー（一八五八〜一九一二）から「日本の生物研究では、隠花植物の領域が比較的未開拓である」と示唆を受けていた。彼は那智山中において、その隠花植物（生殖器としての花をつけない植物を総称した旧称）または「無花植物」調査と自ら銘打って、菌（キ

写真 3　那智大社神域の三ノ滝
（筆者撮影）

ノコ）類、藻類、コケ類、シダ類、変形菌類、および高等植物に昆虫まで含む多彩な生物群を対象に、人間の影響の少ない原生林も残っていた那智大社背後の神域において、相当網羅的な生物採集を行うことになった。その総数は、那智山の下宿を引き払った一九〇四年一〇月の時点で、「菌一五三九、藻四七〇、地衣二九四、苔およそ八〇、蘚およそ一五〇、顕花植物及羊歯六八二種[2]」と推定されている。

写真４　アメリカ時代採集の高等植物標本（南方熊楠顕彰館提供）

南方熊楠が、野外の自然に深く分け入り、近代生物学の方法によって生物採集をしたのは、アメリカ時代の二〇代前半がはじめである。ヒューロン川のほとりにあるミシガン州アナーバーや、温暖なフロリダ州ジャクソンヴィルに住んだころには、活発に高等植物の採集を行っている。当時の採集標本は、今日も良好な状態で旧南方邸資料として残っており（南方熊楠顕彰館および南方熊楠記念館蔵）、彼が二〇代前半で生物研究の基礎技能を習得していたことを物語っている。しかし南方は、イギリス時代には生物採集をほとんど行っていない。容易に想像出来る理由のひとつは、ロンドンをほぼ動かなかった彼にとって、豊かとは言いがたいイギリスの生物相は、種数もすくなく、単調にすぎたということであろう。生物研究に向いた地ではないロンドンに定住した彼は、アメリカ時代とは打って変わって、図書館を居場所とし、複数の西欧諸言語および漢文の知識を駆使して、書物の森

（1）一九二五年一月三一日付け矢吹義夫宛て書簡、いわゆる「履歴書」、平凡社版『南方熊楠全集』（以下『全集』と略記）七巻一六頁。

（2）岩崎仁「那智での採集」『南方熊楠大事典』（二〇一二年）二六六頁。

のフィールドワーカーとなった。[3] その結実が、彼のロンドン時代の英文論考だったのである。

そうした経緯を経て熊野の地に至った南方は、それまでに取り組んできた人文系と自然系の学問分野すべての関心を、全面的に開花させることになった。

この那智時代に南方は、イギリスの雑誌へ英語での研究ノートの投稿に復帰し、また日本の学術誌への投稿をはじめ、さらには、生涯自分の代表著作と考えた英文論文「燕石考」（ついに公刊することが出来なかったが）をほぼ完成させた。[4] それと並行して、右に挙げたような野外での生物採集を着実に行っていたのである。

> もし伝説のごとく多く酒飲んで、しかして、日中は数百の昆虫を集め、数千の植物を顕微鏡標品に作り、また巨細に画し彩色し、英国にて常に科学の説を闘わし、また文学上の投書し、かつ不断読書し、また随筆し、乃至この状のごときものを草案もせずに書き流し得とすれば、これ大いに偉事に候わずや。

これは、ロンドンで知遇を得ていた高野山真言宗の高僧土宜《どぎ》法龍《ほうりゅう》（一八五四〜一九二三）との文通のなかで、この那智山中での生活について自ら語った熊楠のことばである。この書簡は、いわゆる「南方マンダラ」の第一マンダラ図によって、真言密教的な世界認識を論じた長文書簡でもある。[5]

それは必ずしも、事実を描写したものではないだろうが、学問諸領域を自由に横断し、また日本と英語圏の間を自在に往還する学者として、そして、斗酒なお辞さぬ、剛胆にし

（3）志村真幸「南方熊楠とロンドンの二つの「森」」『ビオシティ』七〇号、二〇一七年。

（4）『全集』別巻第一巻所収。

（5）土宜法龍宛て一九〇三年七月一八日付書簡、『全集』七巻三五四頁。

て天衣無縫の人間像を自らの理想像として思い描いたものだった。
南方が、一九〇四年秋で那智山を降り、紀南の中心都市田辺町へ移り住んだのは、生物採集において所期の目的を優に超える数の標本採集を達成し、論文執筆においても、帰国前後の中断を経て執筆生活へと復帰したという実感と手応えを、自ら充分に感じられるようになったからだったのだろう。

2 神社合祀反対運動

南方熊楠が、いわゆる神社合祀反対運動にのめり込んでいったのは、一九〇九年秋のことだった。しかしこれは、時の政府が進めていた神社合祀政策の経緯の中では、相当遅れてのことになる。

神社合祀政策は、国内行政を所管する内務省に、宗教局とならんで神社局が設置されていた時代において、神社の存在基盤を強化する目的で進められた行政政策の一環である。そしてその背景には、いくつかの異なる事情が存在した[6]。

ひとつは、神社神職会が当時推進していた、神官俸給の公費支給、つまり県からの月俸として安定化させる運動である。これの実現のためには、神官が常勤する神社の数を整理することが求められた。

他方では、一九〇四年からの日露戦争が日本政府に強いた大きな財政負担への対策として、行財政改革が必要となったという行政側の事情も存在した。江戸時代以来の近世村は、

（6）森岡清美『近代の集落神社と国家統制―明治末期の神社整理』（吉川弘文館、一九八七年）が、歴史学の立場からの基本文献である。

明治年間の合併で大きくなった町村において大字として存続していたが、行政単位の統廃合が進行するのにともない、地域の神社も旧来の大字単位より大きな単位で配置する（すなわち、神社も統廃合する）という方針が、内務省内に存在した。このことは、全国一円に実施される政策となったわけではなく、京都府のように事実上まったく神社合祀が行われなかった府県もあったが、中央の意を汲んで県庁が神社合祀を積極的に推進した地域も存在した（この時代は、各県庁が内務省の下部機関であり、県知事は内務省の幹部官僚だった）。そして、三重県と和歌山県は、全国的に見てもっとも激しく神社の統廃合が進められた地域だった(7)。両県でこの事態は、一九〇六年頃から顕著に進行していた。

　他方南方熊楠は、一九〇五年秋から、熊野で採集した変形菌を、ロンドンの大英博物館へ送ることを始めていた(8)。大英博物館の変形菌コレクションを管理していたのは、正規の館員ではないアマチュアの変形菌学者アーサー・リスター（一八三〇～一九〇八）と、助手であるその娘グリエルマ（一八六〇～一九四九）だった。彼らは南方から送られた日本産変形菌の標本を高く評価し、一九〇六年以降、それに基づく論文を多数発表していく（南方からの標本に基づいて記載報告がなされた変形菌の新種は、結果的に一〇種を超える）。

写真５　闘鶏神社社叢（南方熊楠顕彰館提供）

　一九〇四年秋までで那智山をおり、「口熊野《くちくまの》」田辺町に居住していた南方にとって、人間からの影響の比較的少ない、自然植生に近い生物相が維持されているような街中の緑地といえば、神社神域の神社林であった。古くから開け

（7）和歌山県の場合、一九〇一年には全県で三八一一社あったものが、「合併が一応の終息をみた大正二（一九一三）年には四四二社にまで減少」したという。伊藤信明「和歌山県神社合併史料――明治十二年調製神社明細帳より――」『和歌山県立公文書館紀要』創刊号、一九九五年、六三頁。

（8）英語によるその通信は、山本幸憲編『南方熊楠・リスター往復書簡』（一九九四年）にまとめられている。なお、この書簡集に収録された南方熊楠書簡の中に、彼の神社合祀反対に関する意見のもっとも早いものが含まれていることは、後出の橋爪博幸「南方熊楠と「糸田猿神祠」合祀事件」によって最初に指摘された。

写真6　アオウツボホコリ（南方熊楠顕彰館提供）

た、地域の中心都市だった田辺町において、神社林は「自然」がかろうじて残されている場所だったのである。

　実際、生物採集のための調査でも旅行というほどの遠出をあまりしていない南方にとって、徒歩圏内に散在する地域の寺社は、生物研究のフィールドとしてきわめて重要なものとなっていた。田辺町内の高山寺、そのほとりにある稲成村糸田の日吉神社（南方は猿神社と呼ぶ）、伊作田の稲荷神社、さらには地域の鎮守である闘鶏神社（南方の妻松枝は、この神社の宮司田村宗造の娘だった）などが、彼の重要な採集フィールドだった。

　彼が採集し、新種だと見当を付けた上でイギリスのリスターに送った変形菌標本のなかで、リスターによって記載論文化された第一号は、アオウツボホコリという標準和名が今日では付けられているアルキュリア・グラウカ *Arcyria glauca* Lister である。うつぼ（箙、矢筒）の形をした、青さびて美しい色の子実体を作るこの変形菌は、南方からリスターへの通信をはじめた次の年に南方が発見し、一九〇六年一二月二三日にリスターへ標本を送ったものである。リスターは、これを新種と判断し、アルキュリア・グラウカと命名した旨を一九〇七年三月一九日付け書簡で南方へ伝えたが(9)、記載論文を発表しないうちの(10)、翌一九〇八年七月に、七八歳で死没した。

　南方が、自身の発見新種第一号であるこのアオウツボホコリを発見した場所が、糸田の日吉神社だった。南方は、この神社の小神林を、グリエルマ・リスター宛ての書簡で「うっ

(9)　南方熊楠顕彰館資料「来簡〇一六〇」、前出『南方熊楠・リスター往復書簡』五二頁。

(10)　学界への新種の発表である記載報告は、リスター著の図鑑『変形菌モノグラフ *A Monograph of Mycetozoa*』の改訂第二版（一九一一年）において、グリエルマ・リスターによってなされた。南方はそれに先立って、日本で発表した自分の論文「本邦産粘菌類目録」（『植物学雑誌』二六〇号、一九〇八年、『全集』五巻所収）でこの種名を日本産種に含めて記しているが、これは記載報告を伴わない「裸名」である。

そうとした木立が、以前はこの社の神聖さをこのうえもなく高めていた」と称えている。(11)

ところがこの神社は、南方が新種の標本を送った後、これに新種名を付けた三月一九日付けアーサー・リスター書簡を受け取る（四月二八日付け日記に受信記録がある）直前の四月一日に、近隣の稲成村伊作田の稲荷神社へ合祀されることが決定していた。(12) 南方は、合祀廃社が決まったあともなんどかこの神社林を訪れ、七月四日にはもう一度この新種の採集に成功していた。そのことを伝えた一九〇七年一〇月の書簡で、南方はリスターへこう伝えている。

遺憾ながら今年になって本国の政府は、位の低い神社をどれもこれも立ち退かせ、近在のより高位の神社に付属する形でそれを置くことを強制する帝国勅令を施行しました。われわれの猿神は、この運命を避けることができず、今年の春、猿神は古い場所を明け渡し、隣接する伊作田という村にある、はるかに大きな稲荷（「狐神」）という神社に間近い新たな場所へ移動しました。あなたとともに私は、こうした動物の神々へ深く感謝しなければなりません。彼等の境内でわれわれは、それこそ多くの粘菌をいただいてきたのですから。この社は立ち退かされたため、猿神のかつての境内ではその古き景色が消滅の危機に直面しています。[…]遅かれ早かれすべての古木を[…]台なしにしてしまうでしょう。また、先に述べた朽木もそれを免れないでしょう［引用者注：トウグスからは樟脳を取れるため］。それゆえ今後、このウツボホコリをあの木からまた採集出来る望みはありません。(13)

(11) 一九〇九年二月一九日付グリエルマ・リスター宛て南方書簡、前出『南方熊楠・リスター往復書簡』二四頁、引用日本語訳は橋爪博幸「南方熊楠と「糸田猿神祠」合祀事件」京都大学『人間・環境学』六、一九九七年、九八～九頁（但し引用者が一部改変）。

(12) 伊藤信明「和歌山県神社合併史料　その2」『和歌山県立公文書館紀要』二号、一九九六年、七四～七五頁。

(13) 一九〇七年一〇月二二日付アーサー・リスター宛て南方書簡、前出『南方熊楠・リスター往復書簡』一一三頁。

この予想の通り、その後二年間でこの旧社叢は完全に損なわれてしまったことを、南方は一九〇九年二月の書簡でこう記さなければならなかった。

糸田猿神祠について、お伝えしなければならないことがあります。私は落胆のあまりすっかり言葉を失いました。以前はこの社の神聖さをこのうえもなく高めていた木立が一本残らず消え失せていたのを、旅行の帰途眼にしました。樹齢何百年というあのトウグスを保存することも、まったく考慮されませんでした。景観は完全なまでに破壊されていました。こうした破壊行為はこの国では近年日常的に行われ、やがては日本人の美的感覚だけでなく愛国心をひどく荒廃させることになるでしょう。ラスキンやカーライルらとともに私は、近代の発展は本当に利益になるものかどうか疑わし

写真７　南方熊楠が撮影させた、高山寺と糸田の日吉神社社叢の遠景写真（南方熊楠顕彰館提供）

写真８　稲荷神社（田辺市伊作田、筆者撮影）

く思っています[14]。

南方熊楠が神社合祀反対の言論活動をはじめたのは、この年九月二七日、地元紙『牟婁新報』に発表した「博覧強記一世に傑出せる南方熊楠君は本社を通じて何事を諸君に語らんとするか」をもって嚆矢とする。そしてこの後、地元紙や東京・大阪の全国紙、また総合雑誌での公刊論説と、各界の有力者への直接間接の働きかけを、彼は三年ほどの間精力的に続けることになる。「政治的人間」ではなかった南方熊楠が、政府の政策としての神社合祀が充分進展してしまったあとになって、この問題に気付き、出遅れての反対運動に乗り出すまでには、このような背景があったのである。

おわりに——神社合祀反対と自然保護

南方熊楠は、変形菌研究において密接な関係をもったイギリスのリスター父娘に対しては、率直で情緒的に、神社林から受けた学問的恩恵を語り、未知の生物種との出会いを与えてくれた神社の神々（それも、稲荷すなわち狐の神や、日吉すなわち猿の神といった「動物の神々」）への謝意を語り、そして進行する人間社会の近代化および合理化が、それらの神々の森を損ないつつあることの歎きを語った。そのことばは、日本語の公刊論説にはまったく見られないような、直接的で感情的なものであり、そして宗教哲学的な背景を持つものであった。

(14) 一九〇九年二月一九日付けグリエルマ・リスター宛て南方熊楠書簡、前出『南方熊楠・リスター往復書簡』二四頁、引用訳文は橋爪前掲論文九八〜九頁（但し引用者が一部改変）。

南方熊楠による、明治政府の神社合祀政策に対する反対運動は、彼の生物研究のフィールドが損なわれたという具体的な被害の体験を根底においている。そして、彼の運動は帰国後の四年間に密度高く採集活動をした勝浦・那智の原生林だけではなく、田辺町近隣の神社の社叢が、地域の宗教生活と結びついたものとして保全されることを企図するものであった。

それらのすべては、神社林こそが彼のフィールドだったという、生物学者としての彼自身の体験に根ざしている。そして南方熊楠の「神社合祀反対」運動は、研究対象としての自然への配慮にとどまらず、地域社会の中での神社の役割や、神社信仰の宗教性、さらには近代化の負の側面といった多面的な要素を併せ持つ、複合的な思索の実践だったのである。

［後記］

この主題については、下記の拙論二編もご参照いただければ幸いである。

「南方熊楠の足跡と神社林保護」『季刊環境研究』一五八号、一三―二二頁、日立環境財団、二〇一〇年八月

「動物の神々への感謝――神社合祀反対運動の思想的背景」『季刊　民族学』一三九号、三〇―三三頁、千里文化財団、二〇一二年三月

column

近露・野中地域のIターン

加藤久美

熊野古道中辺路のちょうど中間点、近露《ちかつゆ》は二㎞程先の野中と合わせて人口六四〇人程の小さな集落だ。かつては宿場町として栄え、古道沿いには多くの旅籠があったという。近露・野中（近野）地区には、中辺路の象徴的存在でもある牛馬童子像、近露王子、野中の一方杉、野中の清水、とがの木茶屋、継桜王子と、見どころが集中している。車でアクセスができるので、この区間だけ訪れる人も多い。近露の集落から牛馬童子像までは二〇分程で歩いて行ける。牛馬童子像は、花山法皇が熊野行幸の際に休憩したとされる箸折峠にあり、食事をとるために折り取ったカヤの木の赤い部分に露がしたったのが血のように見えたのを見て「それは血か露か」と尋ねたのが「ちかつゆ」という聞き慣れない地名の由来とされる。箸折峠から少し下ると日置川が穏やかに流れるひっそりとした近露の集落が一望できる。

写真1　地域を流れる日置川

この穏やかな「平安の郷」には実は新しいエネルギーが流れている。その原動力となっているのが、よりよい自然環境、家族との時間、地域コミュニティーのつながり、などを求めて移住を決めた人たち、またそれを受け入れ、共に新しい地域づくりをすすめる地域住民たちだ。

近露・野中には、ここ五年ほどで家族連れを含む二三人が移住して来た。そのほとんどが三〇～四〇代で、その職業は多様だが、カフェやレストラン経営、インストラクター、翻訳、グラフィックデザインなど、場所を選ばずできるものが多い。いわゆるIターンを希望する人たちは、県や市のホームページの情報を手がかりに問合せをする。移住の補助金として、四〇代以下の移住者への支援金、空き家改修費、起業サポートなど様々な補助金を利用することもできる。近露に二〇一二年、東京から移住してきたTさんはグラフィックデザイン会社の経営者だ。幼い子供三人との家族で移住して来たのは、二〇一一年の東日本大震災がきっかけだったが、野中小学校の、全面芝生、木造の小学校を見て、「ここで子供を育てたい」と決心したという。以来、近露では地域の幼稚園も復活した。地域の若者グループも活性化し、毎月地域を考える会が開かれるようになり、地域の秋祭り「近野まるかじり体験」の企画なども話し合われている。その会場となる地域の「交流施設」が、近露出身の画家野長瀬晩花《のながせばんか》（一八八九―一九六四）の生家で、宿場町の時代は「かめや」という屋号の旅籠だった。長年雨戸が閉められ空き家だった古民家は地域の力で蘇り、二〇一三年には和歌山県景観資源第一号に登録されている。今は洋食レストラン「小鳥の樹」が地域の食を提供し、また、環境にいい食材、洗剤、石鹸なども販売している。この「環境にいい」ネットワークは近隣にも広がり、二〇分ほど田辺よりの温川《ぬるみがわ》にも、清流の水とお釜で炊いたご飯が食べられる「パラダイスカフェ」を拠点に、地域独特のなた豆作りや小水力発電構想などを中心に地域づくりが進んでいる。

写真２　まるかじり体験の生け花

　移住の難しさの一つは、住居を探すことだ。空き家になり、家主はお盆にだけ訪れる場合でも、先祖代々の家や土地を手放すこと、または他人に貸すことをためらう人が多い。時間をかけて交渉し、長期的な賃貸契約をする場合もある。近露・野中でも同様だが、ここには新しいこと・人を受け入れる基盤がある。二〇〇七年にはＷＡＣＣＳ（和歌山芸術文化支援協会）が行ったアーティスト・イン・レジデンス「森のちから／森とあそぶ」事業が行われた。これは、芸術家が二ヶ月程地域に滞在してアート制作、アートツアー、ワークショップなどを開き、最終的には地域内に展示する。展示は集落の様々な場所で、田んぼの中のキャベツ（石膏）、墓地の卵（毛糸で包んだ石）、カメラオブスキュア、などのインストレーションにより、地域の風景と一体になった「アート」を参加者も含めて楽しむ活動が企画された。アーティストには空き家が住居・アトリエとして提供された。このような、地域住民が言う「けったいな」企画も皆で楽しみながらやってみる、そんな気風がこの地域の新しい地域づくりの力になっているようだ。

近露には熊野古道なかへち美術館があるが、国際的な建築家ユニット「妹島和世＋西沢立衛／SANAA」が初期に手がけた美術館としても知られている。美術作品を新しい空間で見せ、アートを通じた交流の場を生み出す、という構想のもと設計され、一九九八年に旧中辺路町立美術館として開館、二〇〇五年から、市町村の合併により田辺市美術館の分館となっている。地域のアーティスト、または地域を題材としたアートを展示し、野長瀬晩花とならぶ地域の画家、渡瀬凌雲《わたせりょううん》（一九〇四〜一九八〇）の作品も展示されている。

column

中辺路を歩く

加藤久美

熊野古道として知られる道は熊野三山に通じる参詣道の総称で、紀伊路、小辺路《こへち》、中辺路《なかへち》、大辺路《おおへち》、伊勢路からなる。熊野三山、吉野大峰、高野山の三大霊場とその参詣道（熊野参詣道、大峯奥駈道、高野山町石道）は二〇〇四年に世界遺産登録された。参詣道としては、スペインのサンティアゴ・デ・コンポステラの大聖堂をめざす道も世界遺産登録されている。現在は二つの参詣道共通のスタンプ帳もでき、両方を歩いた人も一〇〇〇人以上登録されている。熊野古道の中でもアクセスの良さ、距離、歩きやすさもあって、最も知られ、また歩かれているのが、中辺路、その滝尻王子から本宮大社までの区間だと言える。宿泊所がある所で区切ると、滝尻王子〜高原（三・四㎞）、高原〜近露王子（約九㎞）、近露王子〜熊野本宮大社（約二六㎞）となる。滝尻〜近露までを一日目、二日目に本宮大社をめざす一泊二日が最短で、二日目の宿泊は本宮付近の渡瀬温泉、川湯温泉、少し離れた湯の峯温泉、またはバスで新宮、那智勝浦まで行くこともできる。

滝尻から本宮までは一八の王子が確認できる（滝尻《たきじり》、不寝、大門《だいもん》、十丈、大阪本《おおさかもと》、近露《ちかつゆ》、比曽原《ひそはら》、継桜《つぎざくら》、中ノ《なかの》河《がわ》、小広《こびろ》、熊瀬川《くませがわ》、岩神《いわがみ》、湯川《ゆかわ》、猪鼻《いのはな》、発心門《ほっしんもん》、水呑《みずのみ》、伏拝《ふしがみ》、祓戸《はらいど》王子）。王子は歴史的謂れの残る場所で、社や石碑が残るところもある。中辺路は標識も充実しており、滝尻（一番）から熊野本宮大社（七五番）まで、五〇〇ｍごとに「熊野古道」と記された標識が立っている。間違いそうな道には「熊野古道ではありません、Not Kumano-kodo」とあるので、道に迷う恐れはほぼない。

滝尻から高原（一番〜七番、三・四㎞）

滝尻王子には熊野古道館があり、中辺路の展示や、ボランティアガイドのコースの説明によりその歴史や見所を知ることができる。平安衣装を着ての記念写真や、歩く人のための荷物搬送サービスもある。滝尻王子の鳥居をくぐり森に入ると、最初の一・五㎞ほどはかなり急な登り坂となるが、一㎞も行かないうちに胎内くぐりの岩、乳岩、そして不寝王子に着く。その先の見晴し台からは富田川と国道三一一号線が見える。針地蔵を経て最後の五〇〇ｍの急な登りを終えるとテレビ塔に出迎えられ、高原の集落に着く。中辺路最古の高原神社（一四〇二）の境内には巨大な楠が立っている。今は一〇本ほどだが、村のお年寄りによると昔はもっとたくさんあり、子供たちは皆ここで遊んだ、という。高原には昔は宿場が三〇ほどあったが、今は残っていない。唯一のホテル「霧の郷たかはら」は日本の小さいホテル一〇選にも選ばれたホテルで、地域の食材を活かしたこだわりの手料理が味わえ、現在は世界からやって来るＷＷＯＯＦ（ウーフ）の若者たちも受入れている。

高原から近露（八番〜二六番、約九㎞）

集落の後ろから森に入るまで急な坂を上り、振り返ると集落全体が見える。いったん森に入ると、ゆるやかなアップダウンが続く。大門王子、十丈王子、上多和《うわだわ》茶屋跡を過ぎると三体月鑑賞地がある。三体月は旧暦の一一

写真1　道しるべでもある王子

写真2　野中

月二三日に「月が三重になって見える」とされ、毎年上多和茶屋跡近くで観月会が行われる。

坂を下り、大阪本王子を過ぎると国道沿いの道の駅に出る。ここでいったん休憩してまた古道に戻り、一km弱で箸折峠にある牛馬童子像に着く。そこから坂を下ると近露の集落が見え、日置川をわたると近露王子がある。隣には箸折茶屋、その外には足湯があり、疲れた足を休ませてくれる。民宿ちかつゆにある「ひすいの湯」には地域住民もやってくる。

近露から本宮（二七番〜七五番、約二六km）

三つの峠を越えるハードなコースとなる。近露を出て二kmほどで野中の集落に着き、比曽原、継桜、中ノ河、小広峠へと続く七kmほどは国道を歩くので、比較的早くクリアできる。継桜王子の手前には野中の一方杉、またその下には清水がある。継桜の木は二〇一一年の台風で折れてしまったが、まさに継ぎ木をしてその二世が成長しつつある。小広峠を過ぎてからの約一一kmは森の中になる。熊瀬川、岩神王子を過ぎると、二〇一一年の豪雨による土砂崩れの跡がまだ復旧していないため迂回路に入る（四〇番〜五〇番の部分）。迂回路は石神峠の急な林道を通る。二〇一五年は雪の氷道となり、かなり難航したのを覚えている。蛇形地蔵からまた古道に合流し、最後の峠、三越峠の急な登りになる。音無川沿いの湯川王子を過ぎ、猪鼻王子を過ぎて急な坂を上ると発心門に着き、難所は終わる。ここからは下りのみとなるが、水呑、伏神王子を過ぎると最後の二kmほどは石段を下って行くので、疲れた足には少しこたえるかもしれない。最後の王子、祓戸王子を過ぎると、本宮大社の裏門が見える。八咫烏が黒塗りのポストの上で迎えてくれる。まだ余力があり、日が十分にあれば湯の峯温泉をめざして大日越え（三・四km）をお勧めする。

写真３　本宮大社に到着

変わりゆく熊野の風景

神田孝治

はじめに

熊野三千六百峰とも呼ばれる紀伊山地の深い山並み。遥か遠い旅路を経て、巡礼者がようやくたどり着いた聖地、熊野。そこには生命力あふれる山があり、川があり、滝がある。人々はこの大自然の中に神仏の姿を見た(1)。

この文章は、二〇〇二年に和歌山県世界遺産登録推進協議会が発行した高野・熊野のガイドブックにおける熊野の紹介文である。熊野とは、一八七九年に和歌山県西牟婁郡・東牟婁郡および三重県南牟婁郡・北牟婁郡に分割された牟婁郡のことを指しており、同地は

(1) 株式会社和歌山リビング新聞社編『オフィシャルブック 高野・熊野ウォークガイド』和歌山県世界遺産登録推進協議会、二〇〇二年。

二〇〇四年七月に世界遺産に登録された「紀伊山地の霊場と参詣道」の主たる地域となっている。冒頭の文章は、紀伊山地の山々に抱かれた巡礼の聖地という、まさに世界遺産としての熊野の風景を描き出しており、多くの読者にとっての同地のイメージとほぼ相異ないのではないかと推察する。

ただし、熊野の風景は、世界遺産登録以前からこのように理解されていたわけではなく、その認識のあり方は時代によって大きく異なってきた。風景とは、社会的に創り出されるものなのであり、固定されず、変化し続けているのである。本章では、こうした熊野の風景の変化について、それに大きな影響を与えた出来事に注目しながら考えてみたい。

1　熊野における「瀞峡」と「那智の滝」の風景への注目

近代期における熊野の風景として、まず注目されたのは北山川流域の峡谷である瀞峡《どろきょう》であった（図1）。瀞峡の風景は、一九〇二年に発行された雑誌『太陽』の第一〇回懸賞写真において新宮町（現・新宮市）で久保写真館を営む久保昌雄が撮影した『雨中の瀞八丁』が一等入選を果たしたことや、[2]一九二五年五月に後藤新平が熊野へ来遊した際にその風景を絶賛したことを通じて、[3]次第に社会的に認知されるようになった。また、後藤の進言により一九二七年に大阪から勝浦まで大型船を就航させた大阪商船が、一九二五年に南紀保勝協会を設立して瀞峡と那智の滝（図2）の宣伝に力を入れていたことから、[4]瀞峡に加えて那智の滝も熊野の代表的な風景地に位置づけられていった。これら両者への注目は、一

（2）　島津俊之「明治・大正期における『熊野百景』と風景の生産―新宮・久保写真館の実践」『人文地理』五九―一、二〇〇七年。

（3）　前川十寸据編『南紀観光史』南紀観光史刊行会、一九七六年。

（4）　前掲（3）一〇二―一〇四頁参照。

図１　「雨中の瀞峡」
（出典：久保嘉弘編『熊野百景』久保昌雄、1923年）。

図２　「那智の滝」絵葉書

九二七年の大阪毎日新聞社・東京日日新聞社主催、鉄道省後援でなされた新日本八景の選定において、地元の保勝会や県が協力して渓谷部門の瀞峡と瀑布部門の那智の滝に票を集めていたことからも確認できる。(5) 投票の結果、瀞峡は渓谷部門で第三位、那智の滝は瀑布部門で第一三位の票数を獲得し、最終的には日本新八景選定委員会の審査により、それぞれ二十五景の渓谷部門と瀑布部門の筆頭に位置づけられている。この日本新八景の選定によって、瀞峡と那智の滝が熊野を代表する風景として広く認識されていったと考えられる。

（５）前掲（３）一〇五—一〇七頁参照。

2　吉野熊野国立公園の指定と「熊野海岸」への注目

その後の熊野の風景は、主に吉野熊野国立公園との関係において論じられていたことが確認される。吉野熊野国立公園とは、奈良県（吉野郡七ヶ町村）、三重県（多気郡・南牟婁郡

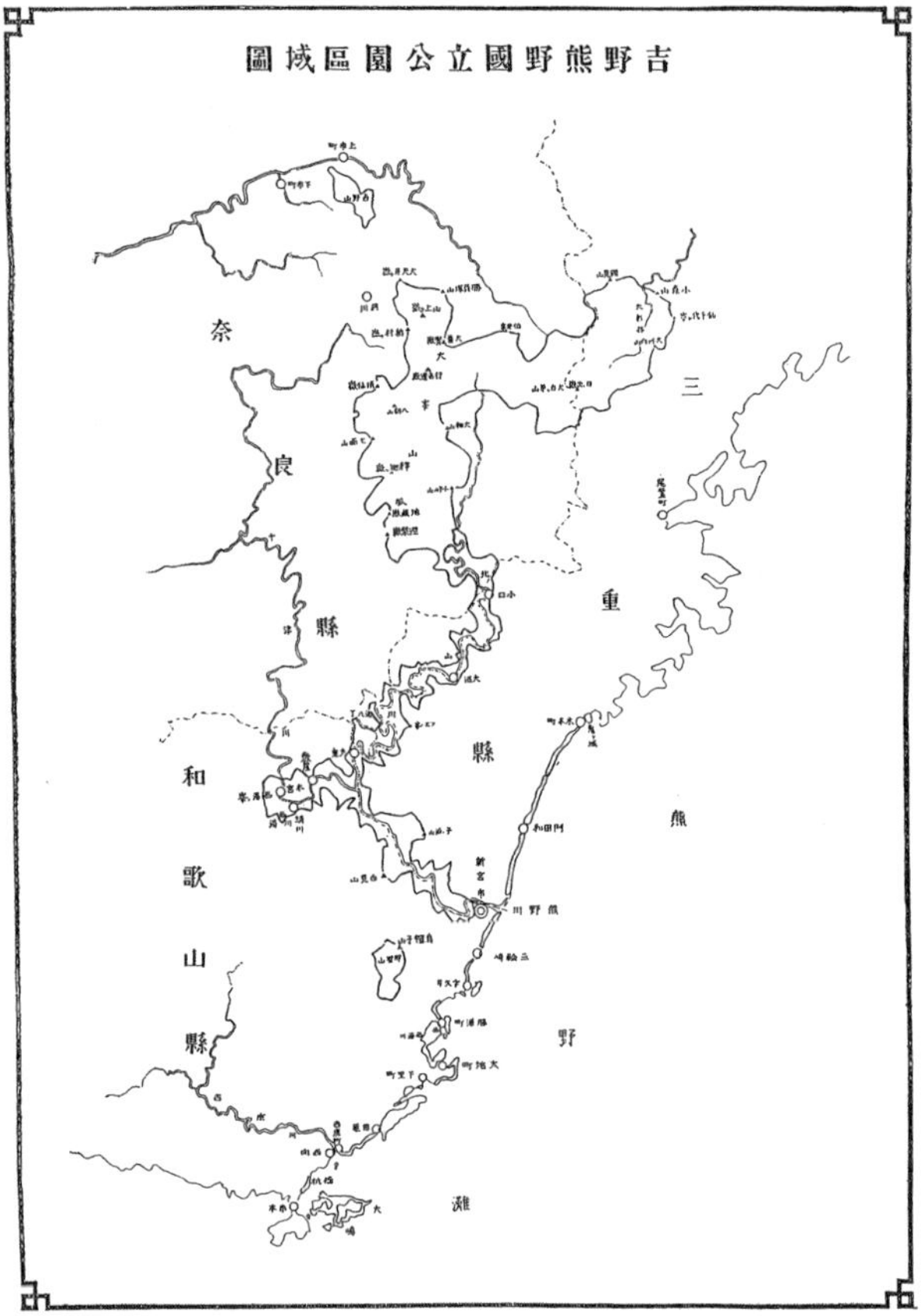

図 3　吉野熊野国立公園区域図
(出典：和歌山県編『國立公園の知識—附　関係法規及例規—』和歌山県、1936年)。

一三ヶ町村)、そして和歌山県(新宮市及び東牟婁郡・西牟婁郡二二ヶ町村)にまたがる、一九三六年に指定された国立公園である[6](図3)。この地の国立公園化へ向けた動きは、一九一三年に吉野山保勝協会が設立されたことに始まり、一九二二年に吉野郡会議長名や奈良県議長名で国立公園指定の請願書や意見書が内務大臣宛に提出されて具体化している[7]。その結果、一九二三年に衛生局が選定した一六箇所の候補地に吉野群山の中の大台ヶ原が選

(6) 和歌山県編『國立公園の知識—附　関係法規及例規』和歌山県、一九三六年。
(7) 前掲(3)二〇二—二一四頁参照。

ばれることになった。[8]しかしながら、吉野の国立公園指定運動で中心的な役割を果たした岸田日出男は、吉野群山の高さが低いことや民有林が多いことなどからその指定に懐疑的になり、一九二八年頃から熊野地方を加えた国立公園指定を模索するようになっていく。その後、岸田の積極的な働きかけにより、一九三一年一月に近畿国立公園期成同盟会が設立され、同年一一月には国立公園委員会委員の田村剛と脇水鐵五郎による吉野・熊野地域の視察が実現する。[9]そして脇水は、一九三一年一二月の国立公園委員会特別委員会で熊野を含む国立公園候補地の拡大案を提起し、一九三二年九月の特別委員会において「吉野及熊野」という国立公園候補地が承認されることになったのである。[10]

先に紹介した瀞峡については、吉野熊野国立公園について解説した和歌山県発行の『國立公園の知識』[11]を見ると、「景観美概要」の項目に「北山川及熊野川」の説明があり、そこにおいて「本河川は吉野群山と熊野海岸とを連ぬる唯一の連鎖帯であつて、しかも本公園の中核をなし、本公園の成立よりすれば頗る重要なる役割を演ずるものと言ふべきものである」との言及があることから、同公園の重要な地所となっていたことが確認される。しかしながら、那智の滝については、「景観美概要」のどこにも記述がなされていない。また、同概要は、「熊野海岸」、「北山川及熊野川」、「吉野群山」、「気候」、「霊地、史蹟その他」で構成されており、瀞峡について記載された「北山川及熊野川」よりも前に「熊野海岸」の解説が記されている。吉野熊野国立公園の指定を契機として、熊野の風景認識が大きく変容していたのである。

ここで第一に取り上げられている熊野海岸とは、「約九一粁の間岬角、港湾、砂汀、断崖等連亘して本邦第一流の景勝を聚めて居る」[12]とされた、鬼ヶ城から橋杭岩（図4）にわ

（8）　村串仁三郎『国立公園成立史の研究―開発と自然保護の確執を中心に』法政大学出版局、二〇〇五年。

（9）　前掲（8）二〇二―二一四頁参照。

（10）　前掲（8）三六七頁参照。

（11）　前掲（6）参照。

（12）　前掲（6）一―二頁参照。

図４ 「橋杭岩」
（出典：パンフレット「国立公園熊野めぐり」 発行：熊野自動車株式會社、発行年：不明）。

たる三重県と和歌山県にまたがる臨海部を指していた。この熊野海岸について田村剛は、「前途洋々として無盡藏かとも想はれる風景資源は實に最近熊野海岸に於て発見せられた。…そこは史蹟としては神代に遡り得るほどに古いが、風景地としては未だ十分にその價値を世に問ふに至つてゐない。言はば文字通りの處女地である。[13]」と評している。このように、熊野の海岸風景は、国立公園の選定に関わった人物に、新しい風景資源として発見されていたのである。

日本における国立公園は、一九三一年に公布された国立公園法に基づき、阿寒、大雪山、十和田、日光、富士箱根、中部山岳、吉野熊野、大山、瀬戸内海、阿蘇、雲仙、霧島という一二カ所の国立公園が、一九三四年と一九三六年に指定されたのが最初期のものである。かかる第二次世界大戦以前に指定された日本における国立公園の風景は、「瀬戸内海を除き、山岳、渓谷、森林が圧倒的に多いこと」、そしてこうした風景はナショナリズムと親和的な「日本を代表する風景」として選び出されたことが指摘されている。[14] ここで唯一の例外として挙げられている瀬戸内海国立公園は、「国立公園の設定に就ては山岳美や湖沼の美を中心とする勝景地のみに偏することなく廣く海洋の美を抱擁する地域を選定すべしという輿論は相當強く年々帝國議會に提出さるる」という状況において、一九三一年夏頃から「海洋国立公園候補地」として新しく調査が進められた地域であった。[15] すなわち、瀬戸内海とほぼ同時期に調査がなされた熊野海岸は、熊野

（13） 前川眞澄『国立公園 熊野風景』前川眞澄、一九三四年。

（14） 荒山正彦「自然の風景地へのまなざし—国立公園の理念と候補地」荒山正彦・大城直樹編『空間から場所へ—地理学的想像力の探求』古今書院、一九八八年。

（15） （雑報）「海洋國立公園候補地視察」『国立公園』三—九、一九三一年。

において新しく発見されたというだけでなく、国立公園制度においても比較的新しく見いだされた風景だったのである。

こうした熊野海岸の国立公園としての価値について、その指定に大きな役割を果たした脇水は、「海国たる我国では海岸美に勝れた土地を公園内に取入れて、我国特有の風景を表徴することも必要であると考へられる」と、「海国」日本に特有の風景として海岸美を考えていた。[16]すなわち、海岸の風景も山岳的風景と同様にナショナリズムと親和的な風景として発見されたのである。

また、先に紹介した『國立公園の知識』の「景観美概要」では、最後の項目に「霊地、史蹟その他」が挙げられており、そこでは「熊野は神武天皇御東征の際御親征の第一歩を印されたる地であつて、それより大和橿原宮に建国の礎を築かるるまで、獰猛なる土賊を平げられつつ吉野群山の嶮峻を踏破せられ、あらゆる困苦欠乏と闘はれたる、最も光輝ある建国の史蹟を藏してゐる」こと、さらには「熊野には所謂熊野三山あり、熊野の歴史にして熊野三山と没交渉なるものは殆んどなく、上古より霊験あらたかなる大社として、歴代天皇の厚く御尊崇遊ばされたるところである[17]」ことが記されている。特に熊野の国立公園選定にあたっては、「我国では歴史上著名なる史蹟を有する土地を公園中に包含せしめて、国民精神涵養の資に供することも必要」であると考える脇水が、熊野海岸が海岸美を有するばかりでなく「神武天皇御東征の際の最後の御上陸地」であることを主張したことが選定に繋がったとされる。[18]熊野は、ナショナリズムの喚起という目的を有する当時の国立公園指定を通じて、皇室との繋がりが強調され、建国の歴史における象徴的な場所としても位置づけられたのである。

(16) 脇水鐵五郎「紀南風景の基をなすもの」『風景』四—一二、一九三七年。
(17) 前掲(5)四—五頁参照。
(18) 前掲(16)四四六頁参照。

3　リゾートとしての熊野と南紀熊野体験博

第二次世界大戦後における熊野の風景については、その位置づけの変化を長期総合計画において確認することができる。最初のものは一九六四年に発表されており、「観光の現況と概要」という項目において、「本県は、海に山に美しい景観に恵まれ、とくに海岸線は五〇〇キロ余にわたるリアス式海岸美を誇っている。温泉も豊富であり、また文化財資源も数多く、重要な観光資源となっている。[19]」との記述がなされており、熊野に関しても、県全体における海岸美の強調の中で概して海岸に焦点があてられていた。

そして、一九六九年に発表された第二次長期総合計画では、「本県は、海岸、内陸ともにすぐれた自然資源に恵まれている。延々五〇〇㎞におよぶリアス式海岸は黒潮に洗われ、その眺めは全国屈指の景観であり、重畳たる山なみには『木の国』というにふさわしい樹木の繁茂がみられ、これら山々の間に開ける渓谷美も、また格別のものがある[20]」とされ、海岸だけでなく渓谷のような山岳美にも目を向けた内容になっている。これは一九六七年に指定された高野竜神国定公園の影響を受けたものであり、山岳と同時に、「美術工芸品は高野山、熊野三山を中心に多く、全体の約七〇％を占めて[21]」いると、その文化財についての言及もなされるようになっている。そして熊野については、この高野山との関係が言及されるなかで、海岸ばかりでなく、山岳的風景や、熊野三山とその文化財も強調されるようになったのである。

(19)　和歌山県編『和歌山県長期総合計画』和歌山県、一九六四年。

(20)　和歌山県編『和歌山県第二次長期総合計画』和歌山県、一九六九年。

(21)　前掲(20)九三頁参照。

次の長期総合計画は、一九八六年の『新世紀の国二一』[22]である。この計画では、県土開発の基本として「テクノ&リゾート計画」を推進するとし、紀の川流域および和歌山市から田辺市に至る臨海地域を「紀の国テクノゾーン」、内陸山間地域および県南部地域を「紀の国リゾートゾーン」と位置づけている（図5）。そして後者のリゾートゾーンは、さらに、「黒潮」、「高野熊野」、「木の国高原」の三つのリゾートエリアに区分されていた。黒潮リゾートエリアは白浜町から新宮市に至る臨海地域で「国際的な海洋リゾート基地づくり」を、

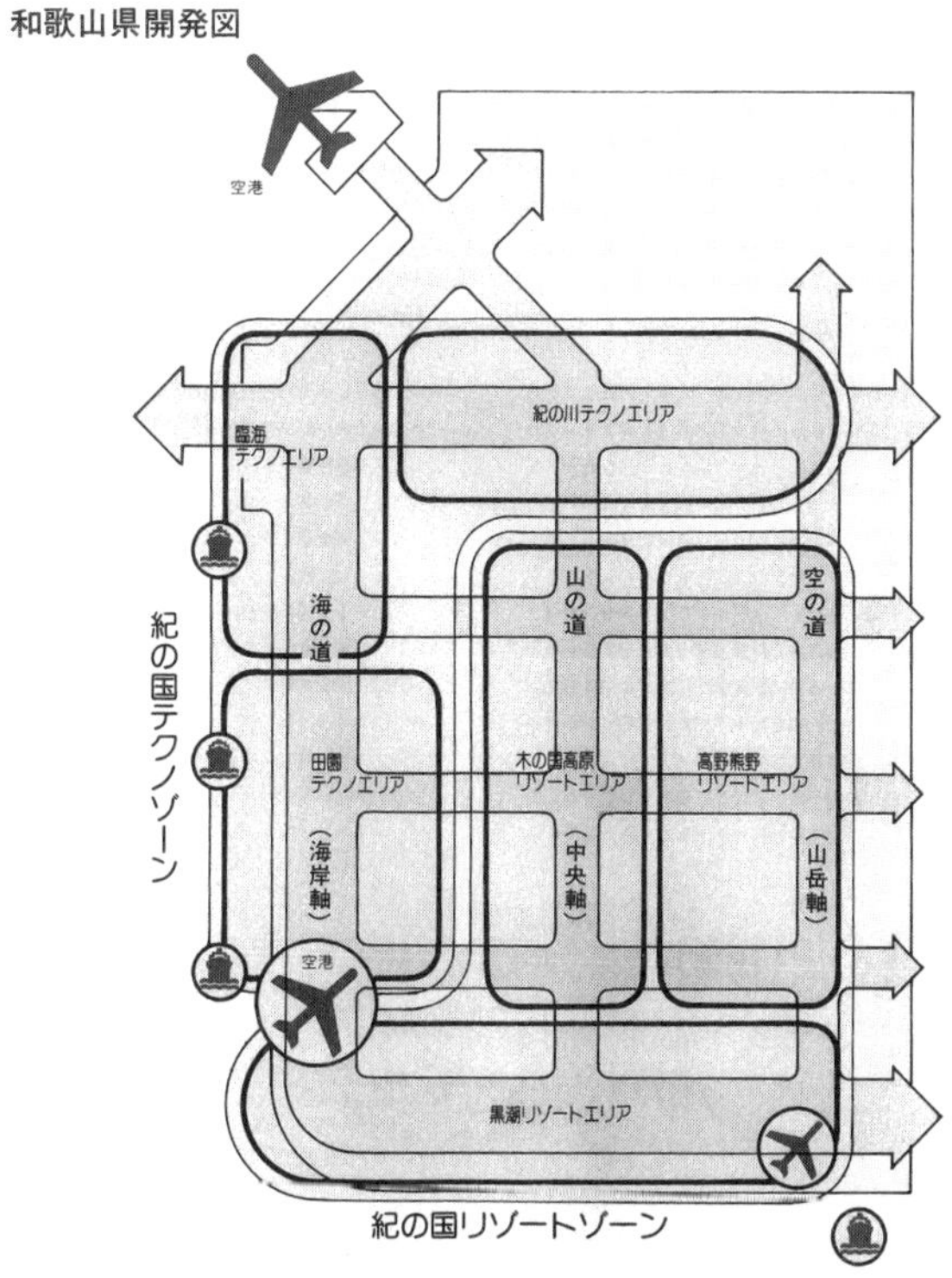

図5　『和歌山県長期総合計画』（1986）における「和歌山県開発図」

（出典：和歌山県編『新世紀の国21　和歌山県長期総合計画』 和歌山県、1986年）。

(22) 和歌山県編『新世紀の国二一 和歌山県長期総合計画』和歌山県、一九八六年。

木の国高原リゾートエリアは内陸山間地域で「都市との活発な交流による新たなふるさとづくり」を目指す地域であるとされていた。そして熊野を名称に掲げた「高野熊野リゾートエリア」は高野山から熊野三山に至る地域で、「高野・熊野文化を背景として森林性レクリエーション施設、温泉保養施設などを整備し、人々の精神と肉体のリフレッシュをめざす」と記されている。すなわちこの長期総合計画によって、それまで熊野と呼ばれていた地域は、海岸部が黒潮リゾートエリアに、熊野三山を中心とする内陸部が高野熊野リゾートエリアへと分断されたのである。そして熊野として表象されたのは、後者の熊野三山を中心とする地域となり、そこは高野山と結びつけられる中で「森林性レクリエーション」施設等を有する「人々の精神と肉体のリフレッシュをめざす地域」と位置づけられた。[23]このように、このテクノ&リゾート計画を掲げた長期総合計画によって、熊野として表象される範囲やその意味が大きく変化したのである。

かかるリゾート計画のうち、まずは「黒潮リゾートエリア」と呼ばれた臨海部に焦点があてられていたことが認められる。一九九〇年には、総合保養地域整備法（一九八七年制定）に基づくリゾート開発基本構想として「〝燦〟黒潮リゾート構想」が発表されており、[24]一九九四年には、和歌山市の臨海部に位置する和歌山マリーナシティにおいて世界リゾート博（正式名称「JAPAN　EXPO　ウエルネスWAKAYAMA　世界リゾート博」）が開催され、海を前面に押し出したリゾートの姿が提示されている。[25]

そして、『世界リゾート』博の成功を受け継いで、さらにすすんで現実体験としてのリゾートライフを提案し、実証し、実現することを開催の目的[26]」として、南紀熊野体験博（正式名称「JAPAN　EXPO　南紀熊野体験博　リゾートピアわかやま'99」）が、一九九九年四

（23）　前掲（22）三三一―三五頁参照。

（24）　和歌山県編『総合保養地域の整備に関する基本構想―〝燦〟黒潮リゾート構想』和歌山県、一九九〇年。

（25）　クリエイター編『JAPAN　EXPO　ウエルネスWAKAYAMA　世界リゾート博　公式記録』世界リゾート博協会、一九九五年。

（26）　南紀熊野体験博準備委員会『ジャパンエキスポ　南紀熊野体験博　リゾートピアわかやま'99　基本計画書』南紀熊野体験博準備委員会、一九九七年。

月から九月までの一四四日、和歌山県の南紀熊野地域（田辺市、新宮市、西牟婁郡、東牟婁郡）を直接対象地域、和歌山県の紀中・紀北地域と奈良県及び三重県の関連地域を関連広域地域として開催されている。これは、「テクノ&リゾート計画」における「高野熊野リゾートエリア」と「黒潮リゾートエリア」を共に含むものであるが、その焦点とされていたのは前者であった。とりわけ注目されていたのが「熊野古道」であり、かかる様相は南紀熊野体験博について説明している次の文章に明確に記されている。

古代から中世にかけて、本宮、新宮、那智の熊野三山への信仰が高まり、上皇、女院や庶民にいたるまで多くの人々が熊野に参詣した。いわゆる「蟻の熊野詣で」で、熊野は黄泉の国、常世（とこよ）の国といわれた。「ジャパンエキスポ　南紀熊野体験博リゾートピアわかやま'99」では、「こころにリゾート実感」というテーマを体現する空間として、この熊野古道を取り上げ、現代に生きる人々の「癒し」の場として象徴的に取り上げる。…この熊野古道を代表する場所として、中辺路（滝尻王子）から熊野本宮大社に向かう道筋をシンボル空間として設定し、景観を整備するとともに、大小のテーマに関わるイベントを実施して、日本中に広く呼びかけて、多くの人の来訪を求める。[27]

南紀熊野体験博は「こころにリゾート実感」をテーマに掲げ、熊野三山への参詣路である「熊野古道」を、「現代に生きる人々の『癒し』の場として象徴的に取り上げ」、その一部をシンボル空間に設定したのである。

(27) 前掲(26)九頁参照。

4 「熊野古道」への注目と熊野の世界遺産登録

南紀熊野体験博で焦点があてられた熊野古道への和歌山県としての注目は、文化庁から国庫補助を受けて一九七八年度に実施した歴史の道調査事業にはじまる。[28] この事業は文化庁による歴史の道調査・整備事業の最初期のものであり、まず対象とされたのは「熊野参詣道」であった。この調査報告書の序文では、熊野三山を、戦前期のように国家・天皇へと繋がるものというよりは、一般庶民も含めて多くの人々が信仰し訪れる場所として記していることが確認される。そして、この熊野三山への信仰と関連した古道が熊野参詣道として注目され、そこが心の拠り所を求める人々が行列をなした道として描き出されたのである。[29]

また一九九一年には広域連携により関西の歴史文化資源を活かすことを目指した「歴史街道計画」マスタープランが歴史街道推進協議会によって発表され、参拝のため多くの人々が行き交った熊野三山や真言密教の聖地・高野山を結ぶテーマルートとして、「高野・熊野詣ルート」が設定されている。[30] こうした熊野と高野山における歴史的な道の活用へ向けた取り組みは和歌山県としても推進し、一九九四年に発表された「紀の国歴史文化街道調査」における基本計画では、基本テーマルートとして「弘法大師を訪ねて／熊野詣で／紀伊万葉の道」を掲げ、一九九八年に発行された『和歌山県「歴史の道」活用推進総合計画策定書』でも熊野と高野山の参詣道に焦点をあてている。[31] また文化庁も、歴史の道を広く

(28) 社団法人　和歌山県文化財研究会編「歴史の道調査報告書（Ⅰ）―熊野参詣道とその周辺：昭和五四年三月三一日 和歌山県教育委員会発行」服部英雄・磯村幸男編『歴史の道調査報告書集成三　近畿地方の歴史の道三』海路書院、二〇〇五年。

(29) 前掲（28）九頁参照。

(30) （一）和歌山県教育庁文化財課編『和歌山県「歴史の道」活用推進総合計画策定書』、和歌山県教育委員会、一九九八年。（二）http://www.rekishikaido.gr.jp/［確認日：二〇一七年一〇月二九日］

(31) 前掲（30）（一）参照。

国民に周知させるため、一九九六年には「歴史の道百選」として七八カ所の道を選定したが、そこでも和歌山県にある道としては熊野参詣道と高野山参詣道を挙げていた[32]。

このように熊野と高野山の歴史的な街道の活用が注目された社会的状況は、和歌山県教育委員会が一九九六年に策定した「『歴史の道』活用推進の基本構想」において、現代に活かすべき歴史の道の意味性として、「参詣道はそもそも癒しを求めて霊地に参詣した人々によって形成されたもの」であるためその意味を受け継ぎ現代人にとっての「①癒しの場」とすること、地域の人々にとっての「②アイデンティティ回復の場」にすること、自由・楽しみ・交流の場としての「③旅の原点」と位置づけること、を挙げていることから理解することができる[33]。現代社会において、余暇活動、とりわけ観光およびそれによる地域活性化が求められるなかで、熊野や高野山の歴史的な道の意味が新たに創り出されていたのである。そして「『歴史の道』活用推進の基本構想」において関連計画として挙げられている南紀熊野体験博が、こうした歴史的な道の現代におけるリゾートとしての意味を生み出しその活用を促進するための重要な事業となっていたのである。

南紀熊野体験博では、熊野参詣道についてなされていた現代社会における意味の読み替えを、癒しを求めるリゾート認識と重ね合わせることで、リゾート空間としての「熊野古道」を誕生させている。そして、「熊野古道の整備プロジェクト」と称してかつての歴史の道調査・整備事業でなされていた活動の継続を図ると同時に[34]、「一〇万人の熊野詣」というイベントを通じて、熊野古道を利用した熊野三山をめぐる旅を推奨していった[35]。こうして熊野古道を売り出しそこに多くの人々の来訪を求めるなかで、熊野を象徴するものは、主として歴史文化に注目した熊野三山と、戦後新しく価値が発見された熊野古道になっ

(32) 磯村幸男「歴史の道の調査と保存」服部英雄・磯村幸男編『歴史の道調査報告書集成三 近畿地方の歴史の道三』海路書院、二〇〇五年。

(33) 前掲(30)(一)八頁参照。

(34) 前掲(26)四一頁参照。

(35) 前掲(26)一二頁参照。

ていったのである。

そしてこのような南紀熊野体験博における熊野三山と熊野古道への注目を契機として、熊野において世界遺産登録を目指す動きがはじまることとなった。その最初期のものとして注目されるのが、和歌山大学名誉教授の小池洋一が一九九七年七月に発表した「熊野博の成功のために」と題した文章である。

…熊野体験博の「シンボル空間」としては、「熊野古道」があげられている。テーマイベントである「一〇万人の熊野詣で」に必須の舞台であるからであろう。

ここまで来れば、南紀熊野体験博を成功させるための「画竜点睛(がりょうてんせい)」ともいうべき最後の一点がなんであるかは明らかである。「熊野詣で」の行き先、「熊野古道」の到達点である「熊野三山」を、南紀熊野体験博の最高のシンボルとして掲げることである。具体的には資格十分な「熊野三山」をユネスコの「世界遺産」として登録を果たすということ。それがとくに、南紀熊野体験博が開催される平成一一年四月以前にできれば、熊野体験博の宣伝効果は、国内だけでなく、国際的にも抜群であるからである。登録申請を提出したというだけでも、先例を見れば効果十分である。[36]

ここでは、南紀熊野体験博で熊野古道に注目が集まる中で、その目的地である熊野三山を世界遺産登録することが提言されている。このように、熊野の世界遺産登録に関する議論は、リゾート地化を目指した南紀熊野体験博の成功という文脈でまずは提起されていたの

(36)『ニュース和歌山』一九九七年七月五日。

である。そしてかかる小池の提言に触発され、一九九七年八月、民間組織の「『熊野古道』を世界遺産に登録するプロジェクト準備会」が設立され、熊野古道の世界遺産登録へ向けた市民運動が活発に行われることになった[37]。

また、高野山では既に一九九五年から市民団体の高野山世界遺産登録委員会が世界遺産登録へ向けた活動を開始しており、一九九九年には熊野三山協議会も設立されて同様の取り組みを行っていた[38]。南紀熊野体験博の数年前に高野山で、体験博が近くなってくると熊野で世界遺産登録へ向けた運動が展開されたのであり、かかる動きを背景に、南紀熊野体験博を契機とした世界遺産登録の可能性について、一九九九年九月に和歌山県議会において知事が言及することになった[39]。その後、二〇〇〇年四月に和歌山県教育委員会に世界遺産登録推進室が置かれ、同年六月には和歌山県世界遺産登録推進協議会や和歌山県世界遺産登録推進本部が設置されるなど、世界遺産登録へ向けた体制が整えられていった。そして、文化庁は「高野・熊野」地域に「吉野・大峯」と「伊勢路」を加えて世界遺産登録を目指す方針を示して、二〇〇四年七月一日に「紀伊山地の霊場と参詣道」の世界遺産リストへの登録を実現させたのである。

この世界遺産登録で注目されるのは、本章冒頭の引用文にもあるように、「紀伊山地」という山岳地帯がキーワードになっていることである。「紀伊山地の霊場と参詣道」を世界遺産に登録した意義について記した文章を見ると、吉野大峯、高野山、熊野という「三つの霊場とそれらを結ぶ参詣道は深い樹林に覆われた山岳地帯に展開し、那智大滝やゴトビキ岩などの自然物が信仰という精神上の関連性を有する文化的景観であるとの評価[40]」がなされたことが記されている。このように、三つの霊場とそこを結ぶ参詣道という考えに

(37) 神田孝治・小野田真弓「「世界遺産『紀伊山地の霊場と参詣道』の登録と和歌山県の観光・リゾート政策」『和歌山地理』二五、二〇〇五年。

(38) 「世界遺産登録の取組状況」(和歌山県教育委員会作成資料)

(39) 前掲(38)参照。

(40) 世界遺産登録推進三県協議会編『世界遺産 紀伊山地の霊場と参詣道』世界遺産登録推進三県協議会、二〇〇五年。

おいて、その舞台は山岳と捉えられるようになったのであり、そのため熊野は海岸ではなく紀伊山地という山岳地として表象されるようになったのである。また信仰との関係から、参詣道や熊野三山をとりまく山岳的風景と共に、ここで取り上げられているように那智の滝が熊野の象徴的な風景として注目されるようになっている。信仰の風景として、瀞峡の渓谷美よりも、那智の滝に焦点があてられるようになったのである。さらに、南紀熊野体験博においてリゾートの象徴的空間であった「熊野古道」は、世界遺産登録にあたっては信仰の山へ到達するための「熊野参詣道」として理解されるようになっている。このように、霊場としての熊野への注目と、参詣道に焦点をあてた他の霊場とのネットワークを通じて、熊野は山岳の信仰の風景とみなされるようになったのである。

〔参考文献〕

神田孝治『観光空間の生産と地理的想像力』ナカニシヤ出版、二〇一二年。

これは、戦前期に発行されたと考えられる熊野那智大社の絵葉書である（当時は那智大社と呼称）。この神社は、熊野速玉大社・熊野本宮大社とともに熊野三山の一つに数えられ、吉野熊野国立公園や世界遺産「紀伊山地の霊場と参詣道」の重要な構成要素となっている。近くには、那智の滝はもちろんのこと、西国三十三所第一番札所の青岸渡寺もある。熊野の特長を理解するために、本章で紹介した他の関連する場所と共に、是非同地に足を運んでいただきたい。

column

吉野熊野国立公園の拡張

岩野公美

日本には平成三〇年現在、三四ヶ所の国立公園が指定されており、その中には日光や尾瀬などの有名な観光地も含まれるが、おそらく意識して訪れたことはないのではないだろうか。それもそのはず、日本の国立公園は、アメリカのような広大な大地を持つ国の国立公園とは違い、国立公園内に国有地のみでなく私有地も多く含まれ、「ここから国立公園ですよ」というようにゲートで区域を示すことができない。そのため、知らないうちに国立公園の中に入っているということが起きうるのである。

写真１　田辺湾でのダイビング

そもそも国立公園とは、自然公園法に基づき、「我が国の風景を代表するとともに、傑出した自然の風景を有する地域」が指定されている。素晴らしい自然がある地域であるため、そこで生活する人々、また訪れる人々にとっては、まさにその自然を楽しむ公園としての役割を担っている。自然の楽しみ方は様々だ。壮大な景色を眺めたり、登山などのアクティビティに挑戦したり、自然の恵みであるその土地ならではのグルメを味わったり。国立公園はその自然を将来の世代にわたって楽しめるよう、時には開発の規制によって自然資源を守りながら、上手に自然を活用する上で重要な役目を果たしている。

前置きが長くなったが、ここ和歌山にも魅力ある国立公園である吉野熊野国立公園が昭和一一年一月一日に指定されており、指定後八〇年を越える歴史を持つ。

八〇年の歴史の中で複数回にわたり区域の見直しが行われてきた。昭和二五年に串本・潮岬地区が、昭和四五年に錆浦地区及び一部海域が編入されている。そしてさらに平成二七年九月二五日には、海域の生態系が多様かつ串本町以東の既存域と連続していること、さらに、既存域と同様日本列島の成り立ちを伝える地形・地質が点在していることを理由として、二つの県立自然公園（田辺南部白浜海岸県立自然公園、熊野枯木灘海岸県立自然公園）を編入する形で、みなべ町からすさみ町にかけて大規模拡張された。現在その区域は、北は奈良県吉野町、東は三重県尾鷲市、西は和歌山県みなべ町と三県にまたがっている。

写真2　フェニックス褶曲

拡張域であるみなべ町からすさみ町にかけての地域には、多くの誇るべき自然資源が存在する。その一部をご紹介すると、みなべ町千里の浜は、本州最大のアカウミガメの産卵地であり、また、田辺湾口に位置する天神崎は地元有志によるナショナルトラスト運動が全国的に有名である。さらに和歌山県を代表する景観の円月島や、南紀熊野ジオパークのジオサイトであるすさみ町のフェニックス褶曲《しゅうきょく》などがある。

今回の拡張をきっかけに、南紀熊野ジオパークや世界遺産などの自然資源を活用した様々な取り組みとの連携を強め、和歌山県の大切な自然を未来につなぐ一助を国立公園が担えれば幸いである。

column

南紀熊野ジオパーク

中串孝志

ジオパークをご存知だろうか？　様々な定義があるが、ここでは「何らかの形で四六億年の地球史の中で残された『大地の遺産』＝geoheritageを見たり、その歴史の中で形作られた地球の環境がもたらす『恵み』に触れたり（野外体験やグルメなど）、それらを通じて地球の歴史や我々と地球との関わりを学んだりするような観光」（＝ジオツーリズム）ができる場所、およびそこで展開されている事業全体、としておこう。近年の研究では、エコツーリズムとの差異化の観点から、地球の活動や様々な現象やそれらをベースにした地理、そこで暮らす人々の暮らしや文化について「知る」ことが重視され、「このような対象（きれいな景観、珍しい化石など）や行動（きれいな景観を眺めるだけ、化石をもの珍しく見学するだけなど）は、今日でいうジオパーク、ジオツーリズムとは異なると考えるのが一般的である」（深見、二〇一〇）とされているが、旅行者にとってはそのような専門的定義とは関係なく何らかの形で「地球バンザイ」と思える観光、と思えば良いだろう。仕掛ける側から言えば、眠っている観光コンテンツと既存の観光地等を「地球」というキーワードで横串を通す取組み、と言ってもいいかもしれない。

図１　南紀熊野ジオパークの構成市町村マップ
（http://nankikumanogeo.jp/geo_theme/ より取得）

　和歌山県南部で展開されている「南紀熊野ジオパーク」は、テーマ「プレートが出会って生まれた三つの大地　～大地に育まれ

写真1　虫喰岩（古座川町）

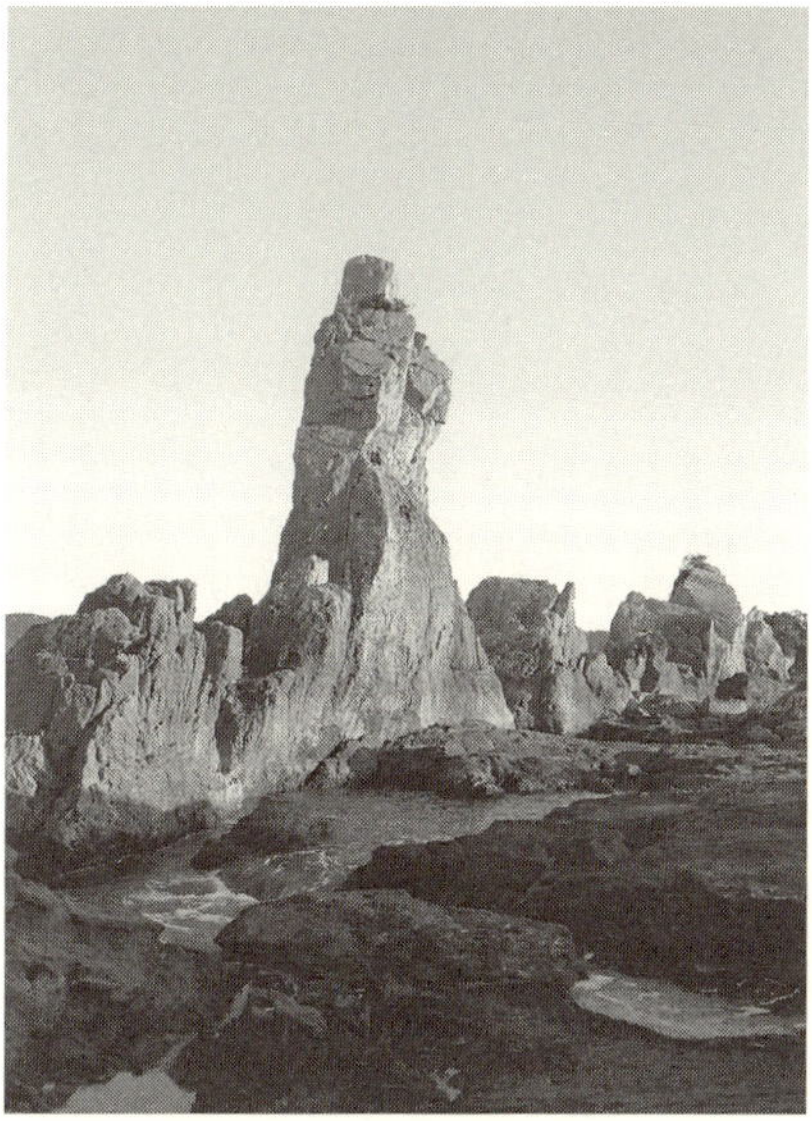

写真2　橋杭岩（串本町）

た熊野の自然と文化に出会う〜」を掲げ、新宮市・白浜町・上富田町・すさみ町・那智勝浦町・太地町・古座川町・北山村・串本町・奈良県十津川村の一部の一〇市町村に広がる広域事業である。一四〇〇〜一五〇〇万年前の巨大噴火の名残「古座川弧状岩脈」の一部であり国の天然記念物でもある「古座川の一枚岩」（古座川町）、弘法大師と天の邪鬼の民話も伝わる奇岩「橋杭岩」（串本町）、世界的に有名で見事に褶曲した地層が見られる「フェニックス褶曲」（すさみ町）等の地学的名勝はもちろん、熊野那智大社と那智の滝（那智勝浦町）など信仰・文化の拠点や、黒潮の恵みである海産物、イノブタ（すさみ町）などのグルメも含んでおり、それらを巡るサイクリングツアーなど総合的・多角的に観光プロデュースが試みられている。さらに地元住民向けに、過去の南海地震・津波や土砂災害の爪痕を巡って学ぶ「防災ジオツアー」の取組みもある。

このようなジオパークは国内に四三地域が認定を受けており、そのうち九地域は、世界に一四〇か所（二〇一八年四月現在）ある「ユネスコ世界ジオパーク」の認定を受けている（二〇一八年四月現在）。和歌山県は南紀熊野ジオパークの世界認定に向けた準備を進めている。世界遺産、ラムサール条約湿地に加え、ユネスコ世界ジオパークの「三冠」達成、なるか？　要注目である。

〔参考文献〕
深見聡　「ジオパークとジオツーリズムの成立に関する一考察」地域総合研究　三八―一、六三―七二頁、二〇一〇年

新宮のまち形成の系譜と物語を読み解く

水内俊雄・中山穂孝

はじめに──地域をみる三つの視点

本務の大阪市立大学の授業で水内は、数多くのまちあるきを実施している。単なるまちあるきをまち探訪に少し格上げしたときに、その探訪の鉄則として、次のような見方を伝えると、まちを見る目が一挙に向上することになる。まちの構成に思想や意図を読み取る、次に物語を読み取ること、そして激変や脅威も含めた変化という契機を押さえる、という三視点である。

一点目、思想と意図を一緒にしているが、少々見方は異なる。思想を読み取るとは、これは大部分建築物が中心となり、時代時代の建築思潮をまず理解しておくことが肝要となる。また一方では町大工の意匠とかはやりのデザイン、設計もその読み取り対象となる。わたしの少人数の専門の地理学特殊講義では、一九二三年に建築された典型的モダニズム建築様式の市大の時計台校舎、旧図書館などさっそく対象となる。

意図を読む、を言い換えると、大部分は都市計画のルールの市街地への適用を読み解くことになる。城下町の土地利用や街区基準、敷地形状のルールや町の意味やその範囲、遊郭に代表されるような新地開発、近現代都市形成における土地区画整理のルール、公営住宅の立地、プロムナード付き都市公園や、さまざまな幅員の街路の構成要素、長屋や集合住宅など、これは比較的教えやすいし、見る側も理解しやすい。逆に意図がない、無意図というか、自然発生的にできあがっている空間自体も、都市計画以前、あるいは都市計画が機能しなかったという地域史も浮かび上がってくる。

物語の舞台となる空間セッティングを見つけ読み解くことも、重要な着眼点となる。事件、出来事、祭り、伝承などから物語が生み出され、土地の神様、産土としての神社の由緒の信憑はさておき、村社の系譜は第一に確認することになる。歴史的イベントとしての出来事は、結構有る無しの差があり、記念碑の存在や地域史の記述の中から想像する場合もある。

最後に変化の契機を押さえることについてであるが、大規模施設、工場や鉄道の登場などに代表される成長ドライブの中でも、大きなインパクトをもつインフラの登場とそれに伴う、急激な開発などが一例として想起される。もう一方は破壊であり、それは災害や戦争に関して、一瞬にして今までの蓄積を失ってしまうそうした危機や脅威の結果としての意図せざる変化である。特に住民には大きなイベントを合わせて、地域の生活を振り返るときのタイムスタンプとなり、記憶も鮮烈なものであることが多いので、蘇りやすい。

1　新宮の城下町の系譜を読み取る

では、地域を読み解くコツを上述の視点から、新宮を題材に行ってみる。新宮は、紀州藩の特権で、田辺とともに家臣の支城として、まがりなりにも城郭や武家地、町人地などを有する、一国一城からは例外の城下町である。世界遺産の地でもあり、熊野文化の中心地でもある。著名な文化人の出身地でもあり、大逆事件で連座した新宮グループの存在でも知られる。地震での被災や空襲も受け、都市計画的な対処もみられる。十津川、北山川を背景とする集材が生み出した経済的発展に付随して、金のつぎこまれた建築物がいくつかみられるなど、三つの視点が漏れなくできる格好の地域であるといえる。二〇一四年には、年間約一二〇万人の観光客が訪れている。人口約三万人を切った地方都市で、「どいらい遠いわぁ！　新宮市」と公に宣伝するこの新宮市への長い時間をかけて訪れるほどの魅力がある。その魅力を確認し増強するために、この三つの視点から探究してみよう。

城下町は、世界の都市計画史の中でも、傑作品の一つである。プランナーの意図を明確に読み取れるのが城下町絵図であり、城下町の探訪に絵図は欠かせない。小京都とは、城下町景観の中でも武家屋敷や寺社、老舗の町屋などを構成要素とする。小京都であれば近世の都市計画の読み取りは比較的容易であるが、新宮は残念なことに、近年では一九四四年一二月七日の昭和東南海地震での津波被害、一九四六年一二月二一日の南海道地震での大規模火災や、一九四五年七月二四日の通常爆弾による空襲などにより、城下町を核とする歴史的市街地景観を大部分失っている。

失われた城下町景観の復元の常套手段は、城下町絵図と近代以降の土地利用との比較地図を作成することにある。以下では、二〇一四年度に大阪市大のCOC事業の基幹プログラムである地域実践演習Ⅲ、通称ガツン演習受講生の中で、最終的に城下町絵図を利用してまち歩きマップを作製したチームの成果を利用して、まちを見るこつを紹介する。(1)

都市史そのもの、あるいは都市計画や景観などを学ぶのは、大学に入ってからということもあり、地域を見る能力は大学生といえども、小中学生とあまり変わらない。地域に出てやることは、風景を景観として見ること、それを表現することから始まる。ところがこのガツン演習は、地（知）の拠点整備事業（COC事業）のもとに設計されたものであるため、演習期間中に成果の地元へのフィードバックが課せられていた。

まちづくりNPOへの聞き取りからヒントを得ようとしたこのチームは、街中で、丹鶴商店街、仲之町商店街の組合長や理事に出会うことになり、看板商店街の振興にかかわる大学生らしい企画を短期間で提案することになった。商店街の近辺の個店や見どころを探しつつ、至った結論は、城下町や近代新宮の系譜をわかりやすく紹介し、商店街から各ポイントを廻ることを通じて、商店街を中心とする回遊の流れを作り出し、新宮のまちに愛着や魅力を感じてもらい、リピーターあるいは他の人への紹介を生みだしてはどうか、また地元の人にも、改めて新宮のまちを歴史・地理的にきっちり理解するきっかけになってはどうか、というものであった。新宮の古写真を収集整理している地元の方に出会えたのも決定的であり、「新宮今昔walking map」が出来上がった。(2) このマップをベースにまず

（1）一回生一二人で五チーム編成となったが、その成果はwww.connect.osaka-cu.ac.jp/COC/education/h26-gatsun3/を参照。世界遺産である速玉と神倉の二つの神社を結ぶ山道の案内パンフレット作製も、本稿に関連する取り組みであるが、右記webを参照して欲しい。

（2）このマップは、www.connect.osaka-cu.ac.jp/COC/wp-content/uploads/2014/07/h26-gatsun3-walking-map.pdfで公開している。中西広大さんはじめ中心的に活躍してくれた受講生、TAの頑張りに加えて、新宮市にて古写真を収集整理されている中瀬古友夫氏との出会いがこの企画を強力に後押ししてくれたこと付記しておく。

城下町新宮の系譜をたどってみる。

天守閣は明治期に入って取り壊されたが、石垣とともに城郭そのものにも見所が多い。今回は、城下町はテーマパークという観点から、明治以降、開放され用途変更が加わった二の丸、三の丸の城郭部分から、敷地に大小のある武家地や、町人地、寺町が整然と、ときにはモザイク的に分布するその空間を辿ってみる。

新宮の見所は、一番商店街の仲之町が実は武家地の開放の後に生まれていることから始まる。城郭内からその直近の武家地は、城下町では一等地である。この地の近代以降の変遷がその都市の顔を形成していくのかどうか、ここをまず押さえることが城下町探究のポイントとなる。一番の商店街がまさしくその地の一角をしめているところが、新宮の街の「華」となる。

城下町を知る際に、現代では水辺空間として都市景観上、観光文化上も重要な役割を果たしている城下町の堀に着眼することが決め手となる。ここに城下町づくりの意図が反映されているのである。図1のように、東のポイントは、天守閣直下の掘割ともいえる「オホリ」＝伊佐田池横を始点とし、池から流れだす堀は、「堀堤」として、明神山の麓ぞいに武家地続きの谷王地に入り、町人地の南北の骨格道路である横町・馬町の街道を、「亀銭橋」でくぐる。町人地から再び武家地、転じて花街の「大王地」、そして寺町に入り、大逆事件のゆかりの浄泉寺などの寺院界隈を流れ、速玉大社から流れてくる小川と合流、千穂ヶ峰の麓の「山際地」を南下する。全龍寺の境内の環濠とも合流しながら、城下町の南限となり、世界遺産の神倉神社の鳥居前をさらに南下し、ここからは水田地帯となり、図2でもわかるように、天然記念物の浮島を起点とする浮島川と合流し、後述する臥龍

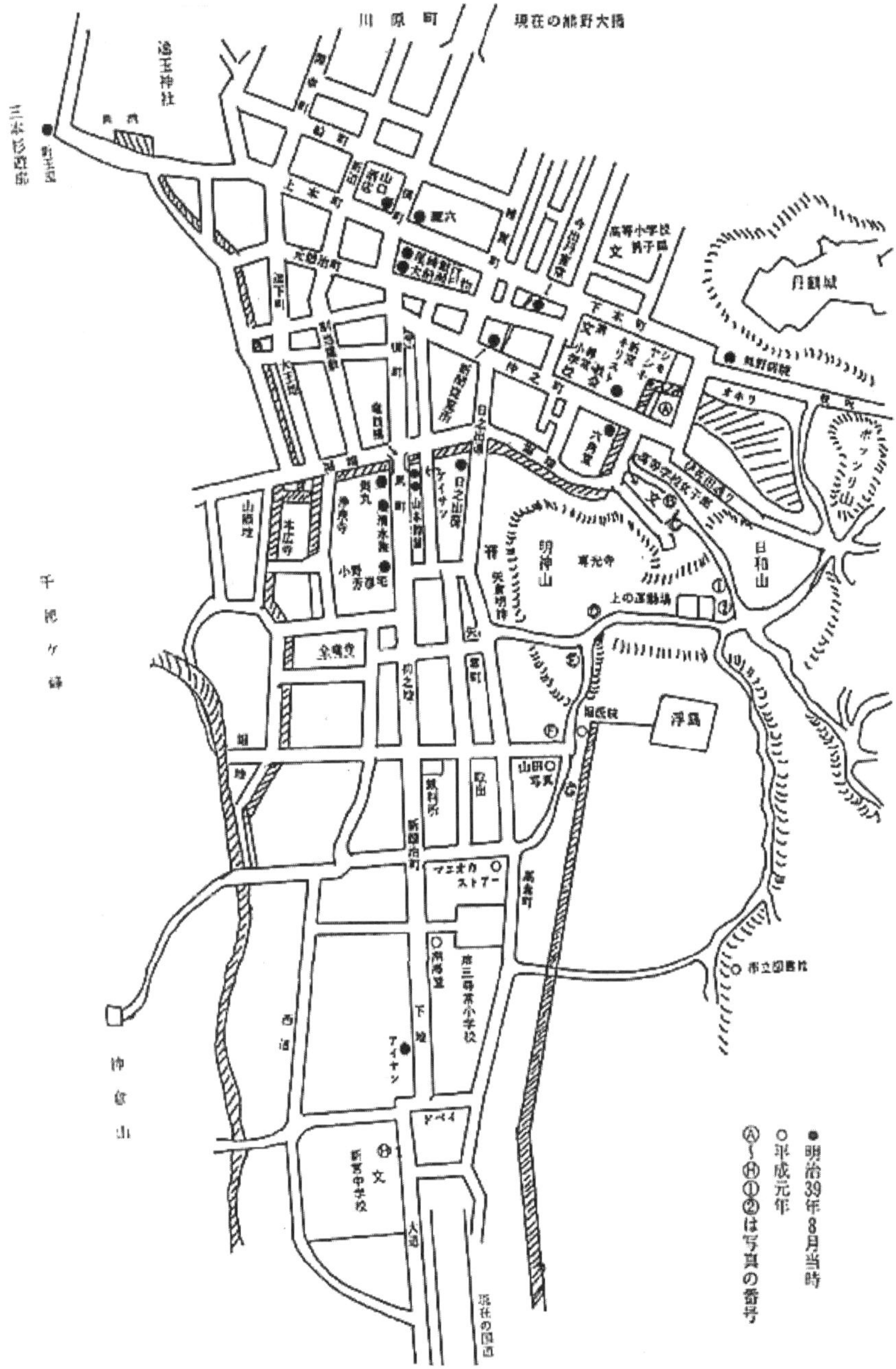

図１　1900年代の新宮　佐藤春夫の旧制新宮中学校への通学路から　「熊野誌」35号

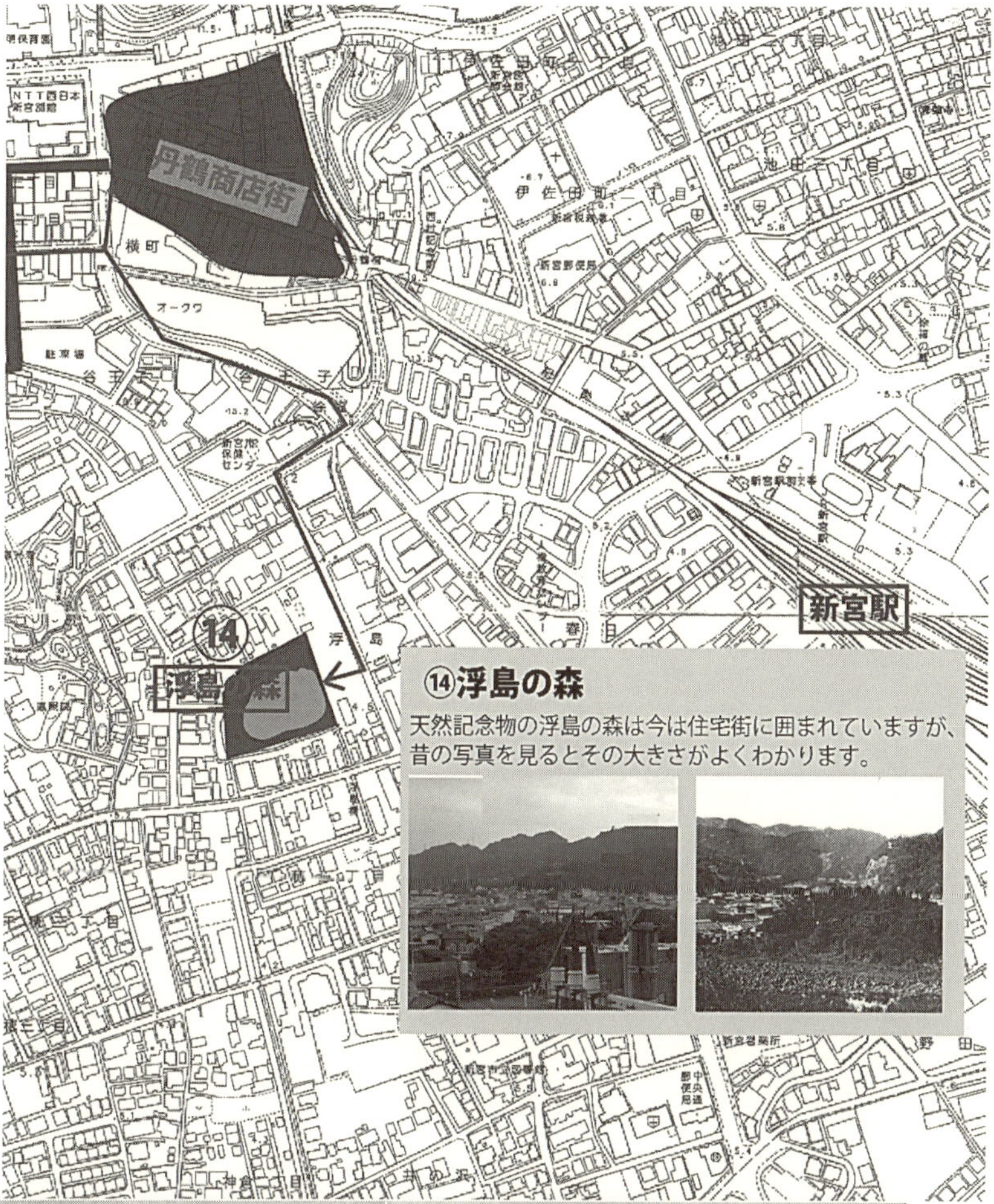

新宮市全景

図 2　堀の下流と浮島から広がる低湿地

山麓の低地帯、市田川流域へとつながってゆく。

学生作成の今昔マップで、掘割の流れを現代の地図に落としているが、図3の仲之町の南側に描いている水路部分ではすべてが埋め立てられ暗渠化している。図4のように寺町より以南、神倉神社前にその流れは地表に出るが、「オホリ」から川は計画的に城下町を構成する要素として配されていることもあり、城下町の多くの見どころを連鎖させている。今まで注目されていなかったが、新宮回遊の新しい構成要素となる。今昔マップでこの水路を強調したのは、こうした理由による。

では、丹鶴城下の「オホリ」の城下町一等地の変遷をみてみよう。図5は、一九一一年作成の地図である。武家地と町人地の境界を描きこんでいるが、まず開放された武家地の、「御堀」まわりに立地している施設を確認してみよう。堀端には、町役場、税務署、電燈会社、佐藤春夫の実家の経営である佐藤病院、天理教会などが進出している。また町人地境界に向かって、現存する明神山麓には郡役所が、掘割沿いに、第一尋常小学校、キリスト教会、新宮病院などが並ぶ。

町人地への境界にむかって、熊野川原から順に下本町、松江町、中ノ町（仲之町）、そして谷王地と呼ばれる堀端の通りが、町人地に入って、熊野川側に船町の通りを加えて、横町、馬町の街道と直交する。加えて図6のように、熊野川原の、船着きの河岸的な町場とも称してよい川原町とつながる。熊野川と太平洋を介したモノ、ヒト、カネの集積する結節点である。そして町人地の横町と上本町の十字交叉するところでは、図5のように、尾崎、山口、四十三、新宮、北山、中谷などの銀行が軒を連ねる。

川原には、木材会社や石炭の積み出しのほか、町人地では、旅館や○○座と称する芝居

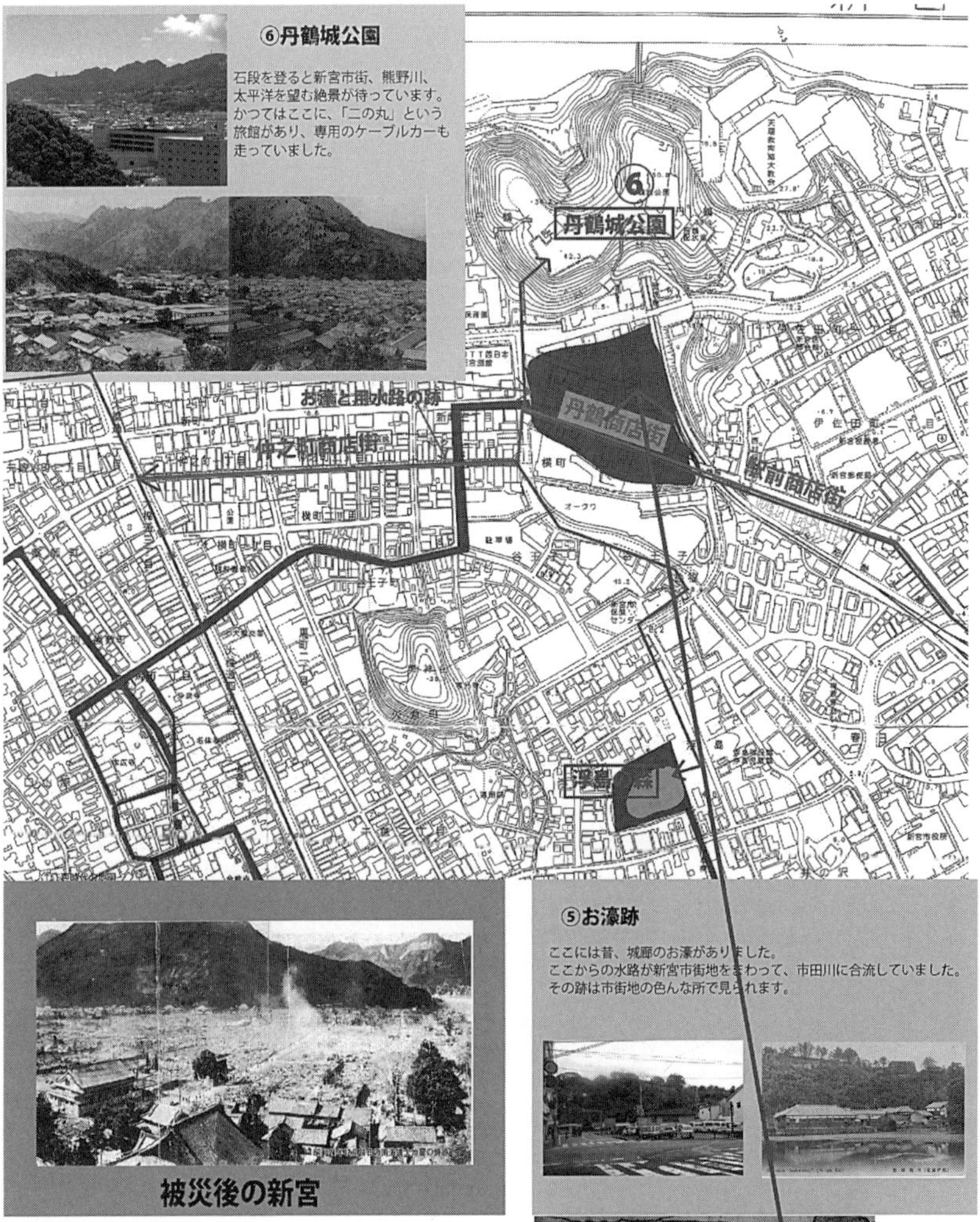

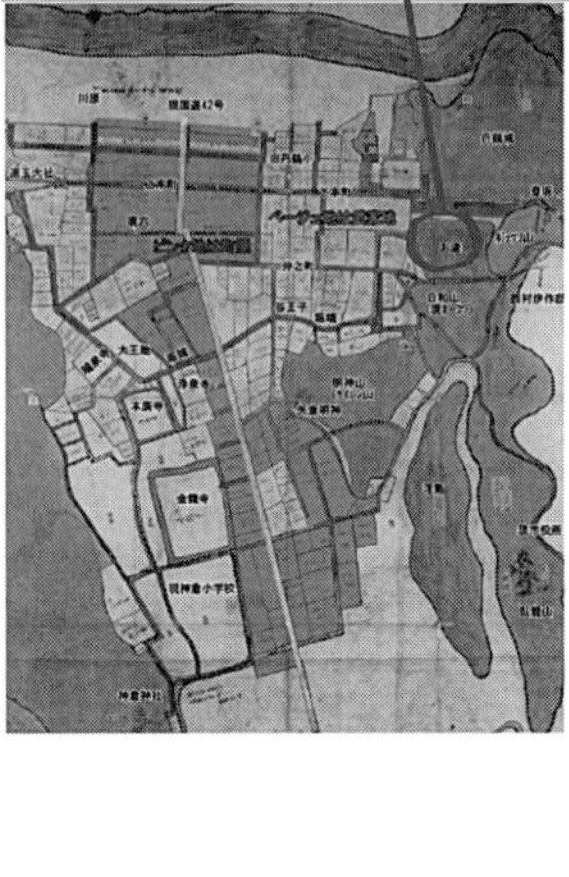

図 3　武家地から町人地へ

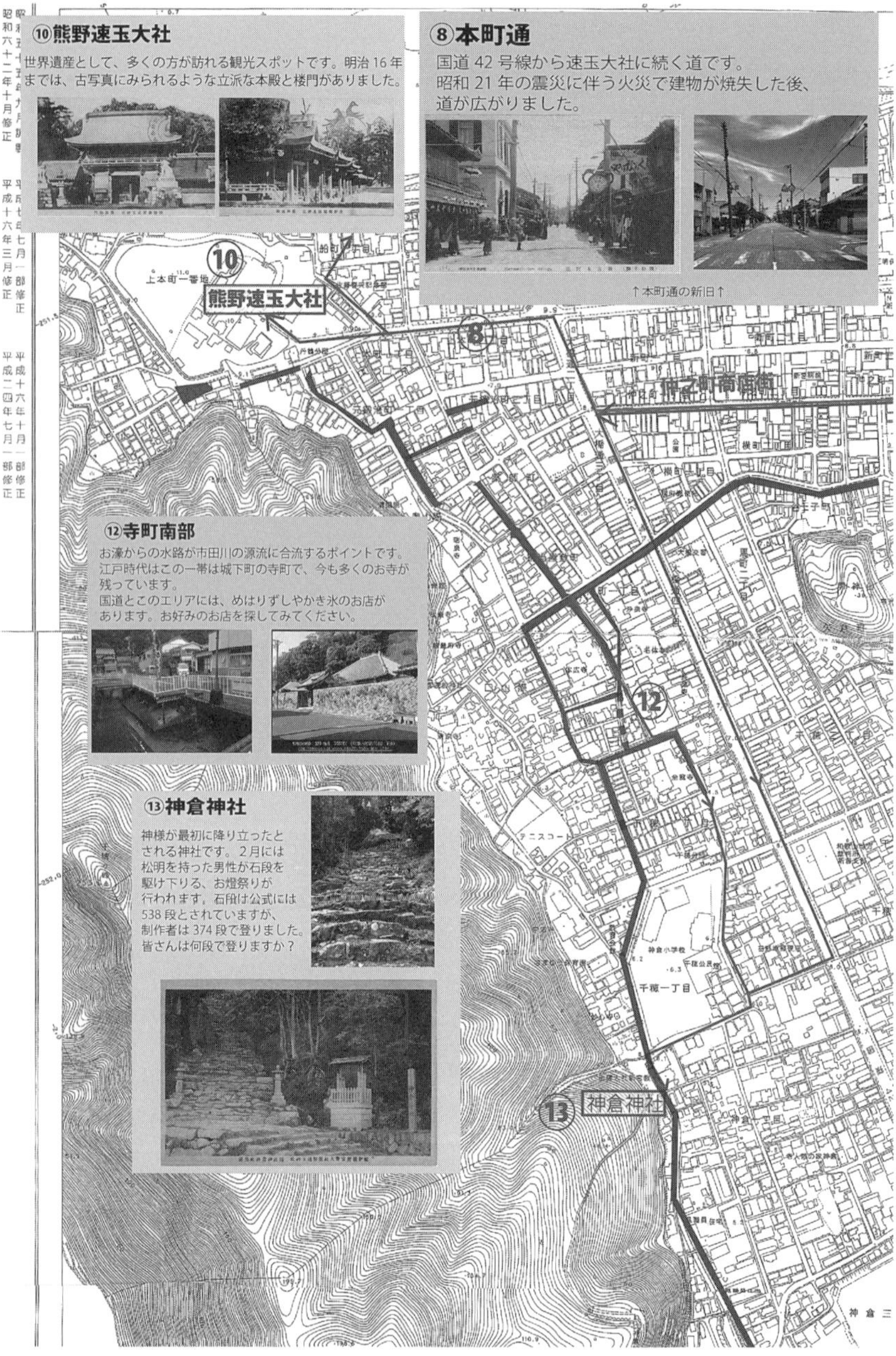

図 4　千穂ヶ峰山麓の掘割と神社、寺町

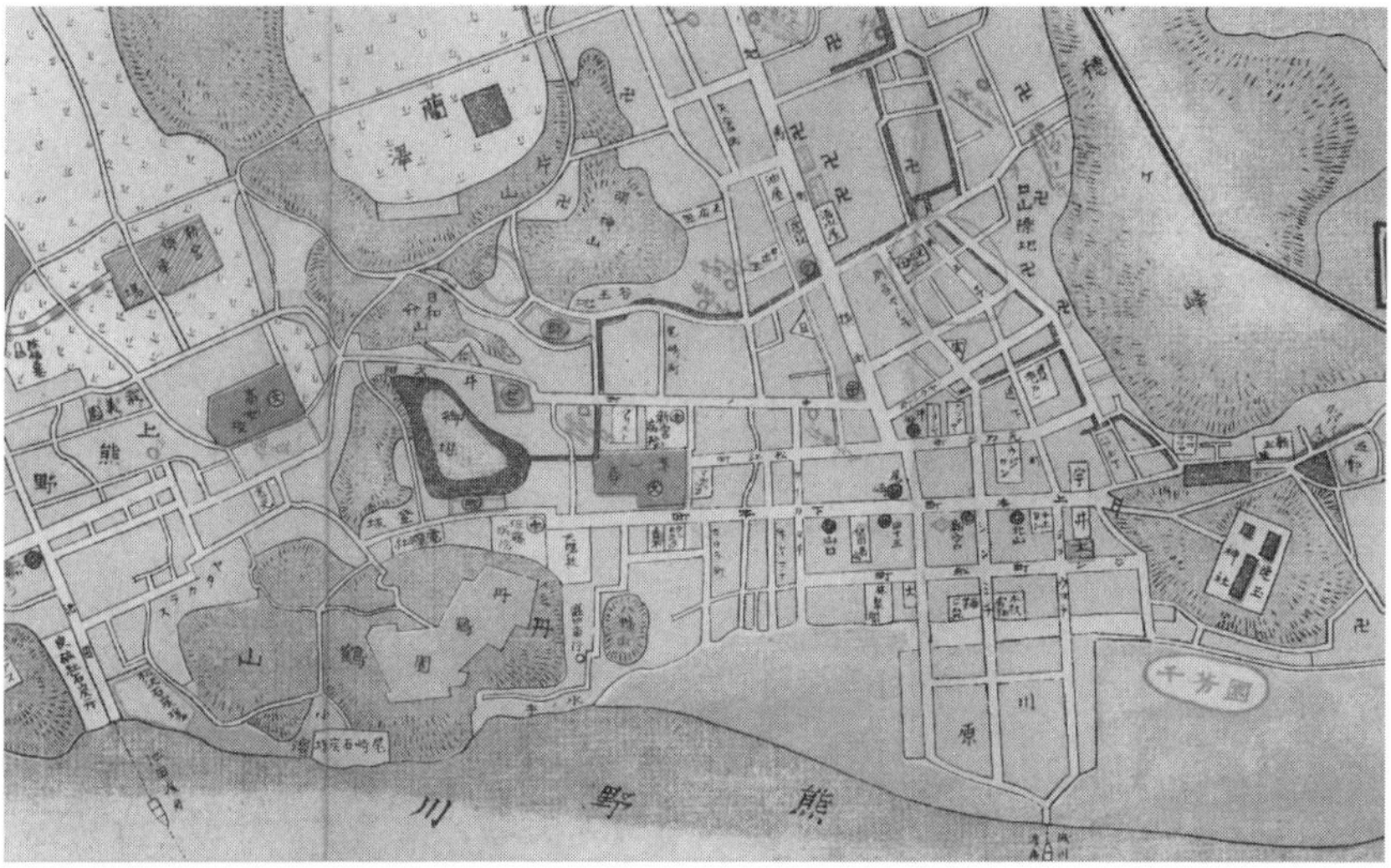

図 5　1911 年の新宮町

「三町市街図」1911年より　熊野川から見て字が書かれ、北は地図の下方向と、他地図と異なり、逆転している。

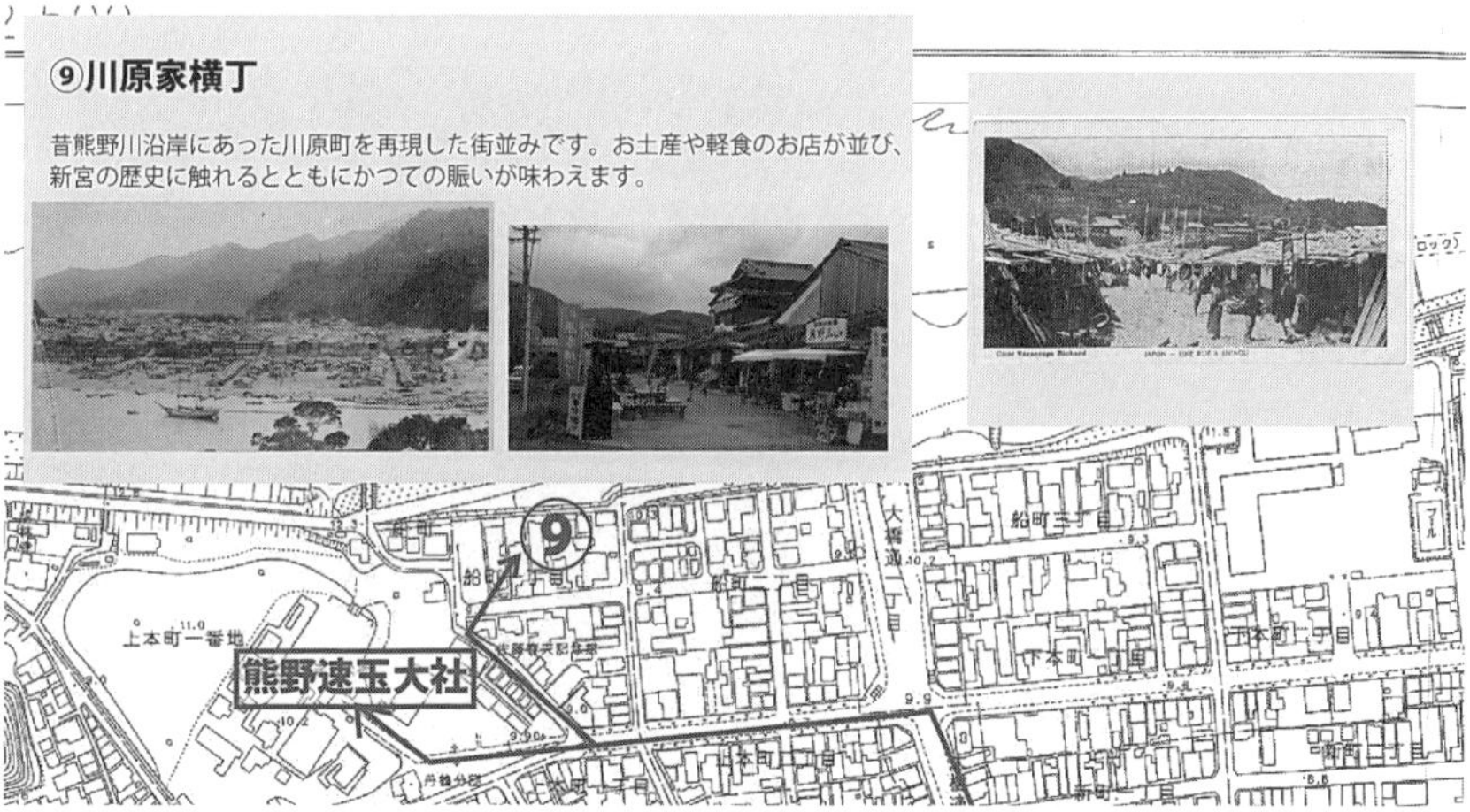

図 6　熊野川河川敷　川原町

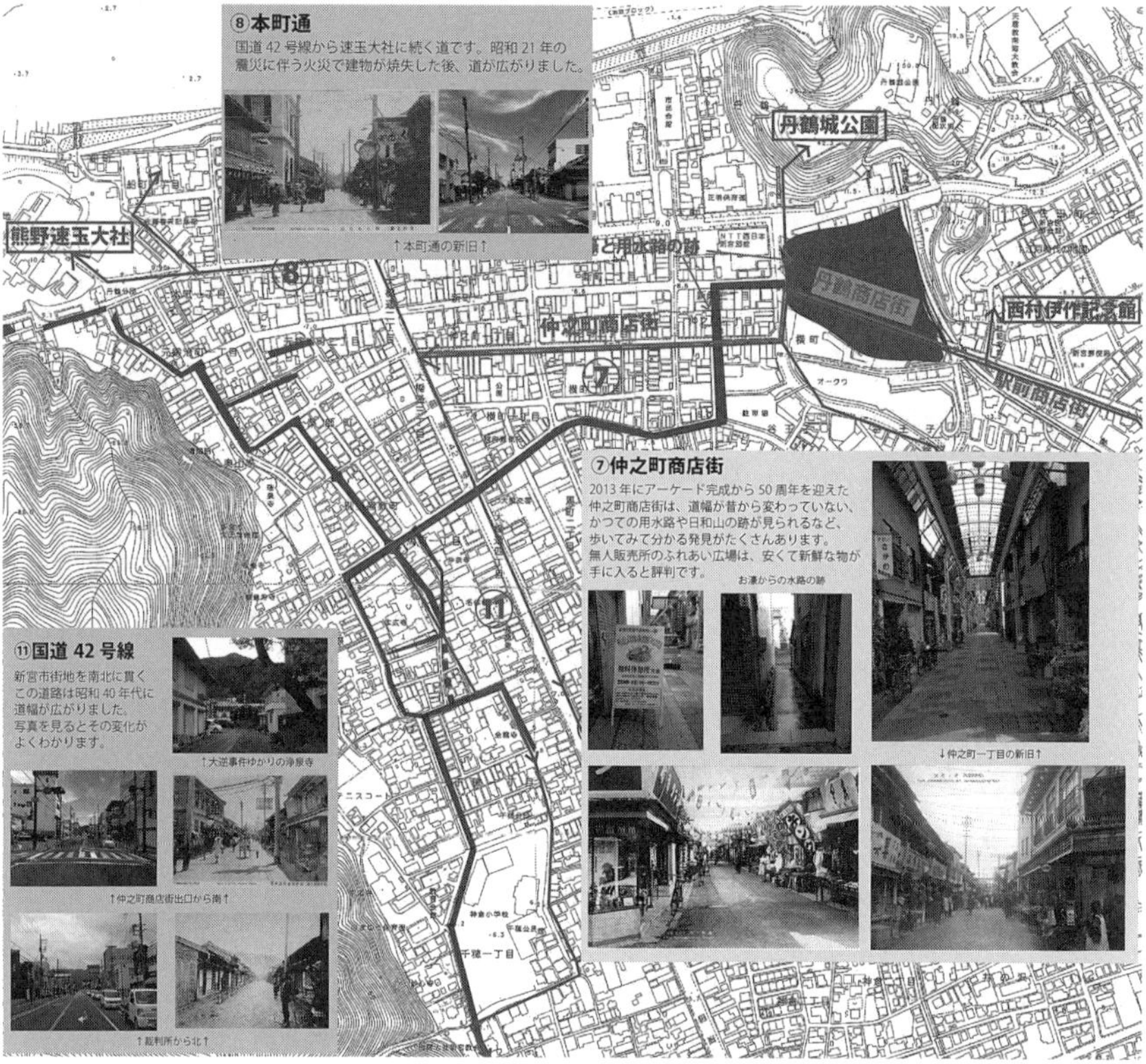

図7　本町、横町、仲之町、馬町などの中心地区

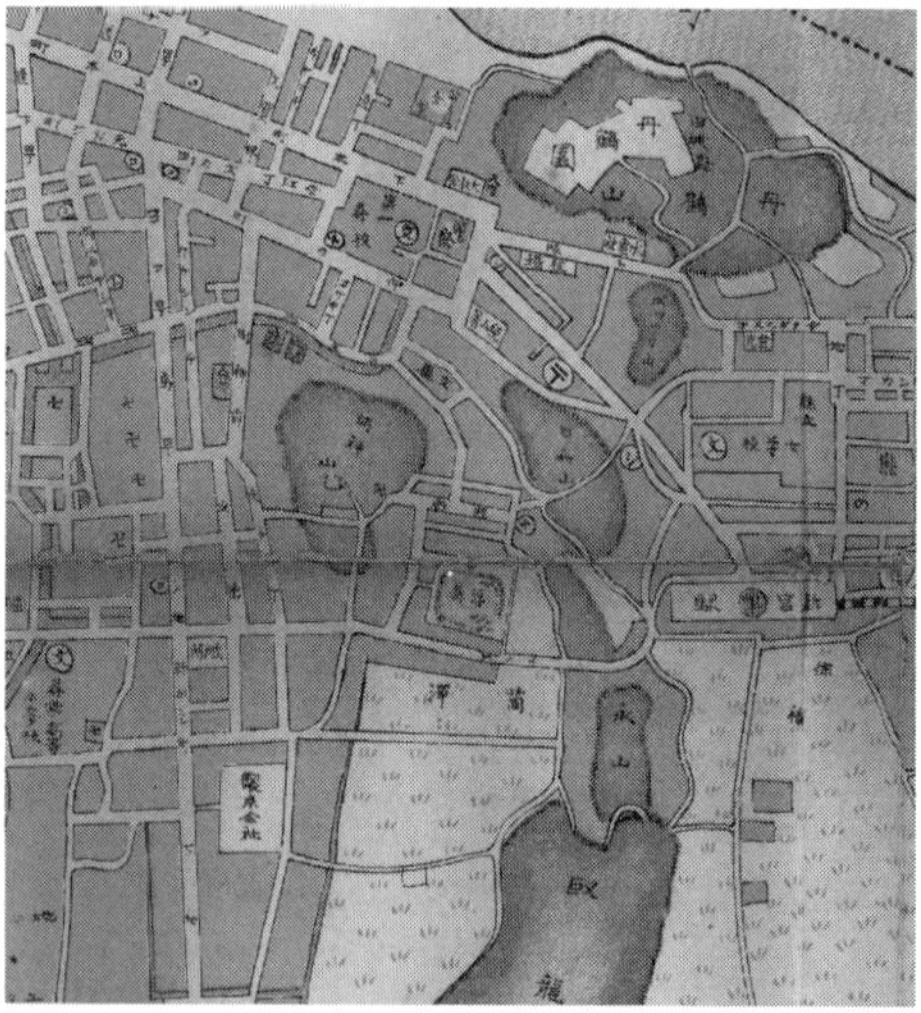

図8　1928年の「新宮町全図」より中心部を見る

小屋、速玉大社横の遊郭なども多く立地した。図7のように、いわゆる「金融街」とも称すべき上本町に対して、仲之町は横町の郵便局を角にして、武家開放地と結ぶ最大商店街として成長した。この横町にある郵便局と、馬町に○ケと書かれている警察署は、「御堀」周りに移転するが、それは一九二八年作成の図8を参照してほしい。丹鶴城から、左に明神山、奥に千穂ヶ峰（右手に速玉、左手中腹に神倉神社）を挟んだ土地に、武家開放地から町人地、そして寺町を俯瞰した図3の⑥の写真は、城下町の系譜をつめこんだコンパクトな空間をよく表している。残念ながら、同じ図3の被災後の写真のように、一九四六年一二月の南海道地震時の火事により、昔の街並みを失ってしまった。

2　近代都市の系譜を変化の契機から読み取る

前節では、城下町の系譜という観点で、まちづくりの意図に焦点をあてて、新宮のまちを再構成してみた。では第三の視点である変化の契機が新宮のまちにどういう影響を及ぼしたのか。ひとつは鉄道の開通と駅の開業が、新宮の都市空間構成にどのような影響を及ぼしたか、そして地震による大規模火災で、旧市街地を焼失してしまったその影響を知ることが、新宮では重要となる。

新宮、勝浦間に新宮鉄道が開通したのは、一九一三年であった。図9のように、新宮の背骨のようにまた臥せる龍のような姿での山容であった臥龍山が印象的である。図5、8のように、その手前で行き止まる形で、田んぼの真ん中に駅舎を設け、当初は旧城下

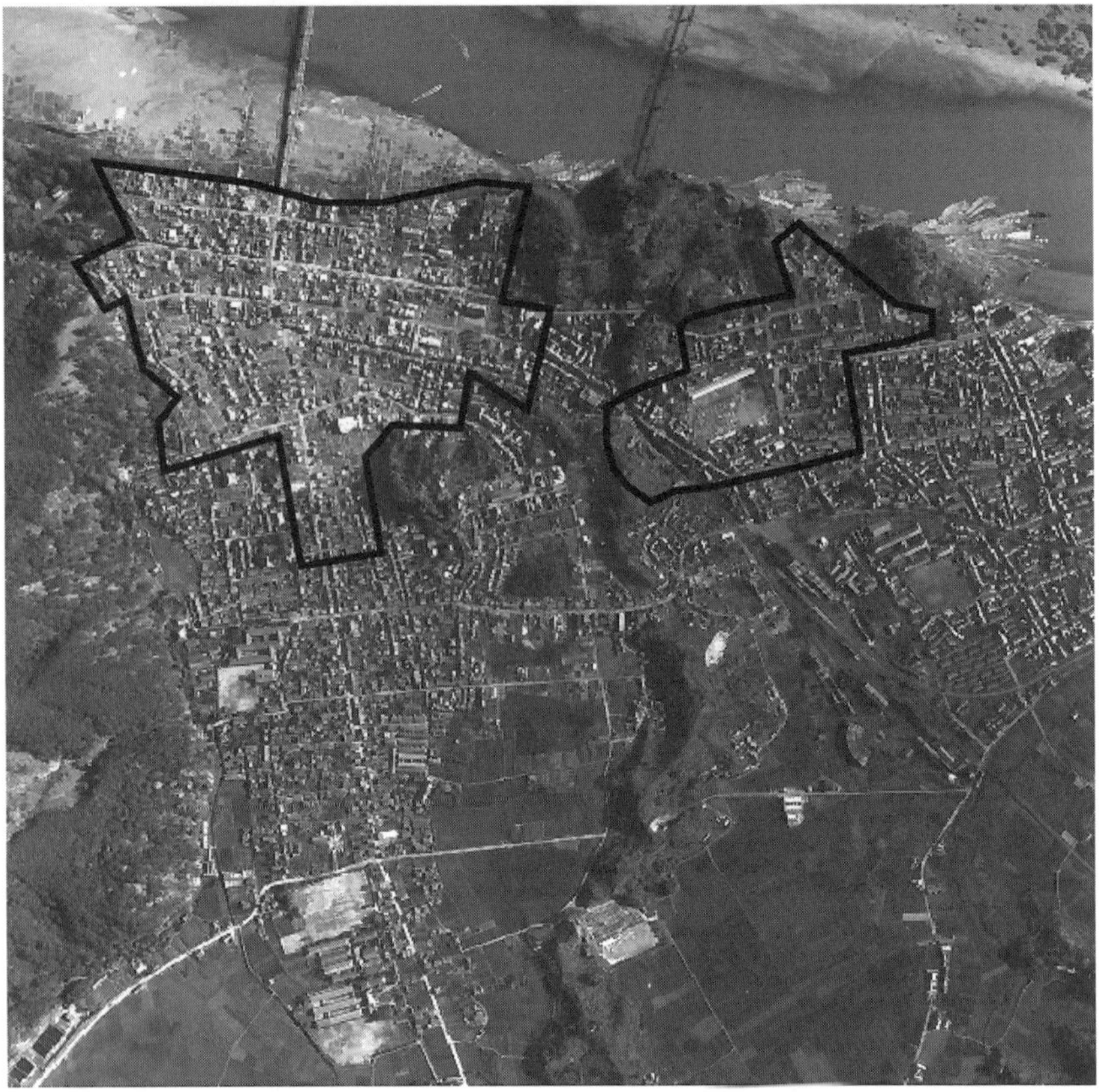

図 9　1948年の空中写真からみた新宮（米軍撮影 USA R1373-9　1948.5.6撮影）

注：黒線内は、戦災（東側）と震災（西側）復興事業の施行地区である。

図 10-③駅前本通り－丹鶴商店街

食料品のお店の他に、スイーツやお弁当、雑貨、スポーツ用品など
バラエティに富んだ商店街です。
駅と仲之町商店街や本町を結ぶために作られた通りです。

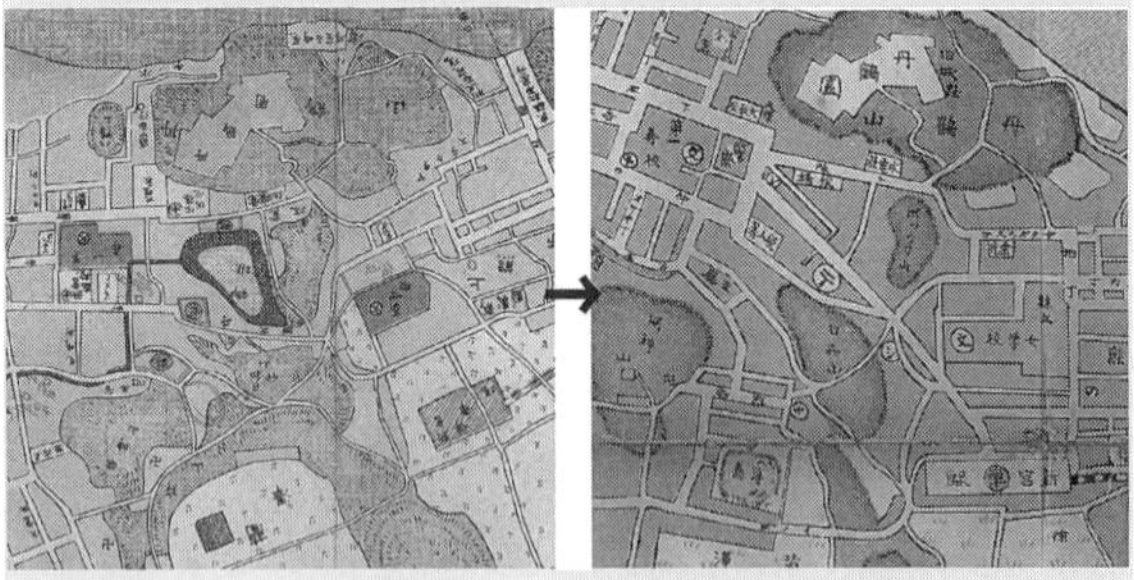

②徐福公園
秦の始皇帝の命令を受けた徐福が、不老不死の薬を求めてこの地に辿りついたことを記念して、平成６年に公園として整備されました。
丹鶴商店街
⑤
西村伊作記念館
②
徐福公園
④
③
駅前商店街
①
新宮駅
④丹鶴橋
ここから西に延びる丹鶴商店街はお濠の一部を埋めて作られたものです。写真に写っている鉄管は、お濠から熊野地方面にあった農業用水路を鉄管に変えたものです。橋の下には川ではなくJRが走っています。

↑丹鶴商店街の新旧↑
①新宮駅前
三重県方面に列車を通すために、線路の向きを変えたので、今と昔で線路の出る方向が異なります。

そのため駅前の道は幅が広くなっています。

↑昭和 13 年建築の新宮駅舎

図10　新宮駅前近辺

町エリアからは少々離れたところに位置していた。終点の勝浦駅からすぐの勝浦港で大阪商船の和歌山、大阪方面の紀州航路と結びついていたこともあり、熊野川とならんで、交通の中心地として登場する。大正期に入り、仲之町と結ぶ伊佐田の通りが、駅から「御堀」までつながり、図10の③のように、現在の駅前商店街となった。城郭から西に、登坂をはさんだ、日和山より海側に伸びる池田や阿須賀の武家地の外側に、新市街地が形成されてゆく。明治末期には、後述する建築家、西村伊作の自宅や（図10の⑤）、彼が設計したいくつかの洋館をはじめ、日和山の山麓の高台には当時の郊外の雰囲気を醸し出すエリアが登場した。この高台の麓の新市街地から駅方面にかけて女学校や第二尋常小学校が登場し、田んぼ地にあった徐福の墓も市街地に取り込まれた。そして隣接する熊野地に市街地が連坦するが、貯木場、木材工場や王子製紙の工場も登場する。生産都市への変化の見られるもう一つの近代新宮の発展地となった。

昭和初期までに都市計画に基づく市街地形成は見られなかったが、昭和になっての鉄道駅の変遷は新宮の都市構造にインパクトを与えている。一九三四年に国有化され、三重県につらぬく紀勢本線の延伸に伴い、線形は大きく変更される。それに伴って一九三八年には駅舎は熊野川に直交する方向に九〇度ほど右回転し、そのまま熊野川を越えるために、丹鶴城直下をトンネルでくぐることになった。図10の④には、駅前商店街通りを下にくぐり、そこから丹鶴城下のトンネルに至る工事中の状況を背景に、駅前商店街の繁栄もみることができる。

駅の回転とともに新駅舎が東牟婁地方の玄関口の威容を示すべく、図10の①の写真のように、堂々と登場する。この駅舎も残念なことに一九五一年に焼失するが、構内の地下道などに当時の構造などを見ることができる。駅舎建築の思想を知るには記憶にとどめておくべき建物であるといえる。

一方、地震災害による大火の被災については、図3の「被災後の新宮」の写真で見たとおりであるが、図9の一九四八年の空中写真で、その被災地の広がりが明瞭に見て取れる。前節で紹介した城下町の歴史的都市域がほぼ焼失してしまったことがわかる。また五〇人の死亡者と二〇〇人あまりの負傷者をだした、一九四五年七月二四日の空襲は、図9の東側の黒線枠で敷地が確認できる女学校の直撃による悲劇であり、その周辺も含めてこの空襲写真においても被災後の状況は見て取れる。

被災後の復興は、戦災復興事業の地震被災地への拡大適用のもと、戦災地との二工区で行われることになった。明治期から昭和戦前期の都市における大火復興は、木造の本づくりで復興されることが多く、明治の土蔵などの防火建築などはその代表である。ところが資材が圧倒的に不足した戦後復興は、建物的には貧弱な再建しかできなかったため、都市景観も全般的に貧相なものとならざるを得なかった。しかしながら新宮の場合は、所有面積をカットして道路拡幅や公共用地に供出する割合にあたる減少率を一割と低くしたため、公園を設けるスペースは確保されなかったが、国有林の木材払い下げのおかげで、幅員が広がった道路に、木造の立派な家屋が再建され、図7の⑧の上本町のように、歩道も備えたそこそこの水準を有したまちなみが再興した。まちあるきでは、戦災地と非戦災地の違いは、建物と道路幅員の違いでよくわかるものとなっている。

3　地域に埋め込まれた物語の再成

新宮はそもそも熊野詣で、熊野参詣の地であり、熊野川や熊野古道が世界遺産となっている。昔からの多くの人の流れには、物語はつきものとなり、新宮はとりわけ地域と関連する物語が多く、その物語を読み解く魅力は、「熊野大学」の毎年の開催と、全国から受講生を集めることに伺えよう。(3)

ここでは都市空間との親和性の高い物語が、文化の香りとともに、新宮の都市空間のセッティングとマッチしながら読み取れる、小都市としては大変濃密な事例を取り上げる。建築家西村伊作と小説家佐藤春夫と、大逆事件の首謀格とされた医師の大石誠之助と住職の高木顕明、そして時は離れて小説家中上健次が、物語の生み手となる。重要なのは空間的セッティングが、自作の洋館の西村邸、東京の文京区から移設した洋館の佐藤邸、高木が住職として務めていた真宗大谷派の浄泉寺、そして中上が小説の舞台とした生地の被差別部落＝「路地」として、地理的に現存することにある。そしてそれぞれの人物が、新宮の当時の繁栄をバックにした資力とそれにもとづく高い情報収集力やナショナルな行動力とネットワークを持ち、時代を超えつながって、そこから新宮独特の人権文化を生み出し発信していることである。一小都市で、これだけの著名な人物が、新宮の空間性と関連しながら物語を紡いだ、歯ごたえ感のある稀有な事例を、簡単に紹介しておきたい。

コアとなる大逆事件を中心に物語の生み手と、その地理的構成を紹介する。熊野川上流、

(3)「熊野会」という団体をベースに、一九八九年に中上健次が「熊野とは何か」「熊野の思想を明らかにしよう」という考えから、「熊野大学準備講座」を開き、翌一九九〇年、「熊野大学」が設立された。一九九二年に中上健次が死去した後も、彼の志を継ぐべく、有志が中心となって活動を続けている。

下北山村の大山林地主の家系を背景に西村伊作は、叔父の大石誠之助の影響を受け、反戦運動や生活改善啓蒙活動に関与していた。そのため大逆事件の際には、彼も捜査の対象とされた。建築家としての活躍も著しく、既述したように、日和山麓に、家庭生活を重視した居間式住宅を日本で最初に建築する。西村伊作が一九一五年に設計・建築し、家族とともに過ごした自宅となった。佐藤春夫や与謝野鉄幹・晶子夫妻、石井柏亭などの多くの文化人たちとの交遊の場でもあり、日本の近代住宅の先駆例として大変貴重な建物として存在した(4)。

一方、西村伊作と親交があった佐藤春夫の作品や遺品等を展示する佐藤春夫記念館は、熊野速玉大社の境内にある。これは東京都文京区関口町にあった自邸が、一九八九年に現在の場所に移築され、記念館として開かれた建物である。西村伊作の弟である大石七分《しちぶん》が設計したことでも知られている。大逆事件で大石誠之助が処刑されたという知らせを聞いた際には、詩「愚者の死」を書き、大石の死を追悼した。

被差別部落と大逆事件との関係については、処刑された大石誠之助は、船町に大石ドクトルの名で医院を開きながら医師として、新宮市の貧しい人々、特に被差別部落の住民を無償で自らが出かけて診療し、差別に苦しむ人々の救済活動をしていた。また、大石誠之助は沖野岩三郎とともに「虚心会《きょしんかい》」を組織し、部落解放のための活動を行った。無期懲役となった高木顕明は、住職を務める浄泉寺の門徒としての被差別部落の住民と関わることが多かった。

時は超えて、西村伊作や佐藤春夫と同じく新宮市名誉市民である中上健次は一九四六年に新宮市の被差別部落にて生まれる。一九七五年に新宮に特殊な重みを与えることになっ

(4) 住宅は、一九八八年に西村家から新宮市に寄贈され、歴史ある建物及び西村伊作の作品の保存・展示のために記念館となった。

た小説『岬』で、戦後生まれとして初の芥川賞を受賞、さらに一九七七年には『枯木灘』で芸術選奨文部大臣新人賞を受賞した。熊野、新宮、被差別部落を舞台とした土地力を色濃く反映した小説を数多く執筆し続けたが、一九九二年に四六歳で早世した。空間的セッティングとしては、高校時代まで育った被差別部落を表現する「路地」、一九九八年、新宮市立図書館内に設置された中上健次資料収集室、「路地」の舞台となった地域で、玄関ホールで中上健次の常設パネルを展示する人権教育センター、そして中上健次が眠る南谷墓地となる。

一連の関係者の系譜を地理的に結びつけたきっかけが、二〇〇〇年に新宮市や真宗大谷派などによる大逆事件のシンポジウム「闇から紡ぐ人と光」の開催であった。翌二〇〇一年に「大逆事件の犠牲者を顕彰する会」の設立へとつながってゆく。事件直後親族をはじめとする新宮市の人々は、このような大事件が起こったことに対し、驚きや悲しみ、恐怖を感じ、まちは静まり返ったといわれる。そしてこの冤罪、悲劇は長らく封印されていたが、長い年月を経て、先人たちの意思を受け継ぎ、新宮市民やそれ以外の人々にも伝えようとする動きが結実して、この会の誕生に至ったといえる。

設立年には、犠牲者の名誉回復を市議会に陳情、同年に名誉回復宣言の議決を得、また事件の系譜を視覚化するため、「大逆事件犠牲者の顕彰碑」を二〇〇三年に建立した。当初は西村邸内に、その後JR新宮駅近くの春日地区にある隣保館、現在の人権教育センター横に移転した。被差別部落と大逆事件は切っても切れない関係として、空間的にもつながりあいながら、新たな新宮のまちあるき、あるいはスタディツアーの新たな資源となった(5)。歴史的人物や関連する出来事、物語を紡ぐことのできる空間セッティングをつなぎ結ぶこ

(5) 大逆事件の見直しや被差別部落と人権問題に関して、中上和年支部長をはじめとする部落解放同盟新宮支部のみなさまには長年にわたり多くの教示や情報を得ることができたことを感謝を込めて付しておく。

とが可能となったのである。(6)

この空間セッティングにおける被差別部落は、戦後の都市政策の中で大きな変容を受けたが、もう一つの都市づくりの意図の反映でもあるし、その過程で中上健次の小説が生み出されたのである。いくつかの被差別部落は、図9の中央を南北に山体が横たわる臥龍山の両麓、北側に続く日和山東南麓に立地していた。しかし一九六〇年代には官庁街形成計画の中で臥龍山が切り取られ、また一九九〇年代には中心地区の商業施設誘致にむけての日和山の切り取りで、被差別部落は移転も含めて、大きな変容を余儀なくされた。

そもそも両山の東麓の被差別部落は城下町時代に起源を有していたが、城下町絵図では描かれず、第二節では紹介できていなかった。ところが既述のように臥龍山東麓には大正の初めには駅が出来、一躍市の玄関に接することになる。また第三節の「変化」の出来事に加えるものとして、一九六〇年代には、山の切り取りにより、跡地に中央通りが新設され、市役所をはじめとする新宮の中心街が新規に登場した。加えて、被差別部落はその後の同和対策事業により、中心街に接して、大部分公営団地地区に変貌した。かつての山麓の「路地」の風景は、その後の日和山の切り取りと跡地への大型スーパーへの進出をうけ、完全に消滅した(若松、二〇〇四)。この空間のかつての存在と、消滅へのプロセスが中上健次文学の舞台となり、もう一つの物語が紡ぎだされることになる(若松・水内、二〇〇一)。そうした物語をスタディツアーとして実現した事例は、尾崎・中山(二〇一四)を参照していただきたい。(7)

(6) その後、新宮市観光協会が企画する「世界遺産の町・新宮市 ガイドさんといっしょにまち歩きフェスタ」で五つのコースが用意され、そのうちの一つが、「大逆事件と新宮の文学散歩」であった。他は、熊野速玉大社と神倉神社、新宮城跡と新宮藩、徐福、そして浮島の森である。

(7) この共著は、参考文献にも記載しているが、域学新宮実行委員会で実施した成果の一つであり、大阪市大の地域連携センターを中心に進められ、レポートのほうは、市大文学研究科地理学専修の学部演習(担当:祖田亮次)の成果として生み出された。

〔参考文献〕
若松司、水内俊雄「和歌山県新宮市における同和地区の変容と中上健次」『人権問題研究1』五五―九三頁、二〇〇一年
若松司「和歌山県新宮市における同和対策事業による公営住宅の建設過程と部落解放運動：一九五三～七五年」『人文地理五六（二）』一八六―二〇四頁、二〇〇四年
尾崎瑞穂、中山穂孝「新宮市におけるニューツーリズムおよび文化観光のかたち」域学新宮実行委員会編、総務省『「域学連携」地域活力創出モデル実証事業「次世代エンパワーをめざす学修力、生活力の育成を通じた包括的セーフティーネットの生成」』所収、二七―四三頁、二〇一四年

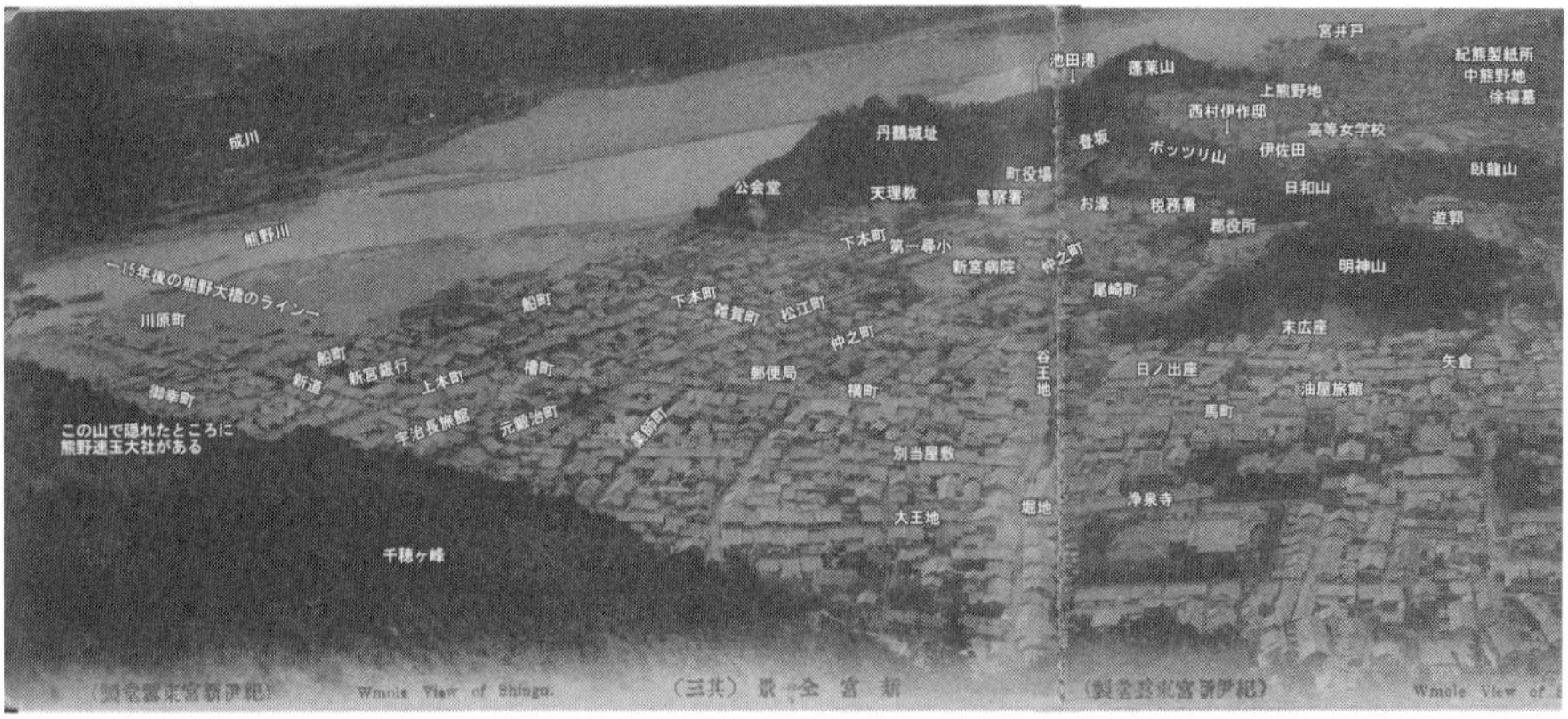

大正中期撮影、絵葉書「新宮全景」より

新宮鉄道の新宮駅（1913年開業）、西村伊作設計の新宮公会堂（1916年完成）、新宮警察署（1919年新築移転）で、新宮城のお濠が写っているが、お濠は1920年から1922年にかけて埋め立てられているので、撮影時期は、1919年～1920年ごろと思われる。撮影者の久保昌雄氏は、1893年頃新宮に写真館を創業し、熊野の勝景を撮り歩き、それらの作品は絵葉書として仲之町の文具店・書店の東雲堂などを通じて「熊野名勝」シリーズとして販売された。それは全国の景勝地に絵葉書の発行が広まっていく先駆けでもあったと言われている。島津俊之「明治・大正期における「熊野百景」と風景の生産—新宮・久保写真館の実践—」、人文地理59-1、7-26も参照。写真及び多くの地名等の付記は、中瀬古友夫氏から提供、情報教示を受け、水内が作成した。

column

「鯨の町」の町立くじらの博物館

櫻井敬人

太地町立くじらの博物館がオープンしたのは一九六九（昭和四四）年のことで、そのわずか一〇年ほど前には、日本から南極海に向けて出漁した捕鯨船団数が七船団に達して日本は世界最大の捕鯨国になっていた。人口が四五〇〇名ほどの太地からも毎年二〇〇名以上の男が出漁し、町の経済は大きく南氷洋捕鯨に依存していた。しかし鯨類資源が急激に減少したことに伴って大幅な漁獲規制がかけられるようになった。反捕鯨運動が世界的に盛り上がるなか、捕鯨産業は急速に衰退していった。

一九五七年から太地町を率いていた庄司五郎町長は、そんな時代が来ることを見越していたようである。博物館開館の前年に放送されたＮＨＫテレビ番組『新日本紀行』のなかで、彼は以下のように発言している。

「太地の町に次の産業は何があるのかということになりますと、私は観光しかないと思います。海に飛び込んでクジラに縄をかけて縛ったり、あるいはクジラと泳いだり、ということはおそらくよそのところではできない。この町の連中はそういうことが簡単にできる。だから私が夢を持てるわけです。これに一万人の能力があるホテルも建てて、ゆっくり眺めてもらいたい。皆さん方からすれば大きな話のように聞こえると思うのですが、少なくともマイアミの海岸などでそういうことをやっていますからね。」

その頃フロリダ州マイアミでは、バンドウイルカなどの海生哺乳類が「マリ

図１　くじらの博物館前に建つ庄司町長の胸像

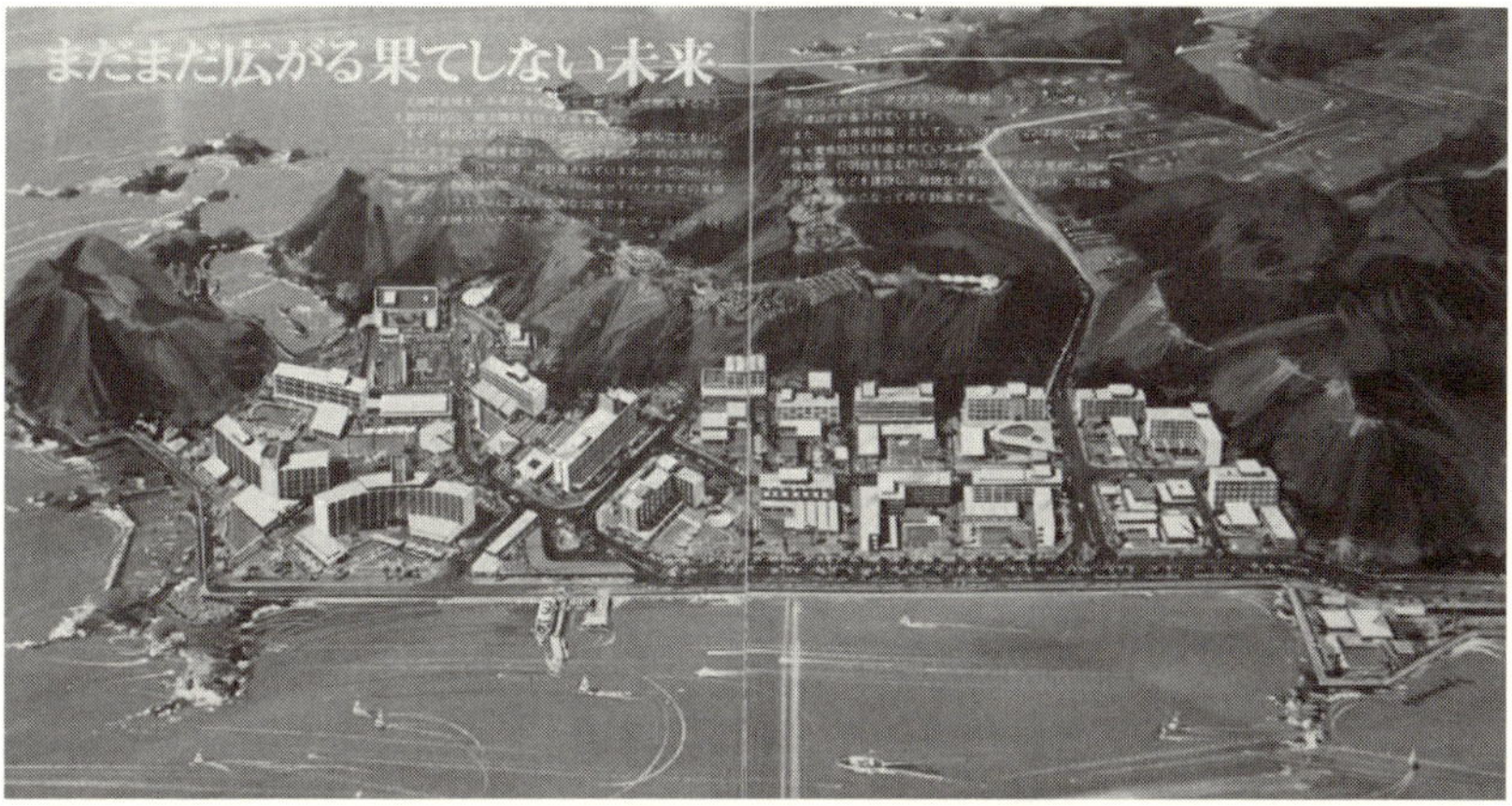

図2　昭和40年代初めの太地町観光パンフレット

図3　『ダイヤエース時刻表』（1974年3月号）の表紙を飾ったくじらの博物館イルカショー

ンランド」という名の大規模な水族館で飼育展示されており、大勢の観光客を集めていた。また「東洋のマイアミ」というキャッチコピーで神奈川県藤沢市が観光振興を図っていた湘南海岸公園の一角、片瀬海岸で営業する江の島水族館では、庄司氏が町長に当選した一九五七年、「マリンランド」という名の日本最初の鯨類飼育専用施設が開設され、三頭のカマイルカの飼育展示が始まった。藤沢市とマイアミ・ビーチ市はその二年後に姉妹都市提携を結んでいる。庄司町長がテレビで言及したのは、これら「マイアミ」の先進的な水族館における鯨類飼育展示の取り組みと考

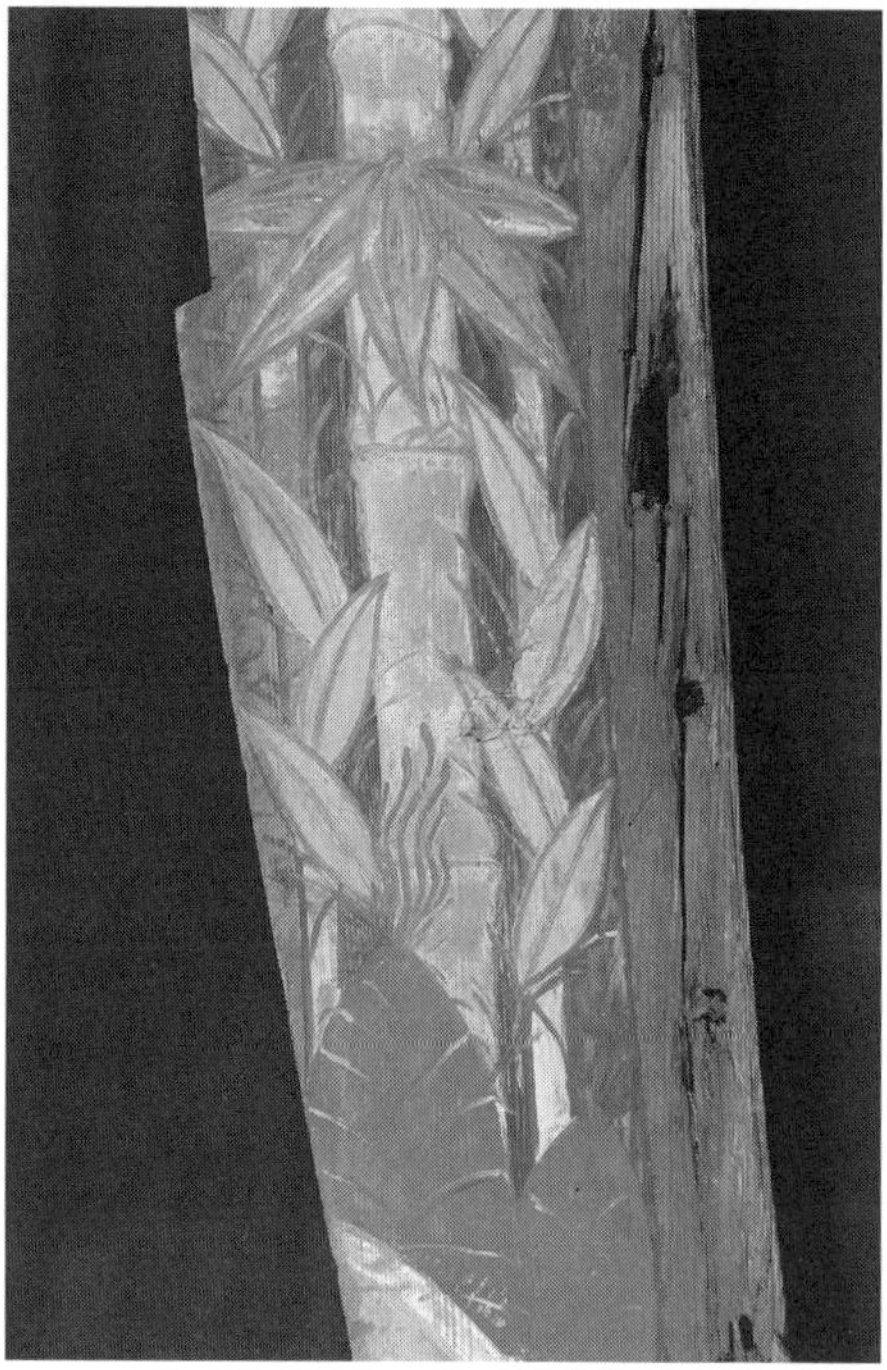

図４　二番勢子舟水押（くじらの博物館所蔵）

えて間違いなかろう。

フロリダのマイアミに行ったかどうかは確認できないが、庄司町長はくじらの博物館開館の二年前にアメリカを訪ねている。紀伊半島南部の浦々では明治時代中頃から海外出稼ぎが盛んで、大正時代以降、特に紀南出身者が多く集まっていたのは、ロサンゼルス港の一角にあって魚の缶詰工場が集中していたターミナル島であった。日米開戦によって強制収容所へ入ることを余儀なくされた彼らの多くは、戦後に収容所を出た後も引き続きロス近郊に住んだ。太地出身者とその家族で構成する太地人系クラブのメンバーは、ロス空港に降り立った庄司町長一行を出迎え盛大な歓迎会を催した。カリフォルニアの水族館で人気を博していたイルカショーのことを庄司町長に最初に知らせたのはおそらく彼らであろう。アメリカの最新のイルカショーを八ミリカメラで撮影し、フィルムをくじらの博物館の飼育員宛てに送ったのも彼らであった。

庄司町長の訪米団の中には、東京大学海洋研究所教授の西脇昌治博士が含まれていた。西脇博士は日本を代表する鯨類学者であり、江の島マリンランドの立役者でもあった。くじらの博物館を県教育委員会認定の登録博物館にするために博物館法が必置を謳う学芸員の役職は、他ならぬ西脇博士が非常勤で務めた。庄司町長はまた、「柳田国男の一番弟子」と言われた民俗学者の橋浦泰雄氏を執筆担当者とする捕鯨史編纂委員会を町長就任直後に立ち上げていた。それから一二年後、編集委員会は、博物館開館の一ヶ月前に、限定一〇〇〇部、定価一万八〇〇〇円の大著『熊野太地浦捕鯨史』を世に出した。資料編纂の過程で集められた捕鯨資料は博物館に収められた。

くじらの博物館は、日本で先駆的に鯨類の飼育展示に取り組んだ水族館の一つであり、希少鯨類の骨格標本などを所蔵する自然史博物館でもあり、さらに捕鯨の道具や写真、絵画などを展示する歴史博物館でもある。開館から半世紀が過ぎ、ヒトとクジラの関係は世界中で大きく変化し、その多様な関係を巡って意見が衝突している。また人々の生活様式や価値観の多様化に伴って、博物館に対する期待も実に様々である。しかし資料を集めて保存し、調査研究して、展示などを通じて人々とつながり、人々の学びを支援するのが博物館であって、学校とも、公民館とも、図書館とも違う博物館の基本的役割はユニークであり続ける。

広く開かれた社会教育機関として、そこでヒトとクジラがこれまでどのように付き合ってきたかを学ぶことができるのであれば、くじらの博物館は、ヒトとクジラの未来の関係を考える貴重な場所を訪れる人々に提供するであろう。

熊野の妖怪

中島敦司

はじめに

熊野には妖怪話が多く残されている。驚くことに、今でも遭遇する人が居ると云う。例を挙げると、ひとつダタラ、一本足、ヒトクサイ[1]、ダル、ダレ、ガキ、肉吸い、牛鬼（〝ギュウキ〟ではなく〝ウシオニ〟）、天狗、河童（ゴランボ、カシャンボ、他、多数の方言名称あり）、桂男、海坊主、大蛇、ツチノコ[2]、件《くだん》、送り狼、夜雀、他にもまだ居る。ところが、熊野の妖怪は、意外にも他の地域よりも種類は少ない。とは言いながらも、皆が同じ妖怪に遭遇するせいか、話の内容は、リアルで詳しい。生物学的に表現するのなら、種多様性は高くはないが、生息する個体密度は高い、ということになる。

（1）ヒトが嫌いでヒトに出遭うと「ヒトクサイ、ヒトクサイ」と叫ぶことから、この名がついたとされる。

（2）紀伊半島では古くから「野槌《のづち》」としての目撃が記録され、当時の図鑑的な書にも記載されている。

熊野の妖怪には、排他的で乱暴なモノはいるが、凶悪なモノは意外と少ない。心持ちとしてイヤらしいモノ、粘着質でしつこいモノも少ない。時には、ヒトに優しかったりする。退治された際には、素直に反省するなど人間的な側面を持つモノもいる。また、人や家屋などにピンポイントで取り憑くものが少ない。神出鬼没で、もっぱら人里外れた寂しい場所や山奥に潜んでいる。そのせいか、遭遇する地点、被害を受ける人数ともに多くなり、出没タイミングは不定である。興味深いことに、人口の多い、例えば和歌山市辺り[3]では妖怪の種類が多くなり、その一方では遭遇場所や被害範囲は限定的となる。しかも執着心が深い。この都市と熊野の対比から、熊野の妖怪の純朴性が浮かび上がる。熊野の人々の〝気持ち良い〟気質と似ている。

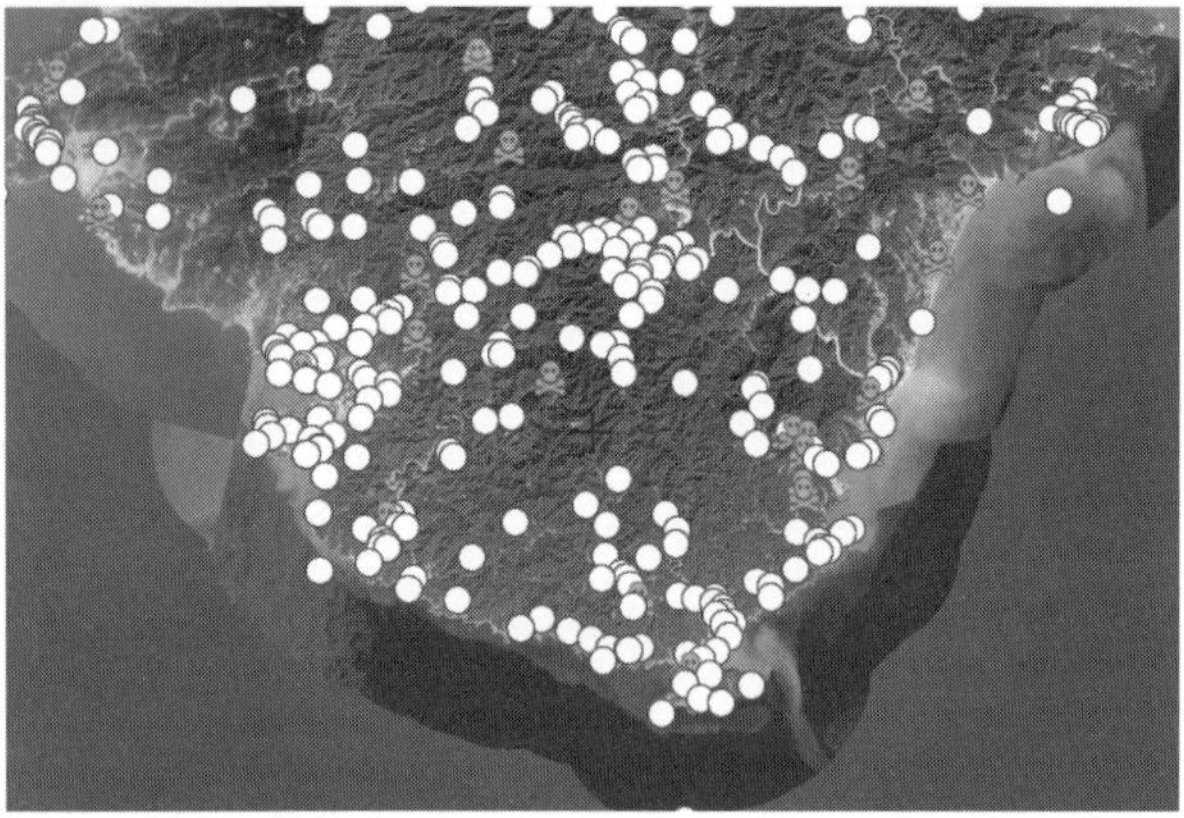

図1　紀州の妖怪分布図、伝承や証言から作成（国土地理院Webマップを改変、ドクロは目撃情報）

　熊野の妖怪の種類の少なさから考察されることは、熊野の人々は様々な怪異への対処方法、つまり危機管理ができていたということだ。それでも出遭ってしまうモノは、本物中の本物の妖怪、よほどの危機な存在であったのだろう。都市の妖怪などは、怪談話として面白がっただけのものが大半で、いわば、見世物[4]の範囲を出ない。熊野の人々と妖怪との

（3）例えば、冬の朝方に家の中で騒音を立てる「畳たたき」や、松の木に棲んで目を合わせるといきなりゲラゲラ笑い出す「糸繰り婆」などその種類は多い。

（4）各地に残る妖怪のミイラなどは、動物の体を加工したものが大半であることは言うまでもないが、かといって文化価値が無いわけではない。製作された、公開された意図には金儲け以外の何か、例えば教訓が含まれることが多い。

付き合い方は、自然や人間の根源のような話ばかりである。熊野の癒し機能ともつながっている。だから、今、熊野の妖怪に目を向け、その意味を知ることは、熊野の社会を今後も持続させるヒントになる。そこから得られる教訓は、争いの絶えない現代社会に対して発信する価値を持つ話となる。

妖怪は危険な存在であり、遭遇すると危害を加えられる恐れがある。だから、出遭わないようにすることが良いのであるが、出遭わないように注意しながら妖怪の痕跡を訪ねることで、その妖怪、あるいは妖怪話の持つ意味を知ることができる。つまり、学習系のエコツアーとしての価値を持つ。本項では、熊野の妖怪をいくつか紹介し、そこから得られる今日的な意味合いを考えてみることにする。なお、実はもっと多くの妖怪話があるのだが、紙面の関係から数種に止めざるをえないが、それでも熊野の何かを感じ取って頂き、訪問してみよう、妖怪を探してみようという気になっていただければ幸いである。

1　ダル

熊野の妖怪話として最も有名なものは、何を置いても「ダル」であろう。ヒダル、ダリ、ダレ、ガキなどとも呼ばれる。「ダルい」の語源だという説もある。世界的な博物学者の南方熊楠[5]も熊野の山中にてガキに憑かれている。今でもダルに憑かれる人が居るという現役の妖怪だ。その特徴は、山道を歩いている時、急激に空腹感に襲われ、その場にへたり込んでしまう。時には、そのまま行き倒れて、最悪では衰弱死に至る。箸を見せると集まっ

（5）熊楠は、専門とする博物学の一端として熊野の習俗についての民族学的研究を積極的に行っている。妖怪研究もそのひとつで、出没情報のある場所に足を運んでは住民への聞き取り調査を多く行っている。最近になって熊楠の研究足跡を訪ねるツアー商品が開発されるなど再び注目を集めている。

図２　ダル（図２～図10のイラストはBoBo）

てくると云う。ダルに憑かれた際には、お弁当の残りの米一粒でも良いから何かを食べるか、手のひらに「米」の字を書いて飲み込めば良い。ダルは、餓死した旅人や子供の亡者が変化したものだから食べ物には弱い。熊野の人々は、昔から、山に入る際には、必ず食べ物を持って行くことでダルに出遭うリスクを回避していた。お弁当も、必ず、米一粒を残しておいて、ダルに憑かれることに備えていた。

紀伊半島でのダルの分布は、高野山の周辺から熊野の山中までの広域に及んでいる。那智や本宮の周辺では、ダルはもっぱら山地に出るが、共通した出没条件(6)は、風通しが悪く、湿っていること。このため、ダルの正体は比重が大きく地面付近に滞留する二酸化炭素による中毒だと言う人もいる。症状は倦怠感をともなうし「米の文字」を飲み込むことは深呼吸につながるから、二酸化炭素中毒説には説得力がある。一方では「ハンガーノック」説もある。山道での長い移動によってエネルギーを使い果たしてしまう、いわばガス欠。これも危険だ。

気になるのは、熊野古道にもダルが多く出たということだ。中辺路と本宮の境界付近、果無《はてなし》越え、大雲取、小雲取などである。熊野古道が一時期さびれていたことを示す話だ。人の往来が盛んなら、行き倒れても誰かに助けてもらえたはず。世界遺産となって脚光を浴び続けている熊野古道にもさびれていた過去があった。ダルの正体が餓死者の亡者で

（6）　十津川村では墓地に出ると云われることもあり、熊野古道の大雲取や小雲取には覗き込むとダルに憑かれる「餓鬼穴」があると云う。

あっても、二酸化炭素中毒であっても、ハンガーノックであっても、熊野の人々は山中における危険を知っており、その危険回避の方法も心得ていた。先人の智恵を活かし、熊野古道には必ず食糧を持ってから行ってもらいたい。

2　ひとつダタラ

熊野をはじめ紀伊半島には「ひとつダタラ」の伝承が各地に残されている。全国的には一本ダタラと呼ばれることもある。

図3　ひとつダタラ

那智の山中、果無山脈、上北山村の伯母ヶ峰などに出たと云う。充血した一つ目、一本足で山中を歩き回り、山をひとっ飛びで走り抜け、土石流を思わせる巨岩を里に落とす。里や人を襲い、略奪を行う凶悪なものもいた。たいていは巨大で、中には全長九mを越えるものもいたと云う。

ひどい悪行のため、最後は地元の勇者に討たれているものが大半。中には果無地名の語源にもなった[7]、果ての二〇日（旧暦の一二月二〇日）だけは出てくることを許されたものもいる。戦いの際、勇者は一旦は絶体絶命にまで追い込まれるが、弓なら最後の一本、鉄砲なら最後の一丸でタタラを仕留めている。命がけでタ

（7）果ての二十日に人は無しの意味であるとの説がある。

タラ退治に成功した勇者は、褒美を辞退するか民に寄付している。有名な勇者は[8]、那智色川の狩場刑部左衛門であろう。刑部は、今でも色川社に祀られている。

ひとつダタラは全国的にも有名な妖怪であり、その正体は人々の興味を引く。最も多い説は、鉱山との関係である。鉱山を資金源とした勢力と時の権力者との争いが「ひとつダタラ」の話だと主張する人は多い。那智山には妙法銅山が、伯母ヶ峰には赤倉銅山があった。タタラという語は製鉄の古い手法を示す言葉である。怪物が一本足なのは、タタラ場で溶鉱炉に空気を送るフイゴを片足で踏むため片足だけ筋肉質になってしまった、または、溶鉱炉の熱でやけどして片足が不自由になっている。目が充血しているのは、いつも熱い火を見ているせいだとの説だ。巨石を落とすのは、鉱物を鋳出す熱源は、昔は材木だけだったので、その著しい森林伐採による災害の多発を意味すると云う。一方では、時の権力者が鉱山の既得権を略奪した身勝手を「ごまかす」方便に怪物話をでっちあげたという説もある。

熊野のタタラは、今では狩場刑部などの勇者に封じ込められてしまったので、本当の怪物だったのか、山で鉱山を営む集団だったのか知る由はない。しかし、多発する近年の土砂災害[9]をみていると、森林の過剰伐採や管理不足によって、再びタタラが蘇ってこないことを願うばかりだ。

（8）伯母ヶ峰でタタラ（一本足）を退治した勇者は武士の射場（弓場）兵庫や猟師の栄造などであったと伝わる。

（9）平成二三年の紀伊半島大水害で多発した土砂災害の原因のひとつには森林の荒廃があげられている。

3　肉吸い

熊野には、意外なもので、人を殺害するような凶悪な妖怪は少ない。しかし、果無から龍神村の小又川の辺りに出たという「肉吸い」は特に危険な妖怪であった。

「肉吸い」は、ヒトを喰らう鬼女である。夜の山道で「ほーほー」と不気味な声を出しながら「火（行灯）を貸せ」と若い美女が近づいて来た時、鼻の下を伸ばして油断すると、行灯を奪われ、暗闇の中で肉を吸われてしまう。昔の山道は、肉吸いが出なくても暗くて危険だった。どうしても夜道を行かなければならない時には、予備の行灯と火だねを持っていないと危ない。強風で行灯の火が消えたら、不注意で行灯を落として燃えてしまったらどうなるか。その場から動けなくなって、オオカミに襲われてしまうかも知れない。下手に動くと足を滑らせて滑落してしまうかも知れない。「肉吸い」の話には、山道では油断するな、装備を調えておけ、という教訓が含まれている。あるいは、女性との接し方の失敗は、時には命を落とす危険につながるという教訓が込められているのかも知れない。

4　山の祟り（牛鬼と枕返し）

熊野の山中には牛鬼（ウシオノ、ウシオニ）という怪物がいると云う。ゲゲゲの鬼太郎な

図４　肉吸い

どではギュウキと言われるが、これは瀬戸内の海に棲む蜘蛛の怪物で、熊野の牛鬼とは別物。熊野の牛鬼は、主に滝壺や深い淵に潜んでいて、勝手に魚を獲った人を祟り、その影を喰らう。影を失った人は、黒焦げになって死んでしまう。姿を見た人はほとんどいないが、本宮の檜葉では、頭は鬼で、身体が牛のようだったと伝えられている。多くは酒乱で、酒に酔わせて油断させた隙に逃げたという。古座川の三尾川《みとがわ》では、溺れそうになった男を助けたことで、その咎《とが》により、自らの命を落としてしまった女牛鬼の話もある。紀伊半島には、牛鬼の滝、淵など、筆者が調べただけでも牛鬼の地名は三五を越える。妖怪の名前が付いた地名としては異様な多さだ。地名に残さなければならないほど、恐ろしい存在であったのであろうか。しかも広域に分布している。

図5　ウシオニ

龍神村の小又川の奥に出た「枕返し」[10]も恐ろしい祟りだ。昔、七人の木こりが古木を切ろうと山に入るが、とても一日では切れなかったため、夕方に作業を止めたところ、翌日には切り口がふさがってしまっている。これが毎日繰り返される。切っても切っても切れないので、夜、こっそりと見張っていたら、木の精がやってきて、切り屑を戻してふさいでいた。次の日には、切り屑を燃やして帰ったところ、その翌日は、切り口がふさがっておらず、木こり達は古木を倒すことに成功する。その夜、木こり達が寝ていると、山の精がやって来て木こり達の枕を返したところ、七人とも亡く

(10)　全国的に知られる「枕返し」は、一般的には寝ている間に枕をひっくり返して不眠や寝冷えの原因になる程度である。

なってしまった。枕返しというと、夜中に子供の枕を返して寝冷えを起こすような小物妖怪に思われがちだが、小又川の枕返しは恐ろしい。昔は、寝ている時は身体から魂が離れ、枕を返すと魂は帰るべき肉体を見つけられないと考えられていた。「枕返し」の類話は、(11)熊野の他の場所でも言い伝えられている。

牛鬼、枕返しともに、山の資源を略奪した際の祟りである。切っても切っても切れない木の話は熊野の各所に残っている。自然を大切にしている限り、祟られることはない。これは資源管理に対する教訓として今でも通用する話だ。

(11) 切っても切っても切れない木の話は、本宮の皆地《みなち》では、池の主の仕業で、陰陽師安倍清明に封じられたと伝わる。

5 熊野の河童(ゴランボ、カシャンボ)

河童は北海道を除く全国に分布する、日本で最も有名な妖怪のひとつだ。河童そのものは、もともとは大陸から伝承された話が日本中に広がったものであるが、宗教色の薄い怪異であることからも、日本に存在する「何か」を河童と呼ぶようになったのであろう。頭の皿、背中の甲羅、水掻き、悪戯好き、牛や子供を水中に引きずり込む、尻子玉を抜く、キュウリが好物、(12)人の唾が嫌い、などの特徴は全国的に良く知られるところだ。

熊野では、河童のことを、ゴランボ、ゴウラ、ゴラー、コライボウシ、ゴッタレボウシ、ガロボシなどと呼ぶ。甲羅に由来する名前だという説もある。古老のお話では、大きな川よりも小さな川の淵に多く、昭和三〇年代頃までは頻繁に目撃されたようで、河童に水中に引きずり込まれ命を落とした子供までいた。特徴は、だいたいでは全国の河童と似てい

(12) 熊野市の飛鳥では、人々は昔かわした河童との約束を守り、昭和五六年まではキュウリを栽培しなかったと云う。

る、そう「夏の間」だけは。

熊野の河童は冬になると、山に登ってカシャンボ(13)に変化《へんげ》する。カシラ、カシランボ、マヘンモノとも呼ばれる。山に登ってカシャンボとなった河童は、一本足であることも、青い衣を着た七、八歳のくらいの子供のような姿で出没することもある。南方熊楠や柳田國男なども記している。この姿から山の神の使いだという話や、ゴランボとカシャンボは別物だとの説もある。冬に山に登る河童は、熊野か九州の一部にしかいない。九州では、夏はカワワロ（川童）、冬はヤマワロ（山童）になる。

夏は川に、冬は山に登る熊野の河童の正体を、山林作業者と重ねる人もいる。冬は木を切り、夏は川伝いに木を流す。牛を川に引きずり込むという話は、岸辺から牛に材木で満

(13) 平成一六年三月に白浜町の十九《つづら》淵地区においてカシャンボの足跡が疑われる謎の足跡が見つかり話題となった。

図 6　熊野の河童ゴランボ

図 7　熊野の河童カシャンボ

載にした筏を引かせる際に牛が急流に負けて流されてしまった姿だという。あるいは、河童を鉱山関係者だと考える人もいる。背負子《しょいこ》を背負って河原で蛍石(14)や砂鉄を探す姿を、甲羅を背負った河童と表現したという説だ。河童の悪事は水難事故、人の命を奪うことであるから、山林作業者説、鉱山関係者説ともに説得力があるとは言いがたい。しかし、熊野の河童の出没場所の近くは山林に囲まれ、鉱山跡があることも多い。熊野でなら、その気になって探せば、今でも河童が見つかるかも知れない。しかし、河童は淵に棲むものであり、今では多くの淵が土砂で埋まってしまい、河童もさぞかし棲みにくくなったろう。山林が荒れたせいだ。

(14) 蛍石は古くから製鉄などの融剤として用いられ、現在では望遠レンズの特殊材料として利用される。田辺市の本宮では近年まで採掘されていた。

6 送り狼と夜雀

熊野には「送り狼」という怪異がある。夜、山道を歩いていると、雀がチュンチュンと鳴くような声が聞こえる。狼がすぐそこに来ている、「送る」ために後を着いて来ているぞ、という警告音だ。だいいち、鳥目の雀が夜に鳴くわけがない。声の主は「夜雀《よすずめ》」だ。夜道でチュンチュンと聞こえた時は、急いで家に帰ることだ。家に着いたら「もうここで結構じゃ、狼さん、おおきに、ご苦労さん」と言って「お礼」に塩を置く。狼は塩を舐めるから、その隙に家に入る。そうしないと、送り先が「あの世」へと変わってしまう。間違っても立ち小便なんかしてはいけない。塩分が好きな狼に噛みつかれてしまう。狼が付いて来ている間、他の魔物は近づけないから逆に安全だ。お礼はその意味である。塩はお清め

図8　送り狼

に使われるが、日常（褻、ケ）が損なわれているケガレた（褻枯れ）状態を健全に戻すことがお清めの本来の意味。また、海から遠い山中では塩は非常に貴重なもので、塩をお祀りする神社まである。

狼が夜道を先導してくれることもあったようだ。頼んでもいないのに、肝心な時に姿をみせて「コッチや」と言わんばかりに道案内してくれる。狼の白い足先が目印となって、夜道でも踏み外さずに歩くことができたという。中辺路では、狼が一本足（タタラ）から庄屋さんを逃がしてくれた話もある。この話での「お礼」は、自分が死んだ後の亡骸を捧げるというものだ。そのせいか、熊野では狼は人の死肉を喰う[15]という話が残っている。

狼は今では絶滅したことになっている。三〇年前だと「今もおる（居る）で」という話を聞けたものだが、実際にはどうなんだろうか。ちなみに、ニホンオオカミの剥製は二体が残されているが、そのひとつの保有者は筆者の勤める和歌山大学である。

7　桂男

那智勝浦町の下里には「桂男」が出没したという。江戸時代の『絵本百物語』には「月

(15)　山村で深刻な獣害への対策として、絶滅したニホンオオカミとは別種の海外のオオカミを山野へ放逐しようとする運動がある。害獣のシカやイノシシなど大動物を主食にしていただろうという考えからの提案であるが、エサ資源については不明な上、小動物を主食していた可能性もあり、獣害対策にはならないという主張もある。また、危険動物であること、狂犬病の媒介動物になり得ることからオオカミの放逐に対しては反対意見も多い。

の中に隅あり。俗に桂男という。久しく見る時は、手を出して見る物を招く。招かるる者、命ちぢまるといい伝う」と書かれている。絶世の美男子で、女性を招く。月の模様は桂男が桂の巨木を切っている姿だと云う中国の伝承と関連がありそうだ。現在でも下里付近の男性には鼻筋の通ったハンサムさんが多いが、桂男が美男子だったこととは偶然の一致だろうか？

桂と月の話は、渡来人「秦氏《はた》」との関係で語られることもある。秦氏の伝承は熊野にもあるが、実はユダヤ人だったなど興味深い話まである。美男子と渡来人には関係があるのかも知れない。いや、そうではなく、女性の皆さん、桂男のようなハンサムさんにはご注意あれ、という話だろうか。美女は栄螺鬼(16)や肉吸い、美男は桂男。美しい異性に安易に近づくと危険だという教訓は、今も昔も変わらないのだろう。

8　踊り坊主

熊野古道、中辺路の道湯川《どうゆかわ》の岩上（岩神）峠には「踊り坊主」が出たようだ。岩上峠で歌を歌うと、どこからともなく僧が現れ、狂ったように浮かれ踊ると云う。これは、狐か狸の仕業なのかも知れないし、踊り念仏(17)と関係がある話なのかも知れないが、その正体は定かではない。筆者が出会ってみたい熊野妖怪の第一位だ。

岩上峠は、熊野古道でも特に厳しい難所であったため、その昔は病気や飢餓で行き倒れる人が多く、その亡霊が旅人に取り憑く災厄が絶えなかったことから、その場に蛇形地蔵

(16)　太地町の海中に出没する美女の姿をした妖怪で、下心を持って近づくと男性器を食いちぎられてしまう。長命の栄螺が変化したものだと云う。類話は、房総半島はじめ黒潮文化圏の各所で伝わっている。

図9　桂男

を建てて安全を祈願した。妖怪ダルが頻繁に出没したともいい、山賊、さらには、湿度の高い山中のため山ビルがとても多かった。あまりにも難所であったため、迂回されるようになったことで道は消滅し、世界遺産を整備する際でも、どこに峠があるのか長年わからなかった程だったと云う。そんな場所にいきなり「踊り坊主」が出てきて浮かれ踊ったら「かなり怖い」と思うのは筆者だけだろうか。

道湯川は、今では無人となっているが、熊野古道の整備によって来訪者も増えた。しかし昔はあまりにも奥地であったため、明治時代には義務教育免除がされていた希な集落だった。見かねた野中地区の住職が、四年生一名と一年生五名を寺院内に預かり、一ヶ月一斗一升の米を父兄より受けて養育し、小学校へ通わしたと云う。中辺路では、瀬ノ川地区でも義務教育免除されていた。この全国でも希で悲惨な状況が二〇年間以上も解決しなかったことを、大正一〇年に『紀伊新報』が報道している。それだけ、熊野の山中では、山深い場所にまで人々が暮らしていたということだ。この山奥にまで人々が暮らしていた、ということ自体が熊野に妖怪が棲み着いたひとつの理由となっているとみて、間違いないだろう。

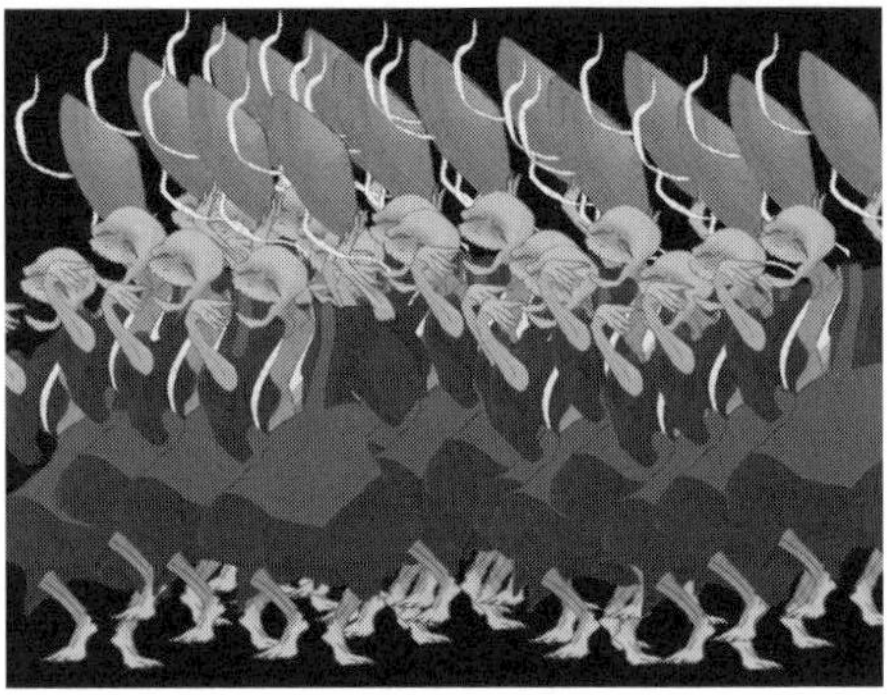
図10　踊り坊主

(17)　時宗の開祖、鎌倉時代中期の僧侶の一遍上人は信濃国で踊り念仏を始めるが、その二年前に熊野本宮大社で参籠し、熊野権現から夢告を受け、それから一遍と称するようになった。

〔参考文献〕

井上円了『妖怪学全集（第4巻）』、柏書房、二〇〇〇年
井上円了『妖怪学全集（第6巻）』、柏書房、二〇〇一年
小松和彦『妖怪学の基礎知識（角川選書）』、角川書店、二〇一一年
小松和彦『妖怪文化入門（角川ソフィア文庫）』、角川書店、二〇一二年
水木しげる『水木しげるの妖怪事典』、東京堂出版、一九八一年
水木しげる『水木しげるの続・妖怪事典』、東京堂出版、一九八四年
水木しげる『決定版 日本妖怪大全 妖怪・あの世・神様』、講談社、二〇一四年
中沢新一（編・解説）『南方熊楠コレクション（新装版）』（全5巻）、河出文庫、二〇一五年
徳山静子（編）『日本の民話56 紀州の民話』、未来社、一九七五年
鳥山石燕『画図百鬼夜行全画集（角川文庫ソフィア）』、角川書店、二〇〇五年
柳田國男『妖怪談義（現代選書）』、修道社、一九五七年
柳田國男『妖怪談義（講談社学術文庫）』、講談社、一九七七年
和田寛『紀州おばけ話』、名著出版、一九八四年
和田寛『河童伝承大事典』、岩田書院、二〇〇五年
わかやま絵本の会『おしえてわかやま／妖怪編』、わかやま絵本の会、二〇〇五年

column

熊野における廃校舎の活用

中島敦司

本書の企画者より「熊野における廃校舎の活用」というお題を頂いた。廃校舎を活用した観光施設やカフェを紹介せよというリクエストだと解されたが、特定の事例を賛美する気にはなれなかった。ガイドブックやインターネットには廃校カフェなどを賛美する記事で溢れているし、公平でなければならない大学が、特定の営利活動に「お墨付き」を与えたかのような誤解を受けても困る。取り上げなかった事例が取るに足らない案件だと不当に低評価となってしまうことも避けたい。

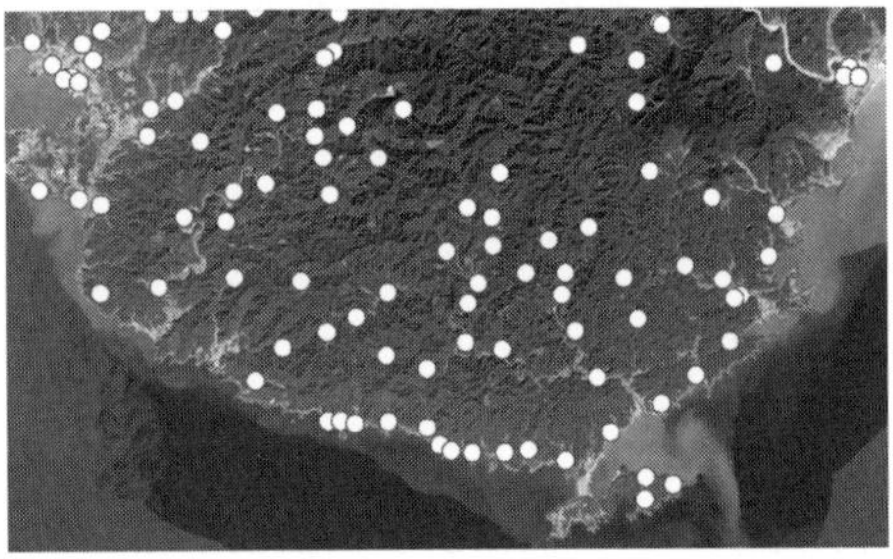

図1　和歌山県内南部の廃校の分布（国土地理院Webマップを改変）

熊野の廃校舎の利活用として、最も多いのは実は「避難所」である。しかし気候変動の影響か、豪雨災害が頻発するようになり、耐震構造も含めて古い建築物では避難所として機能不足となり、近隣に新築された集会所や公民館へと避難所を移転させることが増えている。次に多いのは「集会所」や「公民館」である。熊野エリアの山中は僻地指定を受けていることが多く、廃校となる前から「僻地集会所」を併設していることもあり、大半は廃校後も継続活用されている。老朽化に伴い、敷地内か近隣に集会所が新築され、役割を終えたまま放置されるか倉庫となっている事例もある。

その次は、倉庫としての活用である。その次が、観光施設、交流施設、研修所、飲食店としての営利利用である。残念なことに、営業を始めたものの、短期間で休業、閉鎖となった、あるいは補助金なしでは運営できない状態にある事例は多い。懐かしい木造校舎を改装すれば集客できるという期待は分からなくはないが、利益を生むことは容易ではない。ノスタルジア商売は既に供給過多だ。活動内容が消費者ニーズに合致すると補助金要らずになるようで、そこに校舎のデザインはあまり関係がなく、木造校舎でなくても集客に成功している。一方では、校舎という広い空間を利用した、例えば、農産加工所、キノコ栽培、畜舎、個人の住宅となった廃校舎もある。地区や個人が廃校舎の活用を始めてしまうと、利用を止めた際の解体、撤去の義務、つまり経済負担が管理者側に発生する。運営に補助金が出ても、撤退には出ないものだ。なお、実際には、未利用で放置された廃校舎が圧倒的に多いのだが、廃校地の利用ということでは、校地に老人ホームを新築する事例はとても多い。

　厳しい本音を「あえて」書いたが、和歌山県内で二〇〇〇件を超える学校、廃校、尋常小学校地の跡地を調査してきた筆者は、はっきりと廃校舎、いや廃校が好きだ。別に利活用されていなくても良い。訪問し、目を閉じると、子供達の歓声が聞こえる気がする。地区の象徴としての歴史も感じる。そういう「空気を楽しむ」訪問目的があっても良いと個人的には思っている。

写真１　筆者が熊野の廃校ベストワンに挙げたい「畝畑小学校（旧熊野川町、現新宮市）」。利活用はされていない。熊野の大自然へ還っていくのを待っているかのような姿に心が動く。

写真２　斜面の傾斜を利用して二段に校舎が建てられた「出合小学校（那智勝浦町）」。廃校舎は利活用されていないが、その独特で堂々とした姿には圧倒される。

●は行●

●ま行●

●や行●

●ら行●

●わ行●

●さ行●

●た行●

●な行●

索引

●あ行●

●か行●

大浦由美（おおうら・ゆみ）／和歌山大学観光学部教授／森林経済学／『都市と農村―交流から協働へ』（分担執筆）日本経済評論社、2011 年など

藤井　至（ふじい・いたる）／和歌山大学観光学部特任助教／農業経済学／『現代の食料・農業・農村を考える』（分担執筆）ミネルヴァ書房、2018 年など

辻　和良（つじ・かずよし）／和歌山大学食農総合研究所特任教授／農業経済学・農業経営学／『都市と農村』（分担執筆）日本経済評論社、2011 年など

荒木良一（あらき・りょういち）／和歌山大学教育学部准教授／植物育種学・植物栄養学／“2′-Deoxymugineic acid promotes growth of rice（*Oryza sativa* L.）by orchestrating iron and nitrate uptake processes under high pH conditions” *The Plant Journal* 81 号 pp.233-246、2015 年など

谷脇幹雄（たにわき・みきお）／（公財）南方熊楠記念館常務理事・館長、近畿自治体学会運営委員／観光・地域振興／「森羅万象を愛した天才　南方熊楠」月刊ラジオ深夜便 2017 年 7 月号、NHK サービスセンターなど

田村義也（たむら・よしや）／成城大学非常勤講師／比較文学比較文化／『南方熊楠大事典』（共編）勉誠出版、2012 年など

岩野公美（いわの・ともみ）／近畿地方環境事務所国立公園課自然保護官／平成 25 年環境省入省。環境省自然環境局、九州地方環境事務所国立公園課、近畿地方環境事務所田辺自然保護官事務所、環境省自然環境局野生生物課鳥獣保護管理室を経て現職。

中串孝志（なかくし・たかし）／和歌山大学観光学部准教授／惑星科学／『ここからはじめる観光学』（分担執筆）ナカニシヤ出版、2016 年など

水内俊雄（みずうち・としお）／大阪市立大学都市研究プラザ・文学研究科教授／都市社会地理学／『都市の包容力』法律文化社、2017 年など

中山穂孝（なかやま・ほたか）／大阪市立大学都市文化研究センター研究員／観光地理学・歴史地理学／「近代的温泉観光地の形成と都市開発―大分県別府市を事例に―」人文地理 67(2)、2015 年など

櫻井敬人（さくらい・はやと）／太地町歴史資料室学芸員、ニューベッドフォード捕鯨博物館顧問学芸員／海事史／『クジラとアメリカ』（共訳）原書房、2014 年など

中島敦司（なかしま・あつし）／和歌山大学システム工学部教授／森林生態学・地域文化論／『熊野の廃校』（共著）南方新社、2015 年など

執筆者一覧（執筆順：名前／所属 2018 年 4 月現在／専門分野／業績）

神田孝治（かんだ・こうじ）／立命館大学文学部教授、和歌山大学国際観光学研究センター CTR 客員特別研究員／文化地理学・観光学／『観光空間の生産と地理的想像力』ナカニシヤ出版、2012 年など

加藤久美（かとう・くみ）／和歌山大学観光学部教授／環境人文学・観光学／Restoring Spiritual resilience in post disaster recovery in Fukushima, 2017 など

永瀬節治（ながせ・せつじ）／和歌山大学観光学部准教授／都市計画・まちづくり・歴史的環境保全論／『図説　都市空間の構想力』（共著）学芸出版社、2015 年など

明山文代（あきやま・ふみよ）／和歌山大学国際観光学研究センター CTR 客員一般研究員／人文地理学

辻本勝久（つじもと・かつひさ）／和歌山大学経済学部教授・大学院観光学研究科教授／交通政策・交通計画／『地方都市圏の交通とまちづくり―持続可能な社会をめざして』学芸出版社、2009 年など

原　祐二（はら・ゆうじ）／和歌山大学システム工学部准教授／景観生態学／http://future-landscape.com/

阪井加寿子（さかい・かずこ）／和歌山大学大学院観光学研究科博士後期課程院生／都市農村交流／『現代の食料・農業・農村を考える』（分担執筆）ミネルヴァ書房、2018 年など

藤田武弘（ふじた・たけひろ）／和歌山大学観光学部教授／観光学・都市農村交流論／『現代の食料・農業・農村を考える』ミネルヴァ書房、2018 年など

上野山裕士（うえのやま・ゆうじ）／摂南大学教育イノベーションセンター講師／地域福祉・まちづくり・域学連携／『「対話と学び合い」の地域福祉のすすめ―松江市のコミュニティソーシャルワーク実践』（分担執筆）全国コミュニティライフサポートセンター、2014 年など

竹田茉耶（たけだ・まや）／島根県立大学人間文化学部講師／観光学・まちづくり・コミュニティ論／『復興と居住地移動』（共著）関西学院大学出版会、2016 年など

藤田和史（ふじた・かずふみ）／和歌山大学経済学部准教授／人文地理学・経済地理学／『わかやまを学ぶ―紀州地域学初歩の初歩』（共編著）清文堂、2017 年など

鈴木裕範（すずき・ひろのり）／和歌山大学南紀熊野サテライト客員教授／地域文化論・まちづくり論／『紀州の和菓子　その文化とまちづくり』和歌山リビング社、2012 年など

塙　幸枝（ばん・ゆきえ）／神田外語大学外国語学部国際コミュニケーション学科専任講師／コミュニケーション学／『障害者と笑い』新曜社、2018 年など

堀田祐三子（ほりた・ゆみこ）／和歌山大学観光学部教授／都市計画・住宅政策／『これからの住まいとまち』（編著）朝倉書店、2014 年など

東　悦子（ひがし・えつこ）／和歌山大学観光学部教授／英語教育・移民研究／『わかやまを学ぶ―紀州地域学　初歩の初歩』（編著）清文堂、2017 年など

大学的和歌山ガイド―こだわりの歩き方

2018 年 10 月 25 日　初版第 1 刷発行

監修者　和歌山大学観光学部
編　者　神田孝治・大浦由美・加藤久美

発行者　杉田　啓三
〒607-8494 京都市山科区日ノ岡堤谷町 3-1
発行所　株式会社　昭和堂
振込口座　01060-5-9347
TEL(075)502-7500／FAX(075)502-7501

印刷　亜細亜印刷

ISBN 978-4-8122-1735-1
乱丁・落丁本はお取り替えいたします。
Printed in Japan

拝殿
圓海院
役所